롤즈 정의론의 이론과 현실

한국윤리학회 편

존 롤즈(John Rawls) 탄생 100주년과
『정의론』 출간 50주년 기념

롤즈 정의론의 이론과 현실

한국윤리학회 편

철학과현실사

차 례

서 문

세상에는 때로 그 사람을 단지 좋아한다는 사실만으로도 자랑거리가 되는 사람이 있다. 서양 고대 철학자로서는 소크라테스가 단연 그런 사람이고, 현대를 기점으로 하면 누구보다 롤즈가 또 그런 사람 중에 속한다고 할 수 있다. 1975년에 발간되어 지금도 롤즈 『정의론』의 가장 탁월한 비평서 중의 하나로 손꼽히고 있는 *Reading Rawls*에는 각기 그 분야에서 일가를 이룬 유수한 학자들이 14명이나 참여하고 있다. 이들 중에는 정통 윤리학자라 할 수 있는 헤어, 스캔런, 다니엘스 외에도 분석철학자 네이글, 법철학자 드워킨, 하트, 경제철학자 센 등이 포함되어 있다. 롤즈 『정의론』에 대한 이러한 관심은 『정치적 자유주의』, 『만민법』 등 그의 후속작과 더불어 더욱 고취되어 현재에 이르고 있다. 당대에 이름을 떨치다가도 시간이 지나감에 따라 잊히는 학자들이 적지 않지만 롤즈에 대한 관심은 이후에도 상당 기간 지속될 것으로 보인다.

아울러 롤즈에 대한 관심은 단순히 학술적인 것이라고만 보기에는 조금 남다른 측면이 있다. 단적으로 2013년에는 옥스퍼드 대학원생들이 주축이 되어 롤즈 정의론을 주제로 하는 뮤지컬을 공연하기도 한다. 대체적인 내용은 롤즈가 시간 여행을 통해 소크라테스, 플라톤, 사회계약론자들, 공리주의자, 마르크스, 칸트 등과 교감하면서 영감을 얻는 반면에, 노직과 란드가 악당 역할을 하면서 이를 방해하는 것이라 한다. 철학도가 아니면 공감하기 어려운 내용이기는 하지만 서양철학의 전통에서 소크라테스를 제외하면 극화의 주인공으로 채택된 사람이 거의 없으며, 이 뮤지컬이 2019년에 사운드트랙 형태로 발매되기에 이르렀다는 점을 고려하면, 롤즈에 대한 철학도들의 애정이 어느 정도인지를 짐작할 수 있다.

물론 우리나라에도 이처럼 롤즈에 대한 관심과 애정을 표현하고 싶어 하는 사람들이 있다. 학문적으로 본다면 필자가 소속되어 있기도 한 한국윤리학회가 롤즈를 주제적으로 다루는 곳이라 할 수 있겠지만, 그 외 사회철학, 정치사상, 법철학, 경제철학 등의 분야에서도 롤즈에 대한 연구가 활발히 이루어지고 있다. 특히 2021년 올해는 롤즈 탄생 100주년, 『정의론』 발간 50주년을 맞이하는 해라 더욱 뜻깊은 바가 있다. 한국윤리학회에서는 이를 기념하는 학술 작업이 필요하다는 데에 의견을 모으고, 일차적으로 2021년 첫 학회에서 롤즈의 생애와 『정의론』을 주제로 기념 강연과 발제 토론의 형식으로 축하와 비평, 남은 과제 등에 대한 의견을 교환했다. 그 이후 『정의론』 한국어본 번역자이자 한국윤리학회 초대 회장이신 황경식 서울대 명예교수의 발의와 지원으로 기념 책자를 발간하기로 하고, 현재 한국윤리학회 부회장을 맡고 있는 서울시립대 목광수 교수가 실무를 담당하여 오늘에 이르게 되었다.

앞에서 언급한 것만으로도 충분히 예상할 수 있겠지만, 이 책은 '기념'의 성격을 띠고 있는 것이므로 내용 구성이 매우 복합적이다. 우선 저자군만 보아도 오랫동안 우호적인 관점에서 롤즈를 연구해온 연구자들뿐 아니라 롤즈에 이론적으로 반드시 찬동한다고 보기 어려운 연구자들도 힘을 보탰다. 학제적으로는 철학 전공자들 외에 정치사상 분야에서 롤즈를 연구하는 분들이 함께해주셨고, 연령으로 보면 그야말로 신구의 조화가 잘 이루어졌다고 할 수 있다. 주제적으로는 롤즈『정의론』에 대한 학문사적 의의를 검토하는 글, 그동안의 학술적 논의를 바탕으로 롤즈 정의 원칙의 쟁점을 다시 정리하는 글, 그리고 롤즈 정의 원칙을 현재 우리가 겪고 있는 문제들에 어떻게 적용해야 하는지를 고심하는 글 등으로 대별해볼 수 있다. 이 글들이 종합적으로 일관된 주제를 겨냥하고 있다고 하기는 어렵겠지만, 이러한 작업을 통해 롤즈『정의론』이 현재 오늘을 살아가는 우리에게 무엇이며, 또 무엇이어야 하는지를 음미하는 계기가 될 수 있을 것으로 확신한다.

마지막으로 학회장으로서 이 책이 있기까지 수고해주신 모든 분께 깊은 사의를 표한다. 전술한 황경식, 목광수 교수 외에 이 책에 옥고를 보내주신 모든 저자께 깊이 감사드리며, 전공 영역이 다소 구분됨에도 기꺼이 저자로 참여해주신 장동진, 김비환 교수께 특히 감사드린다. 물론 어려운 상황에서 출판을 맡아준 철학과현실사 전춘호 사장님과 편집부에 대한 감사도 빠뜨릴 수 없을 것이다. 출판 및 그 형식이 갖는 파급력은 항상 저자, 독자가 상상하는 그 이상이다. 끝으로 학회 활동을 통해 직간접적으로 이러한 작업을 충실히 후원해준 한국윤리학회 회원들, 이 글을 읽고 기념과 비평을 함께 해줄 독자들께도 미리 감사드린다. 언제나 끝이 시작이다.

2021. 10. 4.
한국윤리학회 회장
정원규

1부

롤즈 정의론의 이론적 성찰

세기의 정의론자 J. 롤스
탄신 100주년에 부쳐

황경식 | 서울대학교 철학과

서론

존경하는 한국윤리학회 회원 여러분, 엄중하고 불안한 코로나 시대에 모두들 무사하신지요? 이렇게라도 여러분들을 만나게 되니 진정 반갑습니다. 작년에 저희 은사님이신 우송 김태길 교수님 탄생 100주년을 지냈는데 올해 J. 롤스 교수님 탄신 100주년을 맞게 되었군요. 두 분 모두 하늘에서 평안히 영면하시기를 기원합니다.

우리는 "기회는 평등하고 과정은 공정하며 결과는 정의롭다"라는 말을 자주 들어오고 있습니다. 이는 현 정권 국정철학의 표명으로서 그 자체로서는 시대정신에 걸맞은 정의관이라 할 만합니다. 이는 민주주의 친화적인 이념이기도 하고 정의에 대한 현대적 해석에도 부합하는 것으로서 상당한 설득력을 갖는다고 생각됩니다.

현 정부의 정책입안을 도운 것으로 추정되고 국정철학 구상에도 참여한 교수의 저술을 참고해보면 이 같은 국정철학은 롤스의 정의론으로부터 적지 않은 영향을 받는 것으로 사료됩니다. 여러 근거를 들 수 있으리라 생각되지만 우선 절차적 공정성을 강조하는 점, 그리고 사회적 약자 중심주의 등의 특징들이 눈에 띕니다.

그러나 우리가 일상에서 체감하기도 하고 뒤에 가서 더 자세히 지적하겠지만 정의의 관점에서 볼 때 우리 사회의 심각한 문제는 정의의 이론이 아니라 정의의 실행에 있다고 생각됩니다. 정치인들을 위시한 지식인 사회에 팽배하는 내로남불의 사회 심리는 정의사회와는 정면으로 역행하는 것이 아닌가 생각되기 때문입니다.

롤스 정의론과의 인연

우선 저 개인과 롤스의 사적인 인연에 대해서 말씀드리고 롤스의 정의론을 만난 이후 지난 반세기 동안 저의 대단찮은 연구업적을 요약한 후 그동안 롤스의 정의론을 학문적 화두로 삼은 이후 저 나름 배운 것으로 생각되는 몇 가지 가르침을 정리해보고자 합니다.

1) 롤스 정의론과의 운명적 조우

필자는 개인적으로 금수저로 태어났으나 흙수저로 뒤바뀐 인생을 살 수밖에 없었던 운명의 장난을 경험했습니다. 상류사회의 호사를 누릴 뻔했으나 이산가족으로 인해 아주 어린 시절부터 가난과 사회적 부조리를 체감하면서 성장해왔습니다. 그러는 가운데 인생에 대한 의문과 더불어 정의에 대한 갈망을 키워온 셈이지요.

이 같은 의문들을 해결해보고자 학자가 되고자 했고 고 3 담임의 권유로 철학과에 진학하게 되었습니다. 서울대 대학원 철학과 박사 과정에서 윤리학과 영미 사회철학을 전공하던 중 하버드 친구로부터 롤스의『정의론』이라는 명저를 선물로 받게 되었고 마침 지도교수이신 우송 김태길 교수님도 미국 학우였던 만델바움 교수로부터 당시 미국 철학계에서 주목받은 신간 서적으로서『정의론』을 소개받게 되어 대학원 박사과정 3학기 동안 강독을 통해 롤스의 정의론과 운명적으로 조우하게 된 행운이 주어졌습니다.

다행히 한국철학회에서 미국 문화원의 후원을 받아 롤스 정의론 심포지엄을 개최하게 되었고 김여수 교수가 정의론 제1부 원리론을, 차인석 교수가 제2부 제도론을, 필자가 제3부 목적론을 발표하였는데, 이렇게 해서 롤스 정의론의 소개가 성황리에 이루어지게 되었습니다.

이어서 필자는 학위논문을 위한 적절한 주제를 찾기 위해 골몰하던 차에 롤스의 정의론과의 조우를 반기면서 우선 이 같은 대작의 번역을 서둘렀습니다. 모두 3부로 구성된『정의론』의 제1부인 원리론을 번역하여 1976년에『정의론』1권을 출간하였고, 2권인 제도론과 3권인 목적론은 1978년 즈음에 완역하여, 전 3권으로 서광사에서 출간하게 되었습니다.

『정의론』과 더불어 그 저자인 J. 롤스 교수와 보다 긴밀한 인연을 갖게 된 것은 육사 교수요원으로 재직하던 시절이 마무리될 무렵 풀브라이트에 지원해 스칼라십을 받게 되어 비지팅 펠로로 하버드 대학 철학과 대학원에 두 학기 동안 유학을 할 수 있게 된 연유 덕분입니다.『정의론』번역서 세 권을 들고『주역』에 나오는 정의 관련 글귀 "利, 義之和也(각자의 몫을 조화롭게 나누어 가지니 이롭다)"는 글을 족자(캘리그라피)로 만들어 롤스에게 선물하기도 했습니다.

이미 학위논문을 대체로 준비해온 터라 롤스에게 두 번으로 나누어 프레젠테이션해서 친절한 코멘트를 받았고 그 이후에 거의 한 달에 한 번씩 롤스와 교수식당에서 점심 식사를 나눌 영광을 누리게 되었지요. 롤스는 그의 『정의론』을 번역하고 학위논문을 쓰고 있는 한국의 학도에게 과분한 친절을 베풀었고 그의 호의는 지금도 잊을 수 없는 감동으로 남아 있습니다.

2) 정의론 연구의 이론적 성과

한국에 돌아온 이후 필자는 학위논문을 수정, 보완하여 대학원에 제출했고 1년간 심사를 거쳐 『고전적 공리주의와 존 롤스의 정의론 비교연구』라는 논문으로 1983년 철학 박사 학위를 받게 되었습니다. 학위논문을 기반으로 하고 관련 논문 10여 편을 추가하여 1985년 『사회정의의 철학적 기초』라는 첫 번째 저술을 문학과지성사에서 출간하였고 이 책으로 한국철학회에서 주관하는 열암 박종홍 저술상을 수여하기도 했습니다.

귀국 후에는 동국대학교 철학과 교수로 재직하였고 1985년 은사 김태길 교수님이 정년퇴임하신 후 그 후임으로 서울대학교 철학과로 자리로 옮기게 되었습니다. 그리고 학위논문 쓰는 일을 전후로 해서 2010년에 이르기까지 30여 년간은 롤스의 정의론과 관련되는 각종 연구 논문을 부지런히 쓴 셈입니다.

그간 이러저러한 잡지에 게재한 논문들을 정리하여 여러 권의 전문서적이 출간되었으나 학위논문과 관련된 『사회정의의 철학적 기초』에 이어 특기할 만한 저서로는 정의의 우선성과 사회의 개방성,

다원성과 관련된『개방사회의 사회윤리』(1997)와 자유지상주의 및 자유주의 그리고 자유주의적 평등을 중심으로 한『자유주의는 진화하는가』(2006)가 가장 먼저 떠오르는 책이군요. 그리고『정의론』도 개정판을 정리하여 한 권으로 통합, 이학사(2003)에서 출간하게 되었습니다.

이 무렵 정의론을 공부하는 필자에게 한 가지 중대한 의문이 떠오르게 되었답니다. 그것은 "정의의 이론이 없어 현실에 정의가 부재하나? 우리에게 정의를 실현하고자 하는 의지가 없어서 그런 게 아닌가?"라는 걱정입니다. 결국 정의의 이론에 못지않게 실천과 실행이 문제라는 또 하나의 화두가 떠오르게 된 것이지요. 사실상 이 같은 문제의식은 이미 1988년 올림픽 기념 국제학술대회 때 시작되었고 그 이후 지속적으로 필자의 뇌리에서 지워지지 않은 문제 중 하나였답니다.

이 같은 문제의식으로부터 필자는 정의에 대한 이론적 천착과 더불어 실천적 기반에 대한 탐구로서 덕윤리(德倫理)에 대한 논의를 시작하게 된 것입니다. 학술연구재단으로부터 연구비를 지원받아 5년간 탐색한 결과로서 출간된 첫 번째 저서로서 아카넷에서 간행된 『덕윤리의 현대적 의의』(2012)와 더불어 두 번째 저술은『정의론과 덕윤리』(2015)이며 마무리를 위한 세 번째 저술은『법치사회와 예치국가』(2017)라 할 수 있습니다. 그리고 최근 오피니언 리더들을 위한 교양서적으로서 철학 고전 시리즈 중 하나로 출간된 콤팩트판 저서인『존 롤스의 정의론』은 필자의 책들 중 가장 호응이 좋은 편이라 할 수 있습니다.

정의론에서 배운 몇 가지 화두

롤스의 정의론을 공부해온 그간의 여정을 되돌아보면 몇 가지 화두가 떠오릅니다. 이는 정의론의 디테일한 내용과 관련된 것이기보다는 정의론 전반을 관통하는바 롤스 나름의 인간관, 사회관 그리고 이들과 관련된 정의관이라 생각됩니다. 이 세 가지 관점은 상호 긴밀한 관련을 갖는 것으로서 그 같은 인간관, 사회관에 기초해서 이 같은 정의관이 귀결되었다고 생각됩니다.

1) 인간(존엄성)에 대한 이해

우리는 성과와 업적을 중시하는 능력주의적 사회에 살고 있으며 그런 사회가 배정하는 대우에 대해 공정하다고 생각하는 것을 상식으로 받아들이고 있습니다. 그러나 다음과 같은 의문들이 생기게 됩니다. 능력주의에 대한 더 이상의 성찰은 불필요한 것인가? 과연 능력만으로 인간을 평가할 수 있는가? 우리가 능력주의 사회에 살면서 매일같이 체감하는 승자들의 자만심과 오만함은 정당한 것인가? 그리고 또한 이에 대한 패자들의 굴욕감, 소외감 그리고 그로 인한 억울함과 분노 또한 당연한 것인지 반성하고 성찰해볼 필요는 없는 것인가?

이런 관점에서 보면 롤스 정의론에 함축된 의미는 인간의 존엄성 회복의 프로젝트라 생각됩니다. 롤스에 따르면 인간은 정의에 기반한 인권을 지닌 존재이고 정치적 이유나 전체의 이름으로도 침해할 수 없는 것이 인권이라 생각하며 바로 이 같은 인권 개념에 기반해서 인간의 존엄성을 이해하고자 합니다.

이런 관점에서 롤스의 정의론에 있어서는 운(運, luck)의 개념이 부각됩니다. 롤스는 능력주의 사회에 있어 승자들의 오만함 대신에 운 앞의 겸허함을 대체하고자 합니다. 운은 크게 나누어 타고난 천부적 자질이나 능력과 같은 자연적 운(natural luck)과 사회적 지위나 가정적 배경 같은 사회적 운(social luck)이 있고 이 두 가지가 서로 얽히고설키는 가운데 우리의 운명이 정해지고 그것이 숙명으로 굳어집니다.

최근 우리 사회에 수저론이 회자된 적이 있습니다. 사람은 태어날 때 저마다 수저를 하나씩 물고 나온다고 합니다. 소수의 사람은 금수저 혹은 은수저를 물고 나오며, 많은 사람이 동수저를, 그리고 대부분의 사람은 흙수저를 물고 태어난다는 것입니다. 그런데 문제는 우리가 사회를 만들고 제도를 선택하는 이유는 이같이 타고난 불평등한 운을 다소간 수정 내지 시정하고자 하는 기대 때문이라는 것입니다.

최근 회자되고 있는 우리 사회의 수저론이 갖는 깊은 뜻은 우리 사회의 제도나 체제가 그같이 타고난 원천적 운의 불평등을 제대로 시정 내지 수정하는 데 지극히 비효율적이고 비능률적이어서 태어날 때 물고 나온 수저의 운이 평생의 운명을 좌우한다는 숙명론적 실망감입니다. 따라서 우리 사회는 원천적 불평등이 시정되기 어려운 그야말로 복불복의 사회라는 것입니다.

롤스에 따르면 사회적 권익을 제대로 나누는 정의의 문제는 이상과 같은 운을 공동체 성원의 공유자산(common asset)으로 간주할 수 있을 때 해결될 수 있다고 봅니다. 그렇다고 해서 롤스가 이 같은 운을 사회의 공유자산으로 확정하는 것은 아니고, 또한 그러한 자산을 평준화(equalization)하고자 하는 것도 아니며, 그는 운의 중립화(neutralization)의 관점에서 최소 수혜자를 위시한 사회 구성원 모두에게 이득이 되는 길을 모색하고자 한다는 것입니다.

2) 사회(공동체)에 대한 이해

정의론과 관련된 논의에 있어서 가장 기본이 되는 개념으로서 인간관 다음으로 문제 되는 것은 사회관이라 생각됩니다. 근세 이후 인간 사회에 대한 주류 패러다임은 사회적 다윈주의(Social Darwinism)라 생각됩니다. 이는 생존경쟁과 적자생존을 키워드로 구성되는 이론 체계입니다. 물론 사회적 다윈주의는 상당한 설득력을 갖는 이론적 패러다임이긴 하나, 문제는 사회적 다윈주의 일변도라는 편향성 때문입니다.

나아가서 우리가 주목하고자 하는 논의의 화두인 정의의 문제가 사회적 다윈주의를 통해서 제대로 다루어질 것인지도 의문스럽습니다. 롤스는 비록 사회적 다윈주의와 같은 주류는 아니나 이를 보완하면서 면면히 이어온 중요한 비주류로서 사회적 연대주의(Social Solidarism)라 할 수 있는 어떤 사회관에 눈을 돌리고자 합니다. 생명의 진화 과정에는 생존경쟁과 적자생존만 있는 것은 아니고 협동과 더불어 공동체적 유대와 호혜성이 존재한다는 것 또한 사실이기 때문입니다.

연대관계의 그물망인 인류 사회에서 인간은 정신적으로나 물질적으로 타인에게 빚을 지면서 살아가고 있습니다. 우리는 살아가면서 갖가지 사회적 협력이나 상호간의 도움을 받으며 심지어 혼자 수행할 수 있는 일에서도 사회적 요소를 배제할 수가 없습니다. 어떤 학자가 고심해서 저술한 한 권의 책도 전적으로 자신의 힘만으로 완성되는 것이 아니며 선현과 동료들의 연구 결과가 기본 바탕을 이룹니다. 심지어 그가 자신의 사상을 표현하기 위해 사용하는 언어 또한 선조들로부터 전해진 것입니다.

우리는 선조들이 축적한 유산을 수용, 향유하고 있습니다. 오랜 역사를 통해 획득되고 집적된 유무형의 자산이 모두 해당됩니다. 언어, 풍습, 사상 등 일체의 문화적 산물로부터 금전, 토지, 식량 등 물질적 부에 이르기까지 우리는 앞선 인류에게 상당한 부채를 지고 있습니다. 또한 우리는 함께 사회를 이루고 있는 동료 구성원들의 협력과 협동 없이는 삶을 영위할 수가 없습니다. 이처럼 우리는 과거에 대해서 뿐만 아니라 동시대에 대해서도 부채를 지고 있습니다. 이런 뜻에서 우리의 부채는 이중의 부채라 할 수 있습니다.

한편 이러한 부채의 관념은 의무의 관념을 함축합니다. 사회생활은 나 자신의 존속과 발전을 요구할 권리의 세계인 동시에 우리의 존속과 발전을 가능하게 하는 사회 일반에 대한 의무의 세계라 할 수 있습니다. 물론 그 수준과 정도가 모든 사람에게 동일하게 적용될 수는 없으며 더 많은 부채를 지고 있는 사람이 더 많은 것을 지불하고 상환해야 할 당연한 의무를 갖습니다. 즉 부채 상환의 공정한 방법이 중요한 것입니다. 정신적, 물질적 자산의 공정한 배분 방법과 더불어 부채를 공정하게 상환하는 방법의 이면에는 정의의 이념이 함축되어 있다 할 것입니다.

앞서 언급했듯 사회문제에서 가장 핵심이라 할 수 있는 정의의 실현은 모든 개인이 사회로부터 진 부채를 상환함으로써 가능합니다. 그리고 정의의 실현을 위한 바람직한 방법은 외적 강제에 의한 것이기보다 일종의 사회계약에 바탕을 둔 합리적 자발성에 의한 것이어야 합니다. 현대사회는 법제도에 있어서도 권력의 지배가 계약의 지배로 대체되고 자발적 제한을 의미하는 자유의 지배가 권력의 지배를 대신하는 것이기에 정의론자들이 사회계약론에 관심을 갖는 까닭입니다.

3) 정의(공정성)에 대한 이해

정의와 공정은 대체로 유사한 가치를 지향하는 개념이기는 하나 통상적인 사용례나 사용 맥락에 따라 다소간 구분되기도 합니다. 정의는 체제(노예제 등)와 같이 참여자가 자발적으로 선택을 하지 않을 경우에 적절하게 사용된다면, 공정은 경기(game)와 같이 참여자가 자발적으로 선택할 수 있을 경우 적합하게 사용되는 개념이라 할 수 있습니다.

그런데 롤스는 자신의 정의관을 구상하기 시작한 최초의 논문에서부터 자신의 정의관을 "공정으로서의 정의(Justice as Fairness)"라고 함으로써 정의를 공정의 관점에서 해석하고자 합니다. 다시 말하면 자신이 의도하는바 사회적 권익을 분배하는 정의의 문제를 공정의 관점에서 이해하는 것이 가장 합당하다고 생각한 것입니다.

롤스는 사회적 권익의 정당한 분배를 다루는 사회정의(Social Justice)의 문제를 공동체 성원들이 모두 공정하게 대우받는 상황에서 그들이 자발적으로 선택하는 질서 내지 체제로 생각한 것입니다. 따라서 그의 정의론에 있어서 해결해야 할 핵심적 과제는 어떤 조건이 사회 구성원들 모두가 공정하게 대우받는 조건인지를 따지고 논의하는 문제로 귀결되며 그것이 공정한 이유를 밝히는 일인 것입니다.

이상과 같은 방식으로 구상되고 제시된 정의관을 공정으로서의 정의관 혹은 절차적 정의관(Procedural Justice)으로 부르기도 합니다. 이에 비해서 사회적 권익이 최종적으로 분배된 결과를 평가하는 다양한 방식들로 제시된 전통적 정의관에 대해서 우리는 결과적 정의관(Consequential Justice)이라 부릅니다. 전통적 정의관은 "각자에게 그의 X에 따라" 배분하는 것을 정의라 하며, X의 구체적 내용이 무엇인가에 따라 다양한 결과적 정의관으로 분류됩니다.

그런데 롤스에 따르면 절차적 정의관도 몇 가지로 나뉠 수 있는데, 이를테면 완전한 절차적 정의와 불완전한 절차적 정의, 그리고 순수 절차적 정의가 있습니다. 완전한 절차적 정의는 정의로운 분배의 기준이 있고 그런 분배를 할 수 있는 단일한 절차를 생각할 수 있을 경우입니다. 그리고 형사적 정의의 경우처럼 범인이 지은 죄에 적합한, 적절한 처벌을 받는 경우와 같이 정의의 기준이 있기는 하나 인간적 한계로 인해 재판의 현실은 대체로 그에 미치지 못하는 것과 같이 절차가 불완전할 경우 불완전한 절차적 정의라 할 수 있습니다. 이와는 달리 롤스는 자신의 정의관을 순수 절차적 정의의 경우라 합니다. 이때는 정의 여부를 평가하는 사전의 기준이 따로 없고, 대신 공정한 절차를 구상할 수 있을 때 그로부터 생겨나는 결과를 정의로 간주할 수 있으며, 이때 존재하는 것은 절차뿐이기에 순수 절차적 정의라 할 수 있다는 것입니다.

현대의 일반적인 정치체제인 민주주의는 정당한 결과를 평가하는 잣대인 'What'보다는 공정한 절차인 'How'만 있고 이 같은 절차가 제대로 이행될 경우 그로부터 귀결되는 결과는 모두 정당하다는 점에서, 롤스가 제시하는 절차적 정의관은 민주주의 친화적인 정의관이라 할 수 있으며 그런 관점에서 현대적 설득력을 갖는 정의관이라 할 수 있습니다.

결론: 문제는 실행이다

한국에 있어서 정의의 문제는 이론이 아니라 실행이 문제라고 생각합니다. 우리 사회에 있어서 가장 심각한 문제는 모두가 명분은 그럴듯하게 제시하지만 실행의 역량이 미달한다는 점에 있는 것입니다. 수년 전 마이클 샌델의 『정의란 무엇인가』라는 책이 번역되었을 때 어느 험구의 말이 정곡을 찔렀습니다. 그는 "정의의 이론이 없어 현실에 정의가 부재하나? 아는 그만큼만이라도 실행할 의지가 없는 게 문제"라고 했습니다.

명분주의가 기승을 부리고 실행의 역량이 미달하는, 명분과 실행의 불균형 속에 이른바 '내로남불' 현상이 독버섯처럼 피어납니다. 같은 사랑도 내가 하면 로맨스, 남이 하면 불륜이라는 말은 공감 능력이 최저 수준이며, 자기는 옳고 남은 그르다는 이른바 '아시타비(我是他非)' 현상과 통하기도 합니다.

프랑스의 아동발달 심리학자인 피아제(Jean Piaget)에 따르면, 아동은 6-7세가 되면 가역성(reversibility)의 원리에 따른 조작적 사고가 가능해지고 그럴 경우 입장을 바꾸어 생각하는 공감 능력이 개발되어 도덕교육이 가능한 나이에 이른다는 것입니다. 이러한 기준에 비추어 보면 내로남불 현상이 미만한 우리의 사회 심리는 초딩 수준에도 미달하는 저열한 정도라 할 만합니다.

이상과 같은 현상을 치유할 수 있는 갖가지 처방을 생각할 수 있겠지만 법치주의의 일관된 시행에 바탕한 사회교육이 기반이 된다고 할 수 있습니다. 물론 "세 살 버릇 여든 간다"라는 말을 우리는 잘 알고 있습니다. 이는 부모의 무릎 위에서 배우는 가정교육이 얼마나 중요한지를 말해줍니다.

요즘에는 "인생의 중요한 모든 것을 유치원에서 배웠다"는 말도 있습니다. 가정교육과 유치원 교육, 나아가 학교교육이 중요하기는 하나 이 모든 것이 법치주의에 바탕한 사회교육이 일반화된 기반 위에서 꽃피울 수 있다는 생각입니다.

그리고 또 한 가지 강조할 점은 동양의 공맹과 더불어 서양의 아리스토텔레스가 동조했듯 반복 훈련에 의거한 습관화(habituation) 교육의 중요성입니다. 머리로 아는 지식이 실천의 역량이 되기 위해서는 그것이 내면화, 내재화, 자기화되고 습관화되며 나아가 체화(體化)되고 체득(體得)되어 일상화, 생활화된다는 것을 기본으로 합니다.

정의로운 나라로 가는 길은 생활 속에서 정의감이 습관화되고 체득된 유덕(有德)한 시민들을 통해 완성된다는 것을 명심해야 할 것입니다.

롤즈의 정의론에서 자기 교정의 여로[*]

박정순 | 연세대학교 미래캠퍼스 철학과 정년퇴임

『정의론』(1971)이 출간된 지 14년 후, 존 롤즈(John Rawls)는 "『정의론』에서의 한 가지 실책(그것도 매우 오도된 실책)은 정의론을 합리적 선택이론의 일부라고 서술했던 것이었다"라고 자인했다 (TJ; Rawls 1985, p.37, n.20; 번역본은 존 롤즈, 황경식 옮김, 『정의론』, 2003). 이 글은 『정의론』에서 롤즈가 추구했던 도덕성의 합리적 연역 기획, 즉 합리적 계약론에 관련하여 롤즈가 자인한 매우 오도된 실책과 이와 관련된 다른 실책들을 상세히 탐구함과 아울러 그것들이 어떻게 교정되었는지도 논구할 것이다(Park 1992). 이러한 탐구와 논구를 통해 볼 때 롤즈는 정의론에서의 실책들을 겸허히 인정하고 자기 교정했던 솔직한 철학자라고 할 수 있을 것이다.

---

[*] 본 논문은 박정순, 『존 롤즈의 정의론: 전개와 변천』(서울: 철학과현실사, 2019), 제1부 4장 "롤즈의 합리적 계약론에서 자인된 실책들", pp.164-190에 수록된 것을 제목을 바꾸고 축약한 것이다.

롤즈의 『정의론』에서 전개된 합리적 계약론

롤즈는 『정의론』에서 다음과 같은 단호한 진술로 합리적 계약론을 제시한다. "정의론은 합리적 선택이론의 일부요, 그것도 가장 중요한 일부이다."(TJ, p.16, p.17, p.37, p.583) 롤즈에게서, 합리적 계약론은 "정의의 원칙들이 합리적인 사람들에 의해서 선택될 그러한 원칙들로 간주되며, 그리고 그러한 방식으로 정의의 개념들은 설명되고, 또한 정당화될 수 있다"(TJ, p.16)는 것을 의미한다. (롤즈의 이러한 입장은 Rawls 1951부터 추구되었다.) 따라서 롤즈의 합리적 계약론은 정의론에 관한 설명과 정당화의 도구로 사용된다. 이러한 의미에서, 롤즈는 "윤리적 판단을 합리적 타산 판단으로 대체하였다."(TJ, p.44, p.94) 합리적 선택이론은 실제로는 가치-효용이론, 게임이론, 그리고 집단적 (사회적) 의사결정이론과 같은 여러 하부 이론들의 집합체이다. 합리적 선택이론은 합리적 선택의 여러 모형들을 개인적 소비행동, 집단행동, 사회윤리와 공공 정책에 적용하려는 다양한 시도들로부터 발전해왔다. 노만 다니엘스(Norman Daniels)가 옳게 지적한 것처럼, 롤즈의 합리적 계약론은 "상대적으로 복잡한 문제인 정의 원칙들에 대한 사회적 선택을 좀 더 다루기 쉬운 문제인 합리적 개인의 정의 원칙들에 대한 선택으로 환원하는 구체적인 모형을 제시하고 있다."(Daniels 1975, p.xix)[1]

---

1) 게임이론을 도덕에 적용한 최초의 시도는 Braithwaite(1955); 의사결정이론과 사회윤리의 접합은 Gottinger and Leinfeller(1978); 합리적 선택이론을 통한 경제학과 철학의 접합은 Sugden(1991) 참조.

원초적 입장에서의 합리적 계약론

롤즈의 합리적인 개인적 선택으로서의 합리적 계약론은 공정한 배경적인 선택 상황으로 간주되는 원초적 입장과 그 속에서의 합리적 선택 기제를 구축할 때 최대한으로 활용된다. 롤즈는 자신의 정의론을 "공정성으로서의 정의"로 규정한다. 따라서 정의의 원칙들은 "자신들의 이익 증진에 관심을 가진 자유롭고 합리적인 사람들이 평등한 최초의 상황에서 그들 연합체의 기본 조건을 규정하는 것으로 채택하게 될 원칙들이다."(TJ, p.11) 이런 점에서 롤즈는 불공정한 전략적인 협상과 위협적 이익을 허용하는 토머스 홉스(Thomas Hobbes)의 합리적 계약론의 모형을 거부한다(TJ, p.11, n.4; p.134, n.10; p.139; 박정순 1998a). 공정한 원초적 입장을 구성하기 위해서는 무지의 장막을 씌워야 하는데, 무지의 장막 아래에서 계약 당사자들은 자신들의 자연적 재능, 사회적, 경제적 지위, 성별 구분, 최종 목적 등과 같은 도덕적으로 자의적인 정보를 박탈당한다(TJ, pp.136-142).

이상과 같은 특징을 가진 원초적 입장에서 계약 당사자들의 합리성은 도구적 합리성으로 정의된다: "합리성의 개념은 경제 이론에서 전형적인 것처럼, 주어진 목적에 대한 가장 효과적인 수단을 취하는 것으로 가능한 한 좁은 의미로 해석되어야 한다."(TJ, p.14) 이와 관련하여 롤즈는 또한 내부적 일관성, 서열화, 완전성, 전이성, 합리성의 극대화적 개념, 숙고적 합리성, 그리고 합리적 인생계획도 언급하고 있다(TJ, p.134, pp.143-144, p.416, p.407). 이에 부가하여, 계약 당사자들은 "상호 무관심한 합리성"을 가진 것으로 가정되는데, 이러한 가정으로 말미암아 상대적 박탈감과 시기심뿐만 아니라 이타적 감정으로부터도 벗어나게 된다(TJ, p.144). 그래서 계약 당사자들은 비록 그들이 가진 특정한 가치와 목적에 대한 지식을 원초적 입장에서 박탈당했다고 하더라도, 더 많은 사회적 기본가치들을 욕구하는 것으로 가정되며, 따라서 "사회적 기본가치들을 욕구하는 것은 합리성의 일부가 된다."(TJ, p.253) 사회적 기본가치들은 권리와 자유, 기회와 권한, 수입과 부, 그리고 자존감의 기반이다(TJ, p.92, p.62). 사회적 기본가치들은 "전목적적 수단(all-purpose means)"으로서 계약 당사자들과 시민들이 어떠한 가치들과 궁극적 목적들을 가졌다고 하더라도 그것들의 실현을 위해서 필요한 것이며, 더욱이 더 많이 갖기를 바라는 것들이다(PL, p.180; 번역본은 존 롤즈, 장동진 옮김, 『정치적 자유주의』).

합리적 선택이론과 불확실성하에서의 최소 극대화 규칙

합리적 선택이론에 의하면 롤즈의 무지의 장막이 드리워진 원초적 입장에서의 개인적 선택은 불확실성하의 선택으로 분류된다. 롤즈는 이러한 불확실성하에서는 "계약 당사자들은 이 규칙[최소 극대화의 규칙]을 따름으로서 표출된 보수적 태도를 취하는 것이 합리적이다"라고 단언한다(TJ, p.153). 원초적 입장에서의 선택에서 채택된 최소 극대화의 규칙에 대한 롤즈의 옹호 논증은 계약 당사자들이 사회적 기본가치들을 추구함에 있어서 여러 대안들(예를 들어, 롤즈의 정의의 두 원칙, 고전적 공리주의, 평균 공리주의, 완전주의, 직관주의, 이기주의, 그리고 여러 절충적 입장)을 최소 수혜자의 관점에서 평가함을 의미한다(TJ, p.124; 최소 수혜자의 의사결정은 TJ, pp.151-153). 정의의 두 원칙 중 제2원칙의 하나인 차등의 원칙(the difference principle)은 이러한 최소 수혜자의 관점을 직접적으로 수용하여 구현시키고 있다. 즉, 사회적, 경제적 불평등은 최소 수혜자에게 최대의 이익이 되도록 편성되어야 한다는 것이다(TJ, p.302, p.83, p.151; Goldman 1976).

최소 극대화 규칙은 차등의 원칙뿐만 아니라, 더 나아가서 정의의 두 원칙의 나머지 부분, 즉 제1원칙인 평등한 자유의 원칙과 제2원칙 중 하나인 공정한 기회균등의 원칙에 대해서도 정당화를 제공한다. 롤즈는 정의의 두 원칙과 불확실성하에서의 선택을 위한 최소 극대화의 규칙 사이에는 세 가지 유사성이 있다고 주장한다. 첫째, 원초적 입장에서는 무지의 장막으로 말미암아 확률에 대한 지식이 배제되고, 계약 당사자들도 최종적이고 영구적인 단 한 번의 자신들의 선택으로 말미암아 크게 영향을 받을 후손들에게도 그 선택이 합당한 것이 되어야 함을 심각하게 생각하는 공약의 부담(strains of commitment) 속에 처해 있으므로 최소한을 확보할 수 있는 신중한 선택이 필요하다. 따라서 계약 당사자들은 최소 극대화의 규칙을 채택하게 될 것이다(TJ, p.154, p.155, p.176). 둘째, 계약 당사자들은 최소 극대화의 규칙을 따름으로써 확보할 수 있는 최소한의 생활수준 이상으로 얻게 될 이득에 대해서 별다른 관심이 없는 그러한 가치관을 가지고 있다. 따라서 정의의 두 원칙은 그러한 최소한의 만족을 보장할 뿐만 아니라, 원초적 입장에서 계약 당사자들은 평등한 자유를 희생하고서 보다 더 큰 사회적, 경제적 이득을 얻으려는 욕구를 가지지 않는다는 것이다. 따라서 이상과 같은 가치관과 욕구는 정의의 두 원칙에서 자유의 우선성과 두 원칙의 축차적 서열에 대한 "사실상 결정적인(practically decisive)" 유력한 논증이 된다(TJ, p.154, p.156). 셋째, 제외된 다른 대안들은 공리주의처럼 사회 전체의 효용 증진을 위해서 노예제도까지는 아니더라도 상당한 정도의 자유의 침해를 정당화하므로 도저히 받아들일 수 없는 결과를 가지고 있다. 따라서 계약 당사자들이 최소 극대화의 규칙에 의거하여 최소한의 만족을 보장하는 정의의 두 원칙을 버리고 우연히 더 큰 이익을 얻을 수는 있지만 그들의 보다 더 소중한 것을 잃게 되는 모험적 선택을 하는 것은 어리석고, 무가치하고, 수용할 수 없는 것이다(TJ, p.154, p.156). 이러한 최소 극대화의 규칙으로부터의 논증을 통해 롤즈는 자신의 정의의 두 원칙이 다른 전통적 정의 원칙들, 특히 공리주의 원칙들을 제치고 선택된다고 주장한다(TJ, Sec. 5, Sec. 27, Sec. 28, Sec. 30). 여기서 롤즈는 자신의 정의의 두 원칙에 대한 최소 극대화의 규칙으로부터의 논증을 또 한 번의 "결정적 논증"으로 간주한다(TJ, p.153).

여기에 덧붙여서, 롤즈는 공정한 원초적 입장이 절차적으로 (자유롭고 평등한 자율적이고 이성적인 존재와 사람들이 서로를 오직 수단으로서만이 아니고 목적 그 자체로서 대하려는) 임마누엘 칸트(Immanuel Kant)의 자율성과 인간 존중의 정언명법의 개념들을 반영한다고 주장한다. 더 나아가서, 롤즈는 원초적 입장이 그간 칸트의 윤리학에 대한 비판의 초점이 되었던 칸트의 윤리학에서의 보편화 가능성이 갖는 형식성을 경험적으로 실행 가능하게 만든다고 주장한다(TJ, Sec. 40, pp.251-257; 그리고 목적 그 자체는 p.179).

롤즈의 합리적 계약론에서 도덕적 가정들의 순환성

롤즈의 『정의론』에 대해서 많은 찬사가 있었지만, 동시에 다양한 비판들도 제기되어왔다. 우리는 정의의 두 원칙에 대한 최소 극대화적 도출과 사회적, 경제적 가치들에 대한 자유의 우선성을 위한 원초적 입장의 구성에 대해서 롤즈의 합리적 계약론의 타당성 문제를 배경으로 놓고 쟁점화해볼 것이다.

우리가 논의한 것처럼, 롤즈는 홉스의 합리적 계약론의 모형을 배격하는데, 그 이유는 그 모형이 합리성의 도덕적 부적절성을 결과하기 때문이다. 따라서 롤즈는 자유롭고 평등한 합리적인 계약 당사자들 사이의 공정한 합의를 보장하기 위해서 공정한 원초적 입장을 구축하게 된다. 이러한 관점에서 보면, 롤즈의 합리적 계약론의 모형은 순수한 합리적 선택이론의 일부가 아니다. 그 모형은 합리성 겸 공정성 모형이다(Krause and Coleman 1987, p.720; Sterba 1989, p.105). 합리적 선택이론의 절대적인 관점에서 보면, 공정성을 증진하기 위해서 원초적 입장에 독립적인 도덕적 가정들(예들 들어, 무지의 장막, 시기심 없음, 최소 수준의 삶에 대함 금욕적 만족, 정당성 개념의 형식적 제한 조건들)을 도입하는 것은 딜레마의 또 다른 한 뿔, 즉 합리성에 우선한 도덕적 가정들의 순환성, 그리고 그러한 순환성의 합리적 임의성에 봉착하게 된다(Krause and Coleman 1987, p.720; Hampton 1980; 박정순 1991). 롤즈는 순환성의 문제를 확실하게 인식하고 있었으나, 그러한 문제를 사소한 것으로 치부하고 말았다. 따라서 우리는 롤즈가 『정의론』의 그러한 문제에 대한 책임을 아래와 같이 부인하고 있음을 알게 된다(TJ, pp.584-585).

"원초적 합의라는 개념은 더 이상 윤리적으로 중립적인 것이 아니라는 반론은 그릇된 것이다. 왜냐하면 그러한 개념은 이미 도덕적인 측면, 예들 들어서 원칙들에 대한 형식적 조건과 무지의 베일 같은 것을 내포하고 있을 뿐만 아니라 마땅히 그래야 할 것이기 때문이다.

나는 원초적 입장을 구분해서 서술함으로써, 물론 이 경우에 무엇이 도덕적인 요소이며, 무엇이 그렇지 않은지도 문제가 되기는 하겠지만, 당사자들의 규정에 그러한 요소들이 개입되지 않게끔 했다. 이러한 문제를 해결해야 할 필요는 없다."

최소 극대화 규칙에 대한 비판과 관련 논쟁들

이러한 관점에서 진 햄프턴(Jean Hampton)이 잘 지적하고 있는 것처럼, "롤즈의 실제적인, 반계약론적 선택 절차는 그의 정의론에 대한 고도의 칸트적인 정당화를 제시하고 있다."(Hampton 1980, p.315) 롤즈의 정의의 두 원칙이 불확실성하에서 최소 극대화의 규칙에 의해서 도출되는 것은 바로 위험을 회피하려는 보수적인 심리적 태도 때문이라는 비판이 제기되어왔다. 이러한 비판의 선구자인 공리주의적 경제학자 존 하사니(John Harsanyi)는 원초적 입장에서 최소 극대화 규칙을 사용하는 것은 계약 당사자들이 한 사회에서 최소 수혜자들로 나타날 가능성에 대해서 1(100퍼센트)의 확률, 혹은 거의 1에 가까운 확률을 배당하는 것과 같다고 롤즈를 비판한다. 하사니는 여러 가지를 고려해보지만, 최소 수혜자들로 나타날 가능성에 대해서 그러한 극도로 높은 확률을 배당하는 것에 대한 어떠한 정당화도 존재할 수 없다고 주장한다. 그는 계약 당사자들이 모든 사회적 지위들로 나타날 등확률(equiprobability) 기준이 더 합리적이라고 주장한다. 따라서 하사니의 입장은 평균 공리주의에 이르게 된다(Harsanyi 1975, p.599). 롤즈와 하사니 사이의 논쟁을 감안하면, 롤즈의 다음과 같은 단언은 이해할 수 없다. "나는 채택된 정의론이 합리성에 대한 서로 상충하는 해석들에 대해서 상관하지 않

는다고 생각해왔다."(TJ, p.447)

그러나 롤즈는 이미 스스로 타당하다고 생각하는 합리성을 구체적으로 "통일된 기대치와 확률에 대한 객관적 해석과 더불어 목적에 대한 효과적인 수단을 택함"으로 규정하였다(TJ, p.146). 이러한 합리성에 관한 해석에 의거하여, 롤즈는 "통일된 기대치도 없이 불충분한 이유의 원칙을 이용하여 목적에 대한 효과적인 수단을 택함"이라는 공리주의적 합리성을 배척한다(TJ, p.146). 불확실성하에서 객관적인 확률을 확정할 수 없고, 특정한 확률을 배당하는 어떤 충분한 이유도 없다면, 불충분한 이유의 원칙은 불확실성하에서 모든 대안들에 대한 등확률을 가정한다. 불충분한 이유의 원칙은 하사니가 사용하여 공리주의를 도출한 등확률 기준에 대해서 그 근거를 제시해주고 있다. 롤즈의 최소 극대화의 규칙에 대한 또 하나의 비판은 자유지상주의의 강력한 옹호자인 로버트 노직(Robert Nozick)이 무지의 장막은 최소 수혜자들에게 비대칭적 편애를 드러낼 뿐이라고 주장한 것이었다(Nozick 1974, p.193).

합리성에 대한 롤즈의 규정을 감안해볼 때, 그의 합리적 계약론은 확실성하에서의, 혹은 위험 부담하에서의 선택을 채택해야만 하지만, 롤즈는 그 대신에 불확실성하에서의 개인적 선택을 채택하고 있다. 이러한 관점에서 그는 공리주의를 비판하기를, "그럼에도 본질적인 것은 [원초적 입장에서] 계약 당사자들이 그들의 가치관을 모른다는 것과 통상적인 의미에서 그들의 효용을 산정할 수 없다는 것이다."(TJ, p.155) 그러나 합리성에 대한 롤즈의 정의 중 한 부분, 즉 통일된 기대치와 확률에 대한 객관적 해석도 원초적 입장에서는 가동될 수 없다. 왜냐하면, 롤즈가 인정하듯이, 최소 극대화 규칙이 작동하는 불확실성하에서의 원초적 입장에서는 확률 계산이 불가능하기 때문이다(TJ, p.154). 따라서 롤즈는 최소 극대화의 규칙의 손익계산표에서 나오는 숫자는 효용이 아니라 금전상의 가치임을 분명히 한다(TJ, p.155; 손익계산표는 p.153). 보다 엄밀하게, 롤즈는 공리주의와 달리 객관적인 가치에 근거하고 있는 합리적 기대치는 사회적 기본가치들(금전상의 가치로 환원 가능한 소득과 부)의 지수(指數, index)를 통해서 수량화가 가능하다고 주장한다(TJ, Sec. 15, "기대치의 근거로서의 사회적 기본가치들"). 그러나 케네스 애로우(Kenneth Arrow)는 사회적 기본가치들이 다수이고 상이하므로, 다수이고 상이한 사회적 기본가치들을 통약적으로 취급하는 문제, 즉 지수의 문제는 효용의 개인 간 비교의 문제만큼 어려운 문제라고 갈파한다. 애로우는 만약 롤즈가 개인 간 비교의 문제를 하나의 단순한 사회적 기본가치들(금전상의 가치로 환원 가능한 소득과 부)로 단순화한다면, 공리주의적 효용 총화에 대한 계산도 역시 단순화될 수 있다고 논박한다(Arrow 1973; Arrow 1963; Pazner and Schmeidler 1985).

롤즈와 하사니, 그리고 롤즈와 노직 간의 해결되지 않은 논쟁들을 볼 때, 롤즈는 정의의 두 원칙, 특히 차등의 원칙의 최소 극대화의 규칙으로부터의 도출이 다른 대안들의 전략들보다 유일무이하고도 우월한 합리성에 근거하고 있음을 입증하지 못하고 있다(박정순 2019a, 3장; 박정순 1991; 박정순 2019b). 그러나 롤즈는, 스티븐 스트라스닉(Steven Strasnick)이 사회적 선택 함수들에 대한 잘 알려진 조건들 — 원초적 입장과 결부되는 것이 자연스러운 것처럼 보이는 — 이 선호 우선성의 원칙과 결합되면 차등의 원칙이 도출된다는 것을 입증했다고 생각한다(Rawls 1975, p.94, n.1; Strasnick 1976). 그러나 스트라스닉의 증명에 대한 비판도 만만치 않다(Goldman

1976; Wolff 1976). 이러한 관점에서 롤즈는 "[특히 차등의 원칙의 별칭이라고 생각되는] 최소 극대화적 형평성 기준(maximin equity criterion)과 불확실성하에서의 선택을 위한, 소위 최소 극대화의 규칙(maximin rule)이라고 불리는 것은 아주 상이한 것들이다"라는 점을 강조한다(Rawls 1974, p.141).

자유의 우선성 논란

롤즈의 원초적 입장의 구성, 특히 정의의 두 원칙의 최소 극대화의 규칙을 통한 도출 문제, 특히 차등의 원칙의 도출 문제 이외에 가장 많은 비판적 관심을 받고 있는 부분은 사회적, 경제적 가치들에 대한 기본적 자유들의 우선성과 우선성을 명시하고 있는 제1원칙인 평등한 자유의 원칙에 대한 정의(定義) 문제들이다. 하트(H. L. A. Hart)는 원초적 입장에서 계약 당사자들에게 부여되고 있는 도구적 합리성은 왜 자유가 다른 사회적 기본가치들에 대해서 결정적으로 우선적인가 하는 점을 입증하지 못하고 있다고 비판한다 (Hart 1973, pp.534-555; PL, p.370). 롤즈는 이러한 하트의 비판을 인정하면서, 기본적 자유들과 그 우선성은 『정의론』에서 도출되고 발전된 고려 사항들이었지만 그것들을 종합적으로 고찰하는 데 실패하였다고 인정한다(PL, p.371). 롤즈는 나중에 하트의 비판에 대해서 "기본적 자유들과 그 우선성은 하트의 생각처럼 합리적 이익만의 독자적인 고려 사항들이 아니라 자유주의적인 것으로 간주되는 인간관에 의거하고 있다"고 답변한다(PL, p.290).

그럼 우리는 여기서 롤즈가 『정의론』에서 사회적, 경제적 가치들에 대한 기본적 자유들의 우선성에 대해서 어떠한 논증들을 제시했는지 살펴보도록 하자. 아마도, 롤즈가 인정하듯이, 그러한 논증들은 종합적으로 고찰되지 못했음에 틀림없다. 첫째, 롤즈는 우리가 앞에서 논구한 정의의 두 원칙과 불확실성하에서의 최소 극대화의 규칙 사이의 둘째 유사성에 다시 주목한다. 즉 최소 극대화의 규칙은 계약 당사자들에게 만족할 만한 최소치를 보장한다는 것이다. 따라서 계약 당사자들은 축차적으로 이루어진 정의의 두 원칙을 채택하게 되는데, 그 이유는 "그러한 우선성이 함축하는 바는 원초적 입장에서 계약 당사자들은 평등한 자유들을 희생하고서 보다 더 큰 사회적, 경제적 이득을 얻으려는 욕구를 가지지 않는다"는 것이다 (TJ, p.156). 둘째, 계약 당사자들은 "적어도 일정 수준 이상의 부가 획득된다면", 즉 상당히 유리한 조건 아래서 "그들은 보다 적은 자유를 자신들의 경제적 복지의 개선과 교환하지 않을 것이다."(TJ, p.542) 그래서 계약 당사자들은 양심의 자유와 사상의 자유를 갈구하게 되는데, 그것은 우리의 최종적인 가치관과 "우리의 인생 계획을 결정하는 데 있어서의 근본적 이해 관심을 보장하기 위해서"이다(TJ, p.543). 셋째, 계약 당사자들은 "자존감이라는 사회적 기본가치가 갖는 중심적 위치와 타인과의 자유로운 사회적 연합을 통해 자기 본성을 표현하는 인간 존재로서의 욕구를 가지고 있다."(TJ, p.543)

첫째 논증과 관련하여, 롤즈는 다음과 같은 옹호 논변을 제시하고 있다(TJ, p.542: 인용은 존 롤즈, 황경식 옮김, 『사회정의론』, p.551).[2]

---

2) 이 부분은 John Rawls, *A Theory of Justice*, revised edition(1999)에서는 삭제되었다.

"이제 자유의 우선성에 대한 근거는 대체로 다음과 같다고 말할 수 있다. 즉 문명의 상태가 향상됨에 따라 더 이상의 경제적, 사회적 이득이 우리의 선(가치)에 있어서 갖게 될 한계의의(marginal significance)는 자유에 대한 관심에 비해 상대적으로 줄어들 것이며, 자유에의 관심은 동등한 자유의 행사를 위한 여건이 보다 충분히 실현됨에 따라 강화된다는 것이다."

자유의 우선성에 관한 두 가지 실책들과 그것들의 교정

롤즈는 나중에 위의 인용문에서의 자유의 우선성의 근거와 그 옹호 논변에 대해서 실책이 있었음을 다음과 같이 인정하고 있다(PL, p.371; 인용은 존 롤즈, 장동진 옮김, 『정치적 자유주의』, p.539, n.84).

"두 가지 주요 실책이 있었다. 첫째, 가장 중요한 근거들을 명확하게 설명하지 못했다. 둘째 … 기본적 자유에 대한 우리의 관심에 상대적인 경제적 및 사회적 이익의 한계의의 체감의 개념을 사용하지 말았어야 했다. 여기서 기본적 자유들에 대한 관심은 이와 같은 자유들을 효과적으로 집행하는 사회적 조건이 더 완전히 실현되면 될수록 더 강해진다고 말했어야 했다."

왜 롤즈는 실책을 자인할 수밖에 없는가? 두 번째 실책부터 논의해보기로 하자. 첫째, 한계의의(限界意義) 체감으로부터의 논증은 기본적으로 공리주의적 개념으로서 한계효용 체감의 법칙에 근거하고 있다. 롤즈는 한계효용 체감의 법칙이 포함된 공리주의의 표준적 가정(standard assumptions)을 비판한다. 공리주의의 표준적 가정은 "사람들은 한계효용 체감의 조건을 만족시키는 유사한 효용 함수를 갖는다"는 것이다(TJ, p.159, p.240, p.324). 롤즈는 공리주의의 표준적 가정은 자연적 사실에 호소하는 하나의 가정이지만, 그것은 단지 추정적으로 참일 뿐이거나, 혹은 보다 의심스러운 것이라고 비판하면서 자유와 평등이 정의의 두 원칙 속에 직접적으로 보장되고, 사회적으로 공지되어 있는 자신의 정의관이 실질적인 장점을 갖는다고 주장한다(TJ, pp.158-159, pp.160-161). 따라서 롤즈는 한계의의 체감에 기반한 논증을 유지할 수 없었는데, 그 이유는『정의론』의 주요한 목표 중의 하나가 공리주의와 그 정의관에 대한 대안적인 정의관을 제시하는 것이었기 때문이다(TJ, p.vii; 박정순 1998b; 박정순 2019b, 제1부 1장 "롤즈의 정의론의 개요와 공리주의 비판").

둘째, 한계의의 체감을 통한 논증은 각 가치와 재화에 대한 의의의 한계효용을 측정함으로써 관심의 위계질서를 세울 수 있다는 것을 함축한다. 그러나 롤즈는 관심의 위계질서는 의의의 한계효용을 통해서 측정될 수 없다고 자각한다. 오히려 관심의 위계질서는 자유롭고 평등한 인격으로서의 칸트적 인간관에서 나온다고 생각한다. 롤즈에 따르면, "도덕적 인간의 전형적 관념(the model conception of a moral person)"인 칸트적 인간관과 관심의 위계질서는 합리성과 합당성이라는 두 가지 도덕적 능력에 의해서 발전된 두 종류의 최고차적 관심으로 이루어진다. 합리성은 선 혹은 가치관을 실현시킬 수 있는 능력을 통해서 최고차적 관심을 추구하며, 합당성은 유효한 정의감의 보유를 통해서 최고차적 관심을 추구한다. 따라서 칸트적 인간관에서 합리성은 "합리적 자율성(rational autonomy)"을 갖도록 해주고, 여기에 합당성이 더해지면 "완전한 자율성(full au-tonomy)"을 갖도록 해준다(Rawls 1980, pp.525-529).[3] 이러한 관점에서, 롤즈는 합당성이 첫 번째 도덕적 능력이며, 합리성이 두 번째 도덕적 능력임을 명백히 한다(Rawls 1980, p.530; PL, pp.310-324). 따라서 자유롭고 평등한 인격으로서의 칸트적 인간관을 반영하는 것은 롤즈의 정의의 두 원칙에서 제1원칙인 자유롭고 평등한 자유의 원칙이 불평등한 사회적, 경제적 재화를 다루는 제2원칙보다 우선적이라는 것을 의미한다(Rawls 1980, p.526).

롤즈는 이러한 우선성을 지지하면서, "합당성은 합리성을 전제하지만, 또한 종속시킨다"라고 말한다(Rawls 1980, p.530). 합당성은 합리성에 의해서 조정된 분배의 대상으로서의 사회적 기본가치들을 필요로 한다. 그러나 합당성은 계약 당사자들이 추구하는 최종적 목적을 제한한다. 더 나아가서, 합당성은 협동의 공정한 조건을 제공하고, 사회적, 경제적 가치들에 대한 기본적 자유들의 우선성을 규정하고, 사회적 기본가치들, 즉 권리와 자유, 기회와 권한, 수입과 부, 자존감의 기반을 정의의 두 원칙, 보다 엄밀하게는 세 원칙, 즉 제1원칙으로서의 평등한 자유의 원칙에 권리와 자유를, 제2원칙의 첫 번째 원칙으로서 공정한 기회균등의 원칙에 기회와 권한을, 그리고 제2원칙의 두 번째 원칙으로서 차등의 원칙에 수입과 부를 배정한다(Rawls 1980, p.530). 롤즈는 이것을 "공정성으로서의 정의관에서 합당성은 합리성의 구성 틀을 만든다"고 말한다(Rawls 1980, p.532). 이어서 자존감의 기반은 정의의 두 원칙 모두에 해당되는데, 그것은 사회가 이들 원칙들에 따를 경우, 모든 사람들은 상호 이익

---

3) 도덕적 인간의 전형적 관점은 Rawls(1980), p.525; 합리적 자율성과 완전한 자율성은 pp.527-529 참조.

과 상호 존중의 체계 속에서 포함되고, 그러한 체계 내에서 각자의 노력에 대한 공적인 인정은 사람들의 자존감을 고양시키기 때문이다(TJ, p.179). 자존감의 기반은 계약 당사자들과 시민들이 자신들의 가치관과 자신들의 인생 계획이 실현할 만한 가치가 있다고 믿으며, 자신들의 의도와 계획을 성취하려는 자신들의 능력에 대한 자신감을 내포한다. 더 나아가서 자존감의 기반은 우리의 합리적인 인생 계획이, 특히 기초적이며 단순한 것보다 정교하고 고차적인 것을 높이 평가하는 아리스토텔레스적 원칙을 만족시키는 계획이며, 아울러 우리의 인격과 행위가 마찬가지로 존중을 받고 있는 타인들에 의해서 평가와 인정을 받으며 그들 집단에 의해 애호를 받고 있어야 한다는 것이다(TJ, p.440, p.426). 롤즈는 자존감의 기반에 대해서 다음과 같이 잘 요약하고 있다(Rawls 1981, p.23; PL, pp.308-309; 인용은 존 롤즈, 장동진 옮김, 『정치적 자유주의』, p.463): "자존감의 사회적 기반: 이 기반들은, 시민들이 인격체로서의 자신의 가치에 대한 자부심을 지니고, 자신의 도덕적 능력을 계발시키고 행사하며, 자신감을 가지고 자신의 목표와 목적을 추구하려 한다면, 통상 본질적으로 필요한 기본적 제도의 측면들이다." 자존감의 사회적 기반에 대한 이러한 설명을 통해서 우리는 그것이 가장 중요한 사회적 기본가치임을 여실히 깨달을 수 있게 된다(TJ, p.62, p.92, pp.178-179, p.440).

그러면, 첫 번째 실책을 살펴보자. 롤즈가 자인했듯이, 그는 자유의 우선성에 관한 가장 중요한 근거들을 명확하게 설명하지 못했다. 롤즈가 위에서 언급한 가장 중요한 근거들은 칸트적 인간관, 양심의 자유와 사상의 자유, 사회적 기본가치인 자존감의 중심적 위치와 타인들과의 사회적 연합이다. 우선 우리가 간략히 논의한 것처럼, 자유의 우선성과 정의의 제1원칙인 평등한 자유의 원칙의 규정에 대한 또 하나의 관건은 롤즈가 그러한 주제들에 대한 하트의 비판을 충실히 수용한다는 점이다(Hart 1973, pp.551-555; PL, p.290, n.2). 그래서 롤즈는 "나의 책 『정의론』에서 기본적 자유들과 그 우선성에 대한 설명이, 다른 결함과 함께, 두 가지 심각한 간극을 포함하고 있다"고 인정했다(PL, pp.289-290). 두 간극은 위의 별도의 인용문에서 언급된 두 가지 주요 실책 중 첫 번째 실책에 해당한다. 첫 번째 간극은 "원초적 입장에서 계약 당사자들이 기본적 자유들의 우선성을 받아들이고 우선성에 합의하는 근거들에 대한 설명이 충분하지 못하다"는 점이다(PL, p.290). 두 번째 간극은 "기본적 자유들이 사회적 상황이 알려짐에 따라 어떻게 구체화되고 서로 간에 상호 조정이 될 것인가에 대한 만족스러운 기준이 제시되고 있지 않다"는 것이다(PL, p.290).

두 번째 간극을 메꾸기 위해서 롤즈는 기본적 자유들과 그 우선성과 원초적 입장에서 자유롭고 평등한 도덕적 인간들의 사회적 협동에 대한 공정한 조건들 사이의 연결을 제안한다(PL, p.304, p.299). 자유롭고 평등한 도덕적 인간들을 기조로 하는 칸트적인 인간관에 기반을 두면서, 원초적 입장에서 계약 당사자들은 구체적으로 배열된 정의의 원칙들, 즉 자유의 우선성인 제1우선성 규칙과 효율성과 복지에 대한 정의의 우선성인 제2우선성 규칙을 가진 정의의 두 원칙에 합의한다(PL, pp.299-310). 사회적 협동은 자유롭고 평등한 도덕적 인간관의 동반 개념이다(PL, p.300). 사회적 협동은 두 가지 요소를 포함한다. 첫 번째 요소는 협동에 참여하는 각 사람이 합당하게 받아들일 것으로 기대할 수 있는 협동의 공정한 조건에 대한 공유된 관념이다. 두 번째 요소는 협동에 참여하는 각 사람의 합리적 이득의 추구인데, 그것은 개인들로서의 각 사람들이 증진시키려고 노력하는 것이다. 그래서 "사회적 협동에서의 화합은 공정한 조건들이라는 관념에 합의하는 사람들에 달려 있다."(PL, p.301) 특히, 합당성 혹은 사람들의 정의감은 "사회적 협동의 공정한 조건들을 준수하는 능력에 달려 있다."(PL, p.305)

이에 더하여, 롤즈는 자유의 우선성에 대해서 첫 번째 도덕적 능력인 합당성과 관련된 다음과 같은 세 가지 근거들도 열거한다(PL, pp.315-324; Rawls 1977).[4] 첫 번째 근거는 합당성에 의해서 촉진된 정의롭고 안정된 협동의 구조이다. 두 번째는, 조금 전에 자존감의 문제를 다루었듯이, 자유의 우선성에 관한 제1우선성 규칙을 가진 정의의 두 원칙에 영향을 받는 자존감의 근본적 중요성이다. 세 번째는 사회적 연합에의 자유로운 참여이며, 그러한 참여는 한 사회에서 협동의 참가자들이 다른 사람들과의 상호성과 사회성에 대한 욕구를 표출함으로써 지지된다.

최종적으로 롤즈는 기본적 자유들과 그 우선성에 관하여 서구 유럽의 자유주의적 전통에 내재하는 하나의 철학적 교설에 의거한다(PL, p.304, p.369, p.370). 그러나 나중에 롤즈는 철학적 교설로서의 자유주의적 전통이라는 개념을 철회하고, 그 대신에 포괄적인 종교적, 철학적, 도덕적 교설들로부터 독립적인 정치적 자유주의로서의 자유주의적 전통은 유지한다(PL, p.xvi, p.304; Rawls 1985, p.225, p.230, pp.224-225; 박정순 1998c).

---

4) 세 가지 근거는 사회적 기본구조에 기반하고 있다.

자유의 상호 양립 가능성 문제의 해명과
정의의 제1원칙의 수정

두 번째 간극을 메꾸기 위해서 롤즈는 다수의 자유들이 어떻게 보다 더 구체화되고 상호 조정될 수 있는지에 대한 기준이 필요함을 느낀다(PL, p.331). 『정의론』에서 맨 처음 제시되었던 기준은 기본적 자유들의 가장 광범위한 전체 체계를 달성하는 것이다. 따라서 정의의 제1원칙은 "각자는 모든 사람의 유사한 자유 체계와 양립 가능한 평등한 기본적 자유의 가장 광범위한 전체 체계에 대한 평등한 권리를 가져야 한다"는 것이 된다(TJ, p.302, p.60, p.250; 존 롤즈, 황경식 옮김, 『사회정의론』, p.316). 이러한 체계는 순전히 양적인 것이며, 어떤 체계가 다른 체계보다 더 중요하다고 평가되지 못한다(PL, p.331). 그다음으로 제시되었던 기준은 자유의 체계가 시민들이 추구하는 합리적 이익에 비추어서 조절된다는 것이다(PL, p.331). 그러나 하트는 "그러한 합리적 이익의 내용이 내용에 관한 지식을 통해 기준으로서 역할을 할 수 있도록 명백하게 서술되지 않았다"고 지적한다(PL, p.331). 무엇보다도 심각한 것은 두 기준이 서로 양립 가능하지 않다는 것이다. 또한 기본적 자유들이 상충할 수도 있다는 것이다. 따라서 어떻게 기본적 자유들이 하나의 일관된 체계로 짜 맞추어질 수 있는지가 입증되어야만 한다(PL, p.331, pp.334-340). 이러한 관점에서 롤즈는 기본적 자유들의 최선의 체계가 가장 광범위한 체계가 아닐 수도 있다는 것을 깨닫게 된다(PL, p.331). 예를 들면, 민주주의에서는 자유로운 토론을 규제하는 질서의 규칙이 필수적으로 요구된다. 그러한 규제가 없다면, 언론의 자유는 중구난방(衆口難防)이 되어 그 목적을 달성할 수 없다. 여기서 우리는 규제(regulation)와 제한(restriction)을 구분해야 한다. 질서의 규칙은 언론의 자유가 피력되는 동안 참석자들이 지켜야 할 발언권의 획득, 발언의 순서와 시간에 대한 형식적이고 질서적 규제일 뿐이며, 언론의 자유의 내용에 대한 실질적 제한은 아니다(PL, pp.295-296). 따라서 발언권의 규제 없는 자유로운 토론은 더 광범위한 자유이기는 하지만, 모든 사람들의 발언의 자유가 상호 양립하게 실현될 수 없다. 따라서 기본적 자유들은 제약될 수 없지만, 오직 "자유는 자유를 위해서만 제한될 수 있다."(TJ, p.250, p.302) 『정의론』에서 자유의 우선성인 제1우선성 규칙은 "덜 광범위한 자유는 모든 이가 공유하는 자유의 전 체계를 강화할 경우에만" 허용될 수 있음을 명기하고 있다(TJ, p.250, p.302). 롤즈는 이 경우의 중요성을 확실히 알고 있었지만, 정의의 제1원칙에 반영하지는 못했다. 따라서 롤즈는 정의의 제1원칙의 문구를 다음과 같이 수정하게 된다(PL, p.291, p.5; 존 롤즈, 장동진 옮김, 『정치적 자유주의』, p.442; Rawls 1982, p.5; Rawls 1981, p.5): "각자는 모든 사람에 적용되는 유사한 자유의 체계와 양립할 수 있는 평등한 기본적 자유의 완전한 적정 구조에 대해서 평등한 권리를 가진다."

정의의 제1원칙에 대한 또 한 번의 문구 수정이 있게 되는데, 그것은 수정된 정의의 제1원칙에 바로 이어서 "그리고 이 구조에서는 평등한 정치적 자유들, 그리고 다만 그러한 자유들만이 그 공정한 가치를 보장받을 수 있도록 되어야만 한다"라는 문구가 추가된다 (PL, p.5). 롤즈는 자신의 정치적 자유주의의 평등주의적 측면을 증진시키기 위해서 정치적 자유들의 공정한 가치를 보장함으로써 정치적 가치들이 단순히 형식적인 것으로 그치지 않도록 하고 있다 (PL, p.5, pp.324-332, pp.356-363). 이것이 의미하는 바는 정치적 자유들이 단순히 형식적이거나 소극적이지 않고, 그것들이 실질적이고 적극적이 되어야 한다는 것이다. 이러한 목표를 달성하기 위해서 동등한 정치적 자유들의 공정한 가치가 필수적인 제도와 법규에 의해서 유지되어야만 한다(PL, pp.357-363). 첫째, 선거 유세와 선거 비용에 대한 공적 자금 조달, 아울러 선거 운동 과정과 정치 자금의 기부에 대한 제약은 필수적인 것이다. 둘째, 제도적 장치들은 다양한 정치적 집단에게 과도한 부담을 지우지 말아야 한다. 또한 제도적 장치들은 어떤 특정한 정치적 교설을 어떤 다른 교설들보다 선호하지 않는다. 셋째, 공정한 대의민주주의적 구조 속에서 모든 시민들에게 완전하고도 평등하게 효력이 있는 목소리를 확보하는 정치적 절차가 마련되어야 한다. 마지막으로, 배경적인 정의가 유지되고 있다는 공적인 인정은 명시적으로, 그리고 널리 알려져야 한다.

매우 오도된 실책의 인정과 칸트적 인간관과 정치적 정의관으로의 전회

이상의 두 간극을 메꾼 뒤에, 롤즈는 "자유롭고 평등한 인격성에 대한 열망이 직접적으로 최소 극대화의 규칙으로 향하게 한다"고 천명한다(Rawls 1974, p.141). 그리고 최대한으로 평등한 자유의 원칙인 정의의 제1원칙을 위한 자유의 우선성은 칸트적 인간관에서 예시된 "하나의 철학적 교설로서의 자유주의적 견해"에 의해서 보장된다. 그러한 자유주의적 견해는 "어떻게 기본적 자유들과 그 우선성이 자유롭고 평등한 인간관에 의거하여 각자 자신들과 다른 사람들을 대하는 시민들 사이의 협동에 관한 공정한 조건에 속하게 되는지"를 잘 나타내고 있다(Rawls 1982, p.85; PL, p.369).

롤즈는 궁극적으로 그의 도덕성의 합리적 연역 기획에서의 가장 중요한 실책을 아래의 인용에서 자인하고 있다(Rawls 1985, p.237, 강조 부가; PL, p.53, n.7; p.306, n.21).[5] 이러한 자인 이후, 그는 이미 언급한 자유롭고 평등한 칸트적 인간관뿐만 아니라 정치적 정의 관으로 자신의 입장을 전환하고 있음을 밝힌다.[6]

"따라서 『정의론』, 16페이지와 583페이지에서 제시된 것처럼 정의 론을 합리적 선택이론의 일부로 서술한 것은 **하나의 실책(그것도 매 우 오도된 실책)**이었다. 내가 말했어야 한 것은 공정성으로서의 정의 관이 합리적 선택에 관한 설명을 사용하는 것은 그 설명이 자유롭고 평등한 사람들의 대표인들로서의 계약 당사자들의 숙고를 규정하기 위한 합당성의 조건들에 종속되어 있고, 또한 이상의 모든 것은 당연 히 도덕적 관념이라고 할 수 있는 정치적 정의관에 속한다는 것이다. 정의의 내용을 합리성을 유일한 규범적 이념으로 사용하는 준거 틀 내에서 도출하려고 시도하는 것은 생각할 수 없는 것이다. 그러한 사 유는 어떤 종류의 칸트적 견해와도 양립할 수 없다."

---

5) 고티에는 롤즈가 포기한 도덕성의 합리적 연역 기획을 계속 추구한다. Gauthier(1986); 데이비드 고티에, 김형철 옮김, 『합의도덕론』.
6) 정치적 정의관, 혹은 정치적 자유주의는 Rawls(1980, 1985, 1987, 1993) 참조. 박정순(1998c); Arneson(1989).

참고문헌

데이비드 고티에. 김형철 옮김. 1993. 『합의도덕론』. 서울: 철학과현실사.

존 롤즈. 황경식 옮김. 1985. 『사회정의론』. 파주: 서광사. (*A Theory of Justice*, 1st ed. 1971을 번역)

존 롤즈. 황경식 옮김. 2003. 『정의론』. 서울: 이학사. (*A Theory Justice*, revised ed. 1999을 번역)

존 롤즈. 장동진 옮김. 2016. 『정치적 자유주의』. 증보판. 파주: 동명사.

박정순. 1991. 「계약론적 윤리학의 딜레마」. 『철학과 현실』. 통권 제9호: 248-265.

____. 1998a. 「홉스의 계약론적 윤리학과 합리성 문제」. 『매지논총』. 제15집: 241-278.

____. 1998b. 「호모 에코노미쿠스 생살부」. 『철학연구』. 제21집: 1-41.

____. 1998c. 「정치적 자유주의의 철학적 기초」. 『철학연구』. 제42집: 275-305.

____. 2019a. 『사회계약론적 윤리학과 합리적 선택이론: 홉스, 롤즈, 고티에』. 서울: 철학과현실사.

____. 2019b. 『존 롤즈의 정의론: 전개와 변천』. 서울: 철학과현실사.

Arneson, Richard. 1989. "Introduction: Symposium on Ralwsian Theory of Justice: Recent Developments." *Ethics*. Vol. 99: 695-710.

Arrow, Kenneth. 1951. *Social Choice and Individual Values*. New Haven: Yale University Press. 2nd ed. 1963.

____. 1973. "Some Ordinalist-Utilitarian Notes on Rawls's Theory of Justice." *The Journal of Philosophy*. Vol. 70. No. 9: 245-263.

Braithwaite, R. B. 1955. *Theory of Games as a Tool for the Moral Philosopher*. Cambridge: Cambridge University Press.

Daniels, Norman. 1975. "Introduction." *Reading Rawls: Critical Studies of A Theory of Justice*. ed. Norman Daniels. New York: Basic Books: xxxi-liv.

Gauthier, David. 1986. *Morals By Agreement*. Oxford: Clarendon Press.

Goldman, Alan H. 1976. "Rawls' Original Position and the Difference Principle." *The Journal of Philosophy*. Vol. 73. No. 21: 845-849.

Gottinger, Hans and Werner Leinfeller eds. 1978. *Decision Theory and Social Ethics*. Dordrecht: D. Reidel Publishing Company.

Hampton, Jean. 1980. "Contracts and Choices: Does Rawls Have a Social Contract Theory?" *The Journal of Philosophy*. Vol. 77: 315-338.

Harsanyi, John. 1975. "Can the Maximin Principle Serve as a Basis for Morality?" *The American Political Science Review*. Vol. 69: 594-606.

Hart, H. L. A. 1973. "Rawls on Liberty and Its Priority." *University of Chicago Law Review*. Vol. 40: 534-555.

Kraus, Jody. S. and Jules L. Coleman. 1987. "Morality and the Theory of Rational Choice." *Ethics*. Vol. 97: 715-749.

Nozick, Robert. 1974. *Anarchy, State, and Utopia*. New York: Basic Books.

Park, Jung Soon. 1992. *Contractarian Liberal Ethics and the Theory of Rational Choice.* New York: Peter Lang Publishing, Inc.

Pazner, Elisha A. and David Schmeidler. 1085. "Social Contract Theory and Ordinal Distributive Equality." in Leonid Hurwicz et al. eds. *Social Goals and Social Organization.* Cambridge: Cambridge University Press: 312-333.

Rawls, John. 1951. "Outline of a Decision Procedure for Ethics." *The Philosophical Review.* Vol. 60: 177-197.

____. 1971. *A Theory of Justice.* Cambridge: The Belknap Press of Harvard University Press. revised ed. 1999. 본문에서 1971년 판 은 TJ로 약칭함.

____. 1974. "Some Reasons for the Maximin Criterion." *The Quarterly Journal of Economics.* Vol. 88: 141-146.

____. 1975. "A Kantian Conception of Equality." *The Cambridge Review.* Vol. 96: 94-99.

____. 1977. "The Basic Structure as Subject." *American Philosophical Quarterly.* Vol. 14: 159-165.

____. 1980. "The Kantian Constructivism in Moral Theory." *The Journal of Philosophy.* Vol. 77: 515-572.

____. 1981. "The Basic Liberties and Their Priority." *The Tanner Lectures on Human Values.* Delivered at The University of Michigan. April 10, 1981: 1-87.

____. 1982. "The Basic Liberties and Their Priority." in Stering M. McMurrin ed. *The Tanner Lectures on Human Values.* Vol. 3. Salt Lake City: University of Utah Press: 1-87.

____. 1985. "Justice as Fairness: Political not Metaphysical." *Philosophy & Public Affairs.* Vol. 14: 223-252.

____. 1987. "The Idea of Overlapping Consensus." *Oxford Journal of Legal Studies*. Vol. 7: 1-25.

____. 1993. *Political Liberalism*. New York: Columbia University Press. 본문에서 PL로 약칭함.

Sterba, James. 1998. "From Rationality to Morality" in James Sterba ed. *Ethics: The Big Questions*. Malden: Blackwell Publishing: 105-116.

Strasnick, Steven. 1976. "Social Choice and the Derivation of Rawls's Difference Principle." *The Journal of Philosophy*. Vol. 73. No. 4: 85-99.

Sugden, Robert. 1991. "Rational Choice: A Survey of Contributions from Economics and Philosophy." *The Economic Journal*. Vol. 101: 751-785.

Wolff, Robert Paul. 1976. "On Strasnick's 'Derivation' of Rawls's 'Difference Principle'." *The Journal of Philosophy*. Vol. 74. No. 21: 849-858.

롤스의 정치철학과 정치세계의 다차원성

김비환 | 성균관대학교 정치외교학과

현대 정치철학은 롤스 이전과 이후로 구분할 수 있다. 『정의론』 (1971) 이후의 정치철학은 그 이전과 달리 롤스의 자유주의에 대한 평가 및 대안 모색이 가장 중요한 흐름이 되었기 때문이다. 물론 이런 묘사는 전체주의 지배와 제2차 세계대전 이후 정치철학적 저서를 꾸준히 발표해온 스트라우스(Leo Strauss), 하이에크(F. Hayek), 벌린(I. Berlin), 아렌트(H Arendt), 월린(S. Wolin), 맥퍼슨(C. B. Macpherson) 등 다른 탁월한 정치철학자들의 기여를 폄하하는 듯한 인상을 줄 수 있다. 그럼에도 1950년대에 사망선고까지 받게 된 정치철학이란 장르가 극적으로 부활한 데는 롤스의 『정의론』이 결정적인 역할을 했다는 사실을 부인하기 어렵다.

롤스는 바이마르 입헌민주주의 체제의 몰락과 전체주의 지배, 제2차 세계대전과 1960년대의 사회정치적 혼란 등 일련의 위기를 배경으로 당시의 주류 사회과학이 그 원인을 해명할 수도 해결책을 제시할 수도 없었던 근본적인 문제를 제기하며 정치철학적 연구의 중요성을 부각시켰다. "종교적, 철학적, 도덕적 교의에 관하여 깊이 분열되어 있는 시민들이 어떻게 정의롭고 안정된 민주사회를 유지할 수 있는가?" 롤스는 몰가치적인 정치과학을 추구했던 정치학 행태주의가 침묵했던 이 중대한 질문에 대해 정의롭고 안정적인 입헌민주주의 체제를 뒷받침할 수 있는 정의 이론을 제시함으로써 정치철학의 중요성을 널리 알렸다. 그 결과 실천철학 분야는 롤스의 자유주의 정치철학이 제기한 이슈들을 중심으로 급격히 재편되었다. 요컨대 롤스는 정치학 행태주의의 거센 물결에서 정치철학의 건재함을 알렸을 뿐만 아니라, 정치철학의 주된 문제의식과 이슈들을 근본적으로 바꿔놓음으로써 20세기 후반 정치철학계의 중심에 서게 되었다.

롤스는 전체주의 지배와 제2차 세계대전의 참화, 심화하는 사회경제적 불평등과 만연한 인간존엄의 침해를 직접 목도했음에도 불구하고, 인간의 도덕적 능력에 대한 신뢰를 포기하지 않았으며 정의로운 입헌민주 체제를 수립할 수 있다고 믿었다. 그래서 인간의 정의감(혹은 상호성의 능력)이 질서정연한 사회에서 계발, 획득되고, 이 정의감이 다시 질서정연한 사회의 안정적인 유지에 기여하는 선순환에 대한 희망을 견지했다. 『정의론』에서 『정치적 자유주의』(1993)를 거쳐 『만민법』(1999)으로 완성된 그의 정치철학적 사유는 인간의 도덕적 능력에 대한 신념, 정의로운 질서의 수립이 가능하다는 믿음, 그리고 모든 시민이 자존감과 주체성을 가지고 공존할 수 있다는 믿음에 입각하여 '현실적 유토피아(realistic utopia)'를 세우는 데 모아졌다.

이 글은 20세기 후반 실천철학 — 도덕철학, 정치철학, 법철학 —

의 판도를 뒤집어놓은 롤스의 자유주의적 정의론의 학문적, 실천적 중요성을 충분히 인정한다. 공리주의와 직관주의를 비판하고, 민주 사회의 공공문화에 깔려 있는 인간과 사회에 대한 기본관념에 입각하여 '반성적 균형'의 방법을 통해 자유주의적 정의관을 구성했던 그의 사유방법은 분석적 정치철학의 사유지평을 넓혔다. 그리고 상호 동의한 원칙들을 준수하며 자신의 삶을 주체적으로 영위할 수 있는 도덕 능력— 정의감과 합리성의 능력—을 지닌 사람들이 가치관과 세계관의 차이에도 불구하고 정의롭고 안정적인 입헌민주주의 체제의 수립을 위해 협력할 수 있는 토대를 마련하기 위해 분투했다는 점도 실천적인 중요성이 있다.

다만 이 글은 정치적인 관점, 혹은 '정치적인 것(the political)'의 관점에서 롤스의 정치철학을 평가해봄으로써, 롤스의 정치철학이 현대 정치의 역동적 특성을 충분히 반영하지 못한 결과 '정치'에 관한 철학으로서는 다소 미흡하지 않은가 하는 의문을 표명한다. 이하에서는 이런 문제의식에 따라 롤스의 자유주의 정치철학의 몇 가지 측면들을 비판적으로 조명해보고, 롤스 정치철학의 비정치적인 성격이 아이러니하게도 매우 냉정한 정치성을 함축하고 있다고 주장한다.

정치철학의 임무와 정치 개념

이 절에서는 롤스가 『공정으로서의 정의: 재서술』(2001) 1부와 『정치철학사 강의』(2007) 서론에서 제시한 정치철학 개념이 함축하고 있는 정치에 관한 관점을 소개한다. 이 관점은 정치적 정의관에 전제된 정치 개념과 함께 정치에 대한 롤스의 기본 인식을 보여준다.

롤스에 의하면 정치철학은 네 가지 임무를 추구한다. 첫째는, 상이한 가치관과 세계관을 지닌 시민들이 상호 존중의 토대 위에서 사회 협력에 임할 수 있는 '철학적, 도덕적 합의'의 기반을 마련하는 것이다. 둘째는, 시민들이 역사성을 가진 사회의 기본적인 목표와 목적들에 대해 합리적으로 성찰할 수 있도록 지원하는 것이다. 셋째는, 사회제도들이 어떤 측면에서 합리적이고, 현재의 합리성을 얻기까지 어떻게 발전해왔는지를 설명함으로써 시민들이 현재 사회와 화해할 수 있도록 돕는 것이다. 그렇지만 현재(status quo)에 대한 맹목적인 옹호는 경계한다. 넷째는, 실천 가능한 정치적 가능성의 한계를 탐색함으로써 현실적 유토피아를 제시하는 것이다. 이와 같은 정치철학의 임무는 품위 있는 정치질서, 곧 완벽하지는 않더라도 상당히 정의로운 민주 체제가 가능하다는 믿음에 기초해 있다.

이어서 정치적 정의관의 '도덕적' 성격에 관한 롤스의 설명을 살펴본다. 롤스는 민주사회의 공공문화에 함축되어 있는 시민과 사회에 대한 기본관념을 바탕으로 정치적 정의관을 구성했다. 이 정치적 정의관은 다양한 포괄적 교의들이 내적인 관점에서 지지할 수 있는 도덕적인 발상으로 제시되었다. 롤스는 정치적 정의관을 잠정협약으로 보는 발상을 '그릇되게 정치적인 발상'으로, 그리고 도덕적인 합의로 보는 발상을 '올바르게 정치적인 발상'으로 규정했다. 이 구분은 롤스가 자신의 정치관을 일방적인 권력 행사의 결과나 다양한 이익들 사이의 일시적인 타협의 산물로 보기를 거부한다는 사실과 부합하는데, 정치적 관계를 규제할 원칙들은 정치적 역학관계와 무관한 도덕적 기초를 가져야 한다는 입장을 반영한다.

정치철학 개념과 도덕적 발상으로서의 정치적 정의관을 종합적으로 분석해보면, 롤스가 인식하는 정치의 가장 기본적인 기능은 정치적 정의관에 입각하여 사회적 기본구조 안에서의 인간관계를 질서 정연하게 관리하는 것이다. 정치는 정치세계를 규제하는 데 필요한 원칙들을 도출하는 데 직접 관여해서는 안 된다. 왜냐하면 정의 원칙들은 권력관계와 이해관계에 의해 왜곡되어서는 안 되기 때문이다.

물론 정의의 원칙들은 원초적 상황에 참여한 대표자들의 합의이기 때문에 심의정치의 산물이 아니냐고 되물을 수 있다. 하지만 원초적 상황이 구현하고 있는 합당하고 공정한 조건들은 단 한 사람이 (인간과 사회에 관한 일반원리들을 고려하며) 정의 원칙을 도출한다고 해도 동일한 결론에 도달하도록 설정되어 있어서 심의의 원리는 주로 장식적인 기능을 수행한다. 누구든 공정한 조건에서 합리적으로 접근할 경우 원초적 상황의 조건들과 시민의 도덕적 특성, 그리고 사회의 일반원리들에 관한 정보에 입각하여 정치적 정의관을 구성할 수 있다. 이렇게 보면, 정치 및 정치원칙들에 대한 롤스의 인식방식은 하이에크(F. A. Hayek)가 비판하는 합리적 구성주의와 유사하다. 정치세계는 정치원칙(혹은 정치도덕)을 스스로 생성해내는 자율적인 영역이 아니라, 철학적으로 도출한 원칙들에 따라 규제되어야 하는 영역이기 때문이다.

물론 정치세계는 도덕원칙과 무관한 독자적인 특성을 갖고 있어서 정치적으로 도출된 원칙들이 도덕적으로 정당화되기 어려운 경우가 있다. 무자비한 권력투쟁과 같은 정치의 비도덕적인 측면을 감안하면 정치를 어느 정도 도덕화시킬 필요성도 있다. 하지만 '도덕적인' 원칙들이 '정치적인' 원칙들로 정당화되기 위해서는 반드시 정치적으로 합의되고 수용되는 과정을 거쳐야 한다. 다시 말해, 정치를 도덕적인 원칙들로 규제하기를 원하는 세력들은 먼저 그 원칙들을 정치세계에서 승인받아야만 한다.

정치철학 개념과 정치적 정의관에 함축되어 있는 롤스의 정치 인식에는 정치세계의 자율성 혹은 독자성 — 마키아벨리의 국가 이성 (reason of state) — 에 대한 관심이 매우 약하다. ('정치적인 것의 특별한 영역'에 대한 설명은 예외적이지만 이 경우에도 정치의 자율성은 매우 제한적이다. 이에 대해서는 후술할 것이다.) 다양한 가치관들과 세계관들이 평화적으로 공존할 수 있는 '철학적, 도덕적 합의'의 기반을 마련함으로써 현실적 유토피아를 구성하는 것이 정치철학의 주된 임무라고 보는 롤스의 견해에는 철학적으로 구성된 몇 가지 기본원칙들을 통해 정치질서를 질서정연하게 관리할 수 있다는 합리주의적인 사회공학적 발상이 깔려 있다.

하지만 롤스의 정의 원칙들이 정치세계를 실질적으로 규제할 수 있는 원칙들로 수용되기 위해서는 (결코 우회하거나 피할 수 없는) 정치적 수용의 절차를 반드시 거쳐야 하며, 현실 정치세계에서 주요 정치세력들의 지지를 받아내야만 한다. 롤스는 이런 식의 정치적 타협을 '그릇되게 정치적인' 것으로 치부하지만 그의 정치관이 이런 정치과정을 우회하거나 초월하여 수용될 가능성은 거의 없다.

정치적 정의관의 '정치성'

정치에 관한 롤스의 인식을 읽어낼 수 있는 또 다른 부분은 자신의 정의관을 '정치적인' 정의관으로 특정하고 그 이유를 설명하는 부분이다. 먼저 정치적 정의관의 정치성을 규명하기 전에 롤스가 자신의 정치적 자유주의를 새롭게 제시한 이유를 살펴보자.

『정의론』에 대한 다양한 비판에 응수하는 과정에서 롤스는 1993

년에 발표한『정치적 자유주의』로 종합되는 다양한 수정을 가했다. 특히「도덕철학에 있어서 칸트적 구성주의」(1980)에서는 그런 수정이 현저히 드러나기 시작했다.『정의론』의 주된 목적은 공리주의와 직관주의보다 더 우월한 정의관을 제시하는 것이었기 때문에 정의관의 안정성보다는 그 바람직함을 부각시켰다. 하지만『정치적 자유주의』에서는 안정성을 담보하지 못한 정의관은 실용성이 없다고 보고 정의관의 안정성을 제고하기 위해 중요한 수정을 가했다.

롤스가 안정성의 문제를 정치철학의 중요한 고려사항으로 간주하게 되자『정의론』의 내적 모순이 분명해졌다. '공정으로서의 정의'를 포괄적인 교의로 간주할 경우 발생할 수 있는 불안정성이『정의론』의 가장 중요한 문제점으로 대두한 것이다. 깊고 영구적인 다원주의가 특징인 현대사회에서 정치적 정의관이 특정한 포괄적 교의에 입각하여 구성될 경우 상이한 교의들을 지지하는 세력들의 불만과 저항이 초래될 것은 너무나 자명하다. 이에 따라 롤스는 특히 1980년 이후 일련의 논문을 통해『정의론』에 중요한 수정을 가하였으며 그 결과를『정치적 자유주의』로 종합했다.

이렇게 재구성된 '정치적' 정의관의 정치성은 다음과 같은 특징을 갖고 있다. 첫째, 제한된 주제, 곧, 민주사회의 기본구조 — 주요 정치, 사회, 경제 제도들 내에서의 인간관계 — 에만 적용된다. 롤스는 이 기본구조를 '정치적인 것의 특별한 영역'이라 부른다. 둘째, 자립적인(free standing) 관점에서 수립되었다. 정치적 정의관은 특정한 포괄적 교의에 의존하지 않고, 고유한 주제, 객관성의 기준, 독자적인 가치와 덕목을 갖고 있다. 셋째, 민주사회의 공적인 정치문화에 내재된 특정한 기본관념들에 입각하여 구성되었다. 요컨대 정치적 정의관의 정치적 성격은 사회의 기본구조라는 한정된 적용 영역, 포괄적인 교의와 무관하게 구성된 독자성, 민주사회에만 적용되는 문화 특정성에 있다. 정치적 정의관에 필요한 모든 기본 아이디어들은 이런 변화에 맞춰 수정되거나 도입되었다. 인간(혹은 개인) 대신에 시민, 시민들 사이의 공정한 협력체계로서의 사회, 기본적 권리와 자유, 권력, 기회, 소득, 부, 그리고 자존감과 같은 주요 가치들도 (인간이 이니라) '시민'이 원하는 것으로 간주되었다. 또한 단순 다원주의는 합당한 다원주의로, 그리고 정의관 구성방법은 정치적 구성주의로 구체화되었으며, 원초적 상황은 공적인 반성을 위한 '표현장치'로 재설정되었다.

이렇게 재구성된 정치적 자유주의에는 정치원칙의 역사성 및 그 역사성이 함축하는 정치의 자율적인 성격이 어느 정도 반영되어 있다. 정치적 정의관은 자유주의 사회의 민주적 문화에 함축되어 있는 시민과 사회에 관한 기본관념에 입각하여 구성되었기 때문이다. 또한 「정치적인 것의 특별한 영역」(1989)에는 근대 이후 '정치적인 것'의 영역이 독자적인 지위와 중요성을 가진 특별한 영역으로 부상한 현상을 부각시키고 있는데, 이 부분은 정치를 '어느 정도' 고유한 특성과 역사성을 지닌 자율적인 영역으로 인정하고 있다는 인상을 주기에 충분하다.

하지만 롤스는 정치원리의 역사성과 (그 역사성이 함축하고 있는) 정치과정의 역동성을 충분히 그리고 일관되게 인정하지는 않는다. 그는 정치적 정의관이 자유민주주의 사회의 공공문화에 함축되어 있는 인간과 사회에 관한 기본관념에 토대를 두고 있고, 포괄적인 교의들 사이의 중첩합의에 의해 지지되며, 정치적인 가치들이 다수 시민들의 충성을 얻고 있다는 사실에 근거하여 정치적 정의관의 정당성과 안정성을 동시에 부각시킨다. 하지만 그런 역사적 가치들에 입각하여 정치적 정의관을 철학적으로 구성하는 과정에서 정치의 역사성과 역동성을 탈각시켜버린다. 일단 정치적 정의관이 구성되면 차후의 모든 정치과정은 그 정의관의 테두리 내에서 그리고 정의관의 규제를 받으며 진행되어야 하기 때문에 그런 테두리와 규제를 벗어나려는 정치의 자율성을 용인하기 어렵다.

더구나 포괄적 교의들 사이의 중첩합의를 정의관의 규범적 정당성 근거로 삼는 것은 자연주의적인 오류(naturalistic fallacy)인 듯 보이며, 정치적 가치들에 대한 '다수' 시민들의 지지를 정치적 정의관의 안정성의 기반으로 삼는 태도는 임의적일 뿐만 아니라 '그릇된 의미에서' 정치적인 듯 보인다. 정치적 정의관에 대한 중첩합의가 존재하고 정치적 가치들에 대한 다수 시민들의 지지가 존재한다는 '사실'이 정치적 정의관의 '규범적' 근거가 될 수 없으며, '모든' 시민이 아닌 '다수' 시민의 지지만을 담보하는 정의관은 일부 또는 적지 않은 사람들을 정치적으로 배제 또는 억압해야 하기 때문이다.

정치적 정의관의 도덕적 정당성은 다수가 그 정의관을 지지한다는 '사실'에 달려 있는 것이 아니라 '도덕적으로 옳은 이유'에 달려 있다. 정치적 정의관의 정당성과 안정성을 담보하기 위해 중첩합의와 '정치적인 것의 특별한 영역'의 독자성을 부각시키는 롤스의 정당화 방법은 도덕적 타당성이 약하다. 롤스의 정치적 정의관에 정당성을 부여해주는 궁극적인 기반은 결국 근대 자유민주주의 사회의 역사적 성격 — 정치적 가치들에 대한 시민들의 지지가 강하고, 포괄적 교의들 사이에 정치적 정의관에 대한 중첩합의가 존재한다는 '사실' — 이지 보편적인 도덕적 토대가 아니기 때문이다. 즉, 롤스의 정치적 정의관의 진정한 기반은 정치의 역사성이지 보편적인 도덕원칙이 아니다. 롤스는 단지 정치적 기반을 갖고 있는 정의관을 도덕적으로 포장했다고 볼 수 있다.[1] 정치적 자유주의의 도덕적 기반이 궁극적으로 정치적이라는 주장은 '합당한 다원주의'에 대한 비판적 분석을 통해 더 분명히 드러난다. 이 문제를 다루기 전에 먼저 그의 정치철학이 허용하고 있는 정치활동의 범위와 성격을 살펴보자.

정치질서의 제한된 정치성

롤스의 정치철학이 질서정연한 자유민주주의 사회에서 '그릇된 의미의' 정치를 모두 탈각시켜버린 것은 아니다. 그렇다면 그의 정치철학은 정치와 전혀 상관없는 무의미한 정치철학이거나, 정치라는 특수 영역에 파견된 도덕철학에 불과할 터이기 때문이다. 롤스의 현실적 유토피아는 정치적 정의관에 의해 기본 골격이 정해지고, 입법, 사법, 행정의 기본 업무들이 정의관과 공적 이성을 통해 잘 관리되긴 하지만, 다양한 의견과 이익들이 자유롭게 경합할 수 있는 제한된 영역을 허용하고 있다.

예컨대, 『정치적 자유주의』에서는 정당 간 경쟁, 즉 상식적인 의미의 정치의 여지가 『정의론』에 비해 훨씬 더 넓으며, 다양한 이슈와 영역들에서 시민들 및 대의원들 사이의 활발한 논쟁을 허용한다 (Muirhead and Rosenblum 2006, pp.99-108). 롤스도 인정하듯이 '공정으로서의 정의'는 시민들의 지지를 받기 위해 경쟁하는 자유주

---

1) 이런 측면에서 보면 자유주의 제도는 단일 보편적인 도덕적 기반 — 예컨대, 인간의 보편적 본성 — 에 기반을 두고 있는 것이 아니라 특수한 상황(contingency)의 산물이라고 보고, 정치철학은 자유주의 제도에 대해 순환적인 정당화(circular justification)만을 제공할 수 있을 뿐이라고 보는 로티(R. Rorty)의 입장이 더 솔직하게 보인다.

의적인 정의관들 중 하나일 뿐이다. 평등한 기회의 원칙에는 모든 자유주의자들이 동의할 가능성이 있지만, '공정한' 기회의 평등에 대해서는 그 구체적인 내용을 두고 다양한 이견이 개진될 수 있다. 마찬가지로 사회적 최저치에 대해서는 이견이 없지만 차등 원칙에 대해서는 격렬한 논쟁이 벌어질 개연성이 크다. 정치적 정의관은 입법부가 정기적으로 숙고해야 하는 많은 경제적, 사회적 이슈들에 대해 거의 말해주는 바가 없어서 추가적인 정치적 토의를 필요로 한다.

정치적 권리와 자유들의 적절한 범위나 정확한 내용에 대해서도 합당한 의견차를 보일 수 있다. 헌법에 규정된 종교적 자유는 종교학교가 공적인 기금을 받을 수 있을지에 대해, 그리고 공립학교에서 특정한 기도 형식이 허용될 수 있을지에 대해 침묵하고 있다. 공적인 이성도 헌법적 필수사항들에 관련된 문제들을 해결하는 데 충분하지 않을 수도 있다. 이처럼 정치적 자유주의에서 정치는 다양한 이슈를 둘러싼 정당 간 경쟁을 충분히 허용하고 있으며, 심지어 정치적 정의관에 대한 상이한 해석과 적용의 여지마저 남겨놓는다.

그럼에도 롤스의 정의관이 지배하는 정치질서에서 합당한 불일치의 영역은 근본적으로 제한되어 있다. 정치적 정의관의 구체적인 내용에 다소 차이가 있을 수 있고, 또 그런 차이로 인해 다양한 사회정치적 이슈들이 활발히 토의될 수 있는 여지가 꽤 남아 있긴 하지만, 정치적 정의관의 자유주의적인 성격은 논의의 대상이 될 수 없다. 더구나 롤스가 자유지상주의적인 정의관을 자유주의적인 정치적 정의관의 아류로 인정하지 않는다는 사실은, 롤스의 정의관이 수용하는 개방적인 정치적 심의의 영역이 생각보다 좁을 수도 있음을 시사한다. 자유주의적인 정치적 정의관은 합당하기 때문에, 그 정의관에 대한 해석 차이를 넘어선 근본적인 이의 제기는 합당하지 않고 따라서 봉쇄되어야 한다. 다시 말해, 롤스의 시민은 정치적 자유주의가 수용하는 정치적 가치들을 지지하는 민주주의자여야 하지만, 그런 가치들까지 개방적인 토의의 대상으로 삼는 급진민주주의자여서는 안 된다. 정치적 정의관의 정당성까지 의문시하는 태도는 사회 협력을 위협하는 합당하지 못한 태도이기 때문이다.

롤스의 정치적 정의관이 허용하는 개방적인 정치적 심의의 범위가 생각보다 좁을 수 있다는 지적은 자유지상주의자들이나 급진민주주의자들을 자유주의적인 사회 협력에서 배제하는 것이 온당치 않다거나 비현실적이라는 뜻은 아니다. 그 지적의 핵심은 자유지상주의자들이나 급진민주주의자들에게 정치적 정의관은 도덕적인 발상이 아니라 '정치적인' 발상에 지나지 않는다는 것이다. 물론 롤스는 자유주의적인 정치적 정의관은 ('정치적인 것의 특별한 영역'이 출현하고 정치적 가치들에 대한 지지가 확산된 결과) 그들에게도 중요한 정치적 가치를 담고 있다는 사실을 강조할 것이다. 하지만 그들이 정치적 정의관에 반영된 정치적 가치들을 어쩔 수 없이 수용하고 있다는 사실을 그 가치들에 대한 도덕적 지지로 오인해서는 안 된다. 그들은 그런 정치적 가치들— 또는 그 가치들에 대한 자유주의적인 해석들— 을 현실적인 역학관계를 반영하는 것으로, 즉 롤스의 이른바 '그릇된 정치적 발상'으로 간주하고, 역학관계나 상황이 바뀌면 얼마든지 변경될 수 있는 잠정협약(modus vivendi)으로 인식할 개연성이 높다. 다시 말해, 비자유주의자들이나 반자유주의자들 그리고 급진민주주의자들에게 롤스의 정치적 정의관은 전혀 도덕적인 발상이 아니라 '그릇되게 정치적인' 발상에 불과할 수도 있다(Mouffe 2005, p.223).

요컨대, 정치적 정의관으로 정치세계를 질서정연하게 규제하려는 롤스의 시도는 예측 불가능하고, 역동적이며, 다차원적인 정치세계의 자율적 특성을 근본적으로 왜곡시키는 측면이 있다. 롤스의 정치적 자유주의에는 역동적인 갈등과 균형의 끊임없는 반복을 통해 진화해온 정치원리들의 독자성을 부정하고 정치를 합리적인 도덕적 합의에 종속시켜 질서정연한 정치사회를 구축하려는 사회공학적인 태도가 깔려 있다. 하지만 정치적 관점에서 보면 이런 시도는 비정치적일 뿐만 아니라, 심지어 정치의 특성 혹은 생리를 근본적으로 왜곡시키는 반(反)정치적인 함의가 있다.

다른 측면에서 보면, 롤스의 정치적 자유주의는 정치의 큰 틀을 합리화하고 정치적인 결정의 영역을 제한함으로써 민주정치의 분열적이고 파괴적인 영향을 축소시키려는 전략으로 이해할 수도 있다. 다시 말해, 정치적 심의의 영역을 판단 전문가들에게 일임함으로써 일상적인 민주정치를 탈정치화 혹은 비정치화시키려는 시도로 볼 수도 있다. 심의의 영역을 판단 전문가들, 특히 공적인 이성을 대표하는 부서나 전문가들에게 일임함으로써 정치가 진리에 버금가는 객관성, 합리성을 담보할 수 있도록 말이다. 이런 경향은 민주주의가 출현했던 곳에서 어김없이 나타났다. 그 기원은 이미 이상 정체에 대한 플라톤의 탐구에서부터 찾아볼 수 있다. 민주주의의 친구이면서도 비정치적인 정치철학을 제안하는 대부분의 현대 정치철학자들도 이런 경향을 공유한다. 롤스, 페팃(P. Pettit), 로장발롱(P. Rosanvallon)도 그중에 속한다(Urbinati 2010, p.76). 예컨대, 페팃은 분열적이며 대중적인 열정과 분파적 이익의 충돌을 조종하는 민주주의보다 공동선과 덕스러운 판단을 강조하는 공화정을 더 지지한다. 특히 민주적인 선거 행태에서 빈번히 드러나는 고질적인 비합리성은 심의민주주의의 이상을 위협한다고 본다. 민주주의는 '열정의 정치'이기 때문에 전문가에 의한 심의의 영역을 넓혀서 민주적인 열정의 정치를 최대한 제한할 필요가 있다고 보는 것이다.

공적 이성을 가장 완벽하게 구현하는 연방대법원을 정치적 자유주의의 핵심 제도로 삼고 있는 롤스의 자유주의 이론도 같은 맥락에서 이해할 수 있다. 이런 경향은 정치를 주로 정의 원칙의 일관된 적용이란 관점에서 파악하는 롤스의 정치 이해방식과 연관성이 있다(Alejandro 1996, p.1). 이런 관점에서 보면 정의 원칙을 구현하고 있는 헌법과 법률의 위반 여부를 판단하는 법원의 역할이 의회보다 더 중요시되는 것이 당연하다.

다원주의와 중첩합의

주지한 바와 같이 롤스의 후기 정치철학의 과제는 정치적 정의관의 안정성을 담보하는 것이다. 하지만 현대사회의 근본 특징은 포괄적인 교의들 사이의 통약 불가능한 다원성이기 때문에 정치적 정의관이 주요한 포괄적 교의들의 지지를 얻지 못한다면 정당성과 안정성을 담보하기 어렵다. 만일 적지 않은 시민들이 신봉하는 포괄적 교의가 정치적 정의관과 충돌할 경우, 시민들은 정치적 정의관에 대한 지지를 철회할 개연성이 있다. 이런 의구심 때문에 롤스는 정치적 정의관에 대한 단순합의보다 더 신뢰할 수 있는 해결책으로 중첩합의를 제시했다. 중첩합의는 시민들이 개인적으로 지지하는 포괄적 교의와 정치적 정의관이 내적으로 통합되어 있어서 정치적 정의관을 지지한다는 것이 핵심이다. 롤스는 정치적 정의관에 대한 포괄적 교의들 사이의 중첩합의가 정치적 덕(political virtue)과 더불어 정치적 정의관을 안정적이며 실천 가능한 발상으로 만든다고 본다.

그렇다면 중첩합의는 어떻게 가능할까? 롤스는『정의론』의 단순 다원주의(simple pluralism) 대신 합당한 다원주의(reasonable pluralism) 개념을 도입한다. 만일 자유주의 사회가 모든 포괄적 교의들을 수용한다면, 정치적 정의관에 대한 합의도 자유민주주의 체제의 유지도 어려울 것이다. 그래서 롤스는 "어떠한 사회도 모든 삶의 양식들을 다 수용할 수 없으며", "손실이 없는 사회세계는 없다"고 말한다. 다시 말해, "기본적인 가치들을 특수한 방식으로 실현시키고 있는 몇몇 삶의 양식들을 배제하지 않는 사회적 세계는 없다"고 주장한다(Rawls 1988, p.65). 롤스의 합당한 다원주의는 이와 같은 제한적인 다원주의를 표현하는 개념이다. 민주체제의 기본 원리들을 거부하는 "합당하지 않고 비합리적이며 심지어 광적이기까지 한 포괄적 교의들"을 지지하는 사람들에게 공정한 사회 협력을 기대하는 것은 비현실적이기 때문에 그런 교의들을 제외하는 것이 합당하다는 것이다. 이는 정치적 정의관을 지지하는 시민들만이 합당하다는 말과 다름이 없다.

롤스는 포괄적 교의들이 민주사회에 수용되거나 번창할 수 있는 네 가지 경우를 제시한다(Rawls 1993, pp.145-146). 첫째는 종교적 신념과 신앙에 관한 포괄적 교의의 이해방식이 관용의 원리로 이끌어가고, 자유롭고 평등한 사람들 사이의 사회 협력 구조로서의 사회 관념을 지지하도록 이끄는 경우다. 다시 말해, 포괄적 교의가 정치 영역에 적용되어 정치적 정의관으로 구현된 경우다. 둘째는 포괄적인 윤리이론의 당연한 논리적 귀결로 정치적 정의관을 옹호하는 경우다. 이때는 사적인 가치관과 공적인 정의관이 하나의 통일된 윤리 체계를 이루고 있다. 셋째는 정치적 정의관이 포괄적 교의와 내적으로 통일되어 있어서 수용하는 것이 아니라, 정치적 정의관 자체가 다른 가치들보다 더 소중하기 때문에 수용하는 경우다. 넷째는 사회 세계의 여러 가지 조건을 두고 볼 때 정치적 정의관을 수락할 만한 원칙으로 받아들이는 경우다. 이 네 가지 경우와 관련하여 중첩합의의 의미는 분명하다. 그것은 포괄적 교의와 정치적 정의관의 연속성 혹은 통일성을 나타낸다. 정치적 정의관을 흔쾌히 수락하는 시민들은 그 정의관이 자신이 신봉하는 포괄적 교의의 일부나 보조 원리(adjunct) 혹은 파생 원리이기 때문에 수용한다. 그래서 롤스는 정치적 정의관을 포괄적 교의들이 수렴하는 공리(theorem)에 비유한다(Rawls 1987, p.9).

다원주의와 중첩합의에 관한 롤스의 설명은 다원주의와 관련하여 근본적인 문제를 제기한다. 깊고 영구적인 다원주의(deep and permanent pluralism)로 특징화되는 사회에서 어떻게 중첩합의가 가능하며, 또 중첩합의가 가능하다고 해도 중첩합의에 참여하는 포괄적 교의들의 범위가 너무 좁지 않을까 하는 의문이다. 다시 말해, 서로 양립 불가능할 뿐만 아니라 서로 대립하고 있는 포괄적 교의들 사이에 정치적 정의관에 대한 중첩합의가 존재한다면, 왜 그런 포괄적 교의들이 깊고 항구적인 대립관계에 있다고 볼 수 있는가? 중첩합의의 배경이 되는 합당한 다원주의는 서로 양립 가능한 포괄적 교의들의 다원주의를 의미하는 반면, '깊고 영구적인 다원주의'는 중첩합의가 아예 불가능할 정도의 이질적인 교의와 가치들의 다원주의를 의미하지 않는가?

롤스가 제시한 합당한 다원주의는 그다지 깊지도 영구적이지도 않은 것처럼 보인다. 자유민주주의 사회를 안정화시킬 수 있을 정도의 중첩합의를 형성할 수 있는 다원주의이기 때문이다. 하지만 애초에 그런 중첩합의가 존재할 수 있다면, 롤스가 깊고 영구적이라 묘사한 다원주의는 표현과는 달리 그렇게 깊지도 영구적이지도 않은 다원주의가 아닐까?

롤스는 중첩합의에 참여하는 가치관들로 칸트와 밀(J. S. Mill)의 자유주의를 예로 든다. 하지만 칸트의 자율성의 이상과 밀의 개성 원칙 사이의 차이가 깊고 영구적이라 할 수 있는가? 대부분의 자유주의자들은 자율성과 개성을 상보적인 자유주의적 가치들로 간주하지 서로 화해할 수 없는 가치들로 보지 않는다. 물론 롤스는 자율성이나 개성 원칙을 핵심 가치로 삼는 교의들과 근본적으로 다른 합당한 포괄적 교의들이 있어서, 이들 사이에 깊은 분열이 존재한다고 주장할 수도 있다. 하지만 롤스는 그런 구체적인 사례들을 제시하지 않는다. 그는 합당한 다원주의는 중첩합의로서의 정치적 정의관을 수용하는 포괄적 교의들의 다원주의라고 주장할 뿐이다. 하지만 이 주장은 정치적 정의관을 수용한 교의들의 다원주의는 합당한 다원주의고, 합당한 다원주의는 정치적 정의관을 수용하는 교의들의 다원주의라는 순환논리일 뿐이다.

롤스는 이런 합당한 의문에 답하는 대신, 근대 유럽에서 정치적 중첩합의가 형성된 역사적 과정을 조명한다. 그는 자유주의적 정치 원칙에 대한 중첩합의가 오랜 시간에 걸쳐 형성되어왔을 뿐만 아니라 행운을 필요로 하는 과정이었다고 본다(Rawls 1987, pp.11-12; Rawls 1988, p.276). 관용 원칙의 발전이 그랬듯이, 정치적 정의관 역시 그것을 진심으로 지지하지 않는 다양한 가치관들의 잠정협약에서 시작되었다. 하지만 그 협약은 다양한 세력들의 지지를 얻게 되어 포괄적 교의의 일부로 수용되었거나, 포괄적 교의들이 그 협약에 적응하면서 부분적으로 수정되었다.

롤스는 이 맥락에서 '정치적인 것의 특별한 영역'이 지닌 중요성을 강조하며, 이것이 포괄적인 교의들에 대한 지지의 회석 경향과 맞물려 (포괄적인 교의와 상관없이) 그 자체로 시민들의 광범위한 지지를 받게 된 상황을 다음과 같이 묘사한다.

"통상 우리는 아주 포괄적인 종교적 혹은 도덕적 관점과 같은 어떤 것을 갖고 있지 않다. 더구나 우리는 이미 존재하고 있는 것을 연구하거나 우리 자신을 위해 알맞은 것을 고안하려고 거의 시도하지도 않는다. 이것은 정치생활에 내재한 가치들, 다시 말해, 정치제도와 활동들이 포함하고 있거나 산출하는 본유적 가치들이 먼저 우리의 포괄적인 가치관들과는 별도의 충성을 획득, 가치관들과의 갈등을 극복할 가능성이 더 크다는 것을 의미한다. 따라서 갈등이 발생할 경우, 정치적 정의관은 그대로 유지되면서 그 요구조건에 따라 사적인 가치관들을 형성할 수 있는 더 좋은 기회를 갖고 있는 것이다." (Rawls 1988, p.274)

하지만 이와 같은 역사적 사실이나 행운에 근거하여 정치적 정의관을 도덕적 발상으로 정당화하는 방법은 타당성이 약하다. 왜냐하면 일시적인 잠정협약이 도덕적인 중첩합의로 발전해야 할 필연성이 없기 때문이다. 적지 않은 사람들에게는 잠정협약이 여전히 실용적인 선택으로, 다시 말해 '그릇되게' 정치적인 결정에 불과한 것으로 여겨질 수도 있다. 어떤 이들은 역사적 조건이 바뀜에 따라 잠정협약의 유효성이 끝난 것으로 생각할 수도 있다. 이런 경우에는 잠정협약으로서의 정치원칙과 자신이 지지하는 포괄적 교의 사이에 연속성이나 통일성을 발견할 수 없기 때문에 더 이상 잠정협약을 수용할 이유가 없다.

롤스도 인정하듯이 특정 제도와 그 제도를 규제하는 정의관에 대한 충성은 자기 이익이나 집단 이익에 근거한 것일 수도 있다. 관습과 전통적인 태도, 혹은 예상과 일상적으로 이뤄지는 것에 고분고분 따르려는 마음가짐도 정치적 정의관에 대한 충성을 뒷받침할 수 있다(Rawls 1987, p.19). 대부분의 사람들은 자신이 가치관과 정치원칙 사이에 존재할 수 있는 모순이나 긴장에 관하여 진지하게 고민하지 않는다. 사람들이 자신의 가치관과 정치원칙의 관계를 진지하게 검토할수록 그 사이에 심각한 모순을 발견할 수도 있을 것인바, 정치적 정의관에 대한 지지를 철회할 수도 있다. 그러므로 적지 않은 사람들에게 정치적 정의관은 도덕적 발상으로 받아들여지지 않을 개연성이 높다. 요컨대 중첩합의가 형성되는 역사적 과정에 대한 롤스의 설명은 중첩합의에 기반을 둔 정치적 정의관의 도덕적 정당성을 충분히 뒷받침하지 못한다.

물론 정치적인 것의 특별한 영역이 갖는 중요성을 충분히 인정할 수 있다. 하지만 사회학적인 사실은 언제든지 변할 수 있고 또 모순 투성이일 수도 있다. 이와 같이 가변적이고 불안정한 사회학적 사실로 정치적 정의관의 도덕적 정당성과 안정성을 뒷받침하려는 시도는 타당성이 약하다.

중첩합의의 실천적 한계

주지하듯이 포괄적 교의들 사이의 중첩합의인 자유주의적 정의관은 포괄적인 교의들 각각의 관점에서 상이한 이유로 수용된다. 정치적 가치들의 중요성에 대한 인식이 확산되고, 포괄적인 교의들의 포괄성과 중요성이 축소되는 현대사회의 특성은 정치적 정의관에 대한 시민들의 지지를 더 견고히 하는 데 도움이 될 것이다. 하지만 중첩합의에 의한 정치원칙의 수립과 그에 기반한 정치적 평화는 일시적이고 피상적인 수준에 머무를 수 있다. 시민들이 추상적인 정의원칙이나 정치적 가치들에 대해서는 비교적 쉽게 합의할 수 있지만, 그 원칙을 구체적인 사회정치적 이슈들에 적용할 경우에는 사정이 다르기 때문이다.

예컨대, 정치적 정의관에 대한 중첩합의가 광범위하게 형성되었다고 해도, 그것을 낙태나 안락사와 같은 사회윤리적인 이슈들에 적용하는 경우를 생각해보라. 이때는 포괄적인 교의들 사이의 견해차가 너무나 심각하여 과연 정치적 정의관에 대한 중첩합의가 존재하는지에 대해, 그리고 정치적 정의관에 대한 형식적인 합의가 무슨 의미가 있는지에 대해 의문을 품지 않을 수 없다. 이런 문제들이 어떤 식으로 결정되든 패배한 쪽에서는 그 결정의 권위를 부정할 것이며, 나아가서는 정치적 정의관에 대한 동의마저 철회할 개연성이 있다. 왜냐하면 그런 결정은 삶의 의미와 가치에 대한 자신의 근본적인 신념을 부정하는 것이어서 강력히 저항할 필요성이 있기 때문이다. 요컨대, 정치적 정의관에 대한 중첩합의는 일시적인 평화의 조건이 될 수 있지만, 가치관이나 세계관과 관련된 정치적 이슈들과 관련해서는 그다지 실효성이 없다. 가치관이나 세계관과 관련된 이슈들이 정치적 이슈로 불거지기라도 하면, 이내 자유민주사회의 안정과 평화에 기여하는 중첩합의의 피상성과 실천적 한계가 명백히 드러나기 때문이다. (이 문제는 근본적으로 공적인 문제와 사적인 문제의 관계, 혹은 공적인 영역과 사적인 영역의 관계가 지닌 모호성이나 가변성과 연관되어 있다.)

애당초 정치적 정의관을 구성할 때 포괄적 교의를 배제하는 '회피의 방법(method of avoidance)'이 완벽한 공정성이나 안정성을 담보할 가능성은 매우 낮다. 더구나 합당성(reasonableness)이나 적정성(decency)과 같이 보편적인 동의를 얻기 어려운 모호한 기준을 도입하여 사회 협력의 안팎을 나누려는 경우에는 더욱더 그렇다. 보통합당성이나 적정성의 기준을 제시하는 세력은 헤게모니 세력과 그에 동조하는 세력이기 때문이다.

물론 나는 개인적으로 자유주의의 정치적 가치들을 지지한다. 하지만 그렇다고 자유주의적 가치들이 유일무이하게 옳은 가치들이며, 그것과 충돌하는 가치들이 모두 합당하지 않거나 적정하지 않다는 주장을 받아들이기는 매우 조심스럽다. 비록 자유주의적인 가치들과 일치하지는 않지만 독자적인 가치와 매력을 지닌 가치들이 존재할 수도 있기 때문이다. 이런 가치들이 자유주의적인 정치적 정의관에 부합하지 않는다고 해서 합당하지 않거나 적정하지 않다고 비난하며, 자유주의적 정의관을 강제로 부과하는 것은 '도덕적인' 태도가 아니라 결국 '정치적인' 태도인 것이다.

맺음말

'정치적인' 관점에서 보면, 롤스의 자유주의적 정의론은 자유주의가 헤게모니를 쥐고 있는 미국사회의 현실을 '순환적으로' 정당화한 시도로 볼 수 있다. 비자유주의적 사회에서는 롤스의 자유주의 정치이론이 적실성도 정당성도 담보하기 어려울 뿐만 아니라, 헤게모니를 장악하고 있는 비자유주의적인 세력들에 의해 단호히 배척될 개연성이 높다. 그러므로 롤스의 자유주의적 정의론이 미국뿐 아니라 다른 지역에서도 상당한 관심을 끌게 된 현상은 그만큼 자유주의적인 정치적 가치들이 확산되어 다중의 지지를 확보하는 데 성공했기 때문이다. 자유주의의 세계적 성공은 자유주의가 세계 도처에서 지지를 받을 수 있을 정도의 보편적인 가치와 매력을 담보하고 있다는 사실로 받아들여질 수도 있지만, 정치적 자유와 경제적 번영을 동시에 누리고 있는 미국과 동맹국들의 막강한 현실적 영향력을 반영한다고도 볼 수 있다. 미국의 정치적, 경제적, 문화적, 군사적 영향력은 미국사회의 주류 문화인 자유주의를 인류의 보편적인 문화로까지 격상시키는 데 기여했는바, 자유주의적인 정치적 가치들의 수용 여부야말로 '합당하고' '적정한' 가치관들과 그렇지 못한 가치관들을 구분할 수 있는 척도라는 주장을 현실적으로 뒷받침한다. 이것이 의미하는 정치적 함의는 분명하다. 정치세계를 규제하는 도덕 혹은 원칙은 그것이 도덕적이기 때문에 정당성을 얻는다기보다는, 정치적인 헤게모니를 장악하고 있는 집단이 지지하기 때문에 '도덕적인' 외피, 곧 정당성을 얻게 되는 경우가 많다는 점이다. 롤스의 자유주의적 정의론도 예외는 아닌 듯하다.

고대 아테네에서 인민재판에 의해 소크라테스가 사형을 당한 사건은 정치세계의 논리와 철학(또는 진리)의 논리 사이에 존재하는 근본적인 긴장을 인상적으로 예시해준다. 인민재판 혹은 민주정치에 의한 소크라테스의 죽음은 무장하지 않은 진리(episteme)는 정치세계에서는 한갓 하나의 의견(doxa)에 지나지 않으며, 의견이 진리의 지위를 점하고자 할 때는 정치세계에서 배척된다는 사실을 보여주었다. 철학적 진리가 정치적으로 수용되기 위해서는, 다시 말해 정치적 정당성을 얻기 위해서는, 정치적 헤게모니를 쥐고 있는 세력에 의해 수용되든지, 그들을 강제적으로 굴복시킬 수 있는 힘으로 무장해야 한다. 소크라테스의 죽음에 충격을 받은 플라톤 역시 철학에 우호적인 철인왕 체제를 이상적인 질서로 제시했지만 현실 정치의 소용돌이 속에서 자신의 이상을 펼칠 수 없었다.

정치는 다양한 차원 혹은 측면을 갖고 있다. 정치철학의 위대한 전통에 속하는 철학자들은 독자적인 방식으로 정치의 다양한 차원 혹은 측면을 부각시켰다. 철학적, 신학적 진리에 따른 통치, 시민들이 참여하는 공공생활로서의 정치, 일반의지의 형성 및 일반의지에 따른 통치, 특수한 집단적 결정방식으로서의 정치, 우적관계, 권력투쟁 등, 정치세계는 매우 다양한 차원 혹은 측면을 갖고 있다. 그리고 정치세계의 이와 같은 복합적 구조와 차원이 정치세계에 대한 투명하고 합리적인 이해를 어렵게 만드는 근본적인 요인이다. 이런 관점에서 보면, 롤스의 자유주의적 정의론은 철학적으로 도출한 몇 가지 도덕적 원칙들로 다차원적이고 복합적인 구조를 지닌 정치세계를 합리적이고 질서정연하게 관리할 수 있다고 보는 철학자들의 도덕 환원주의적 경향을 공유하고 있다고 볼 수 있다.

다시 한 번 강조하거니와, 나의 주장은 롤스의 정치적 정의관이 도덕적인 발상이기 때문에 비정치적이라는 것이 아니라 정치를 통해 도출, 정당화되지 않았기 때문에 비정치적이라는 것이며, 정치적으로 실효성을 지닌 원칙들로 기능하기 위해서는 먼저 정치적으로 수용되어야 한다는 것이다. 롤스의 정치적 정의관이 지닌 매력은 유력한 정치인들과 정치세력들의 마음을 움직여 정치원칙들로 삼고자 하는 움직임을 추동할 수 있다고 보는바, 이런 정치인들과 세력들이 지배적인 정치세력이 될 때 실효성 있는 정치원칙으로 채택될 수 있다. 그렇지만 채택 과정에서 경쟁자들의 동의를 얻기 위해 상당한 수정과 보완이 이루어질 것이다.

 마지막으로 정치적 공존의 문제는 중첩합의에 참여할 수 있는 포괄적 교의들만의 문제가 아니라, 중첩합의에 참여한 집단들과 그렇지 못한 집단들의 관계를 포괄한다는 점을 강조하고자 한다. 만일 롤스의 중첩합의 개념이 자유주의 사회의 안정성을 뒷받침할 수 있는 유력한 집단들의 지지 필요성을 강조하는 것이라면 차라리 이해하기 쉽다. 왜냐하면 자유주의 정치원칙들을 강력히 지지하는 유력한 세력이 존재하지 않을 경우 정치질서의 정당성과 안정성은 매우 위태로워지기 때문이다. 하지만 정치원칙에 대한 중첩합의를 이런 식으로 이해하면 롤스가 '그릇되게 정치적인 발상'이라 폄하하는 발상과 차별성이 없게 된다. 정치적 정의관은 중첩합의에 참여하지 못한 집단들에게는 마지못해 수용할 수밖에 없는 강제 규범이기 때문이다. 그러므로 중첩합의에 참여하지 못한 세력들을 포함해서 볼 경우 정치적 정의관은 정치질서에 존재하는 모든 집단들 사이의 잠정 협약(modus vivendi)으로 볼 수 있으며, 오직 중첩합의에 참여할 수 있는 '합당한' 세력들만이 그것을 도덕적인 발상으로 간주할 수 있을 뿐이다. 이렇게 보면, 합당성과 적정성이라는 기준에 부합하지 못한 세력들을 공정한 사회 협력에서 배제시키는 롤스의 입장에는 매우 냉정한 '정치적' 의미가 담겨 있다고 볼 수 있다.

참고문헌

김비환. 1997. 「롤스 정치철학의 두 가지 문제점: 완전주의와 정치 없는 정치철학」. 『한국정치학회보』 제31집 1호: 31-48.

Alejandro, Roberto. 1996. "What is Political about Rawls's Political Liberalism." *The Journal of Politics*, Vol. 58: 1-24.

Mouffe, Chantal. 2005. "The Limits of John Rawls's Pluralism." *Politics, Philosophy & Economics*, Vol. 4: 221-231.

Muirhead, Russell and Rosenblum, Nancy. 2006. "Political Liberalism vs. 'The Great Game of Politics': The Politics of Political Liberalism." *Perspectives on Politics*, Vol. 4: 99-108.

Rawls, John. 1971. A Theory of Justice. Harvard University Press.

_____. 1980. "Kantian Constructivism in Moral Philosophy." *The Journal of Philosophy*, Vol. 88: 515-572.

_____. 1989. "The Domain of the Political and Overlapping Consensus." *New York University Review*, Vol. 64: 233-255.

_____. 1993. *Political Liberalism*. Columbia University Press.

_____. 1999. *The Laws of Peoples*: with "The Idea of Public Reason Revisited." Harvard University Press.

_____. 2001. *Justice as Fairness: A Restatement*. Belknap Press of Harvard University Press.

_____. 2007. *Lectures on the History of Political Philosophy*. Edited by Samuel Freeman. Belknap Press of Harvard University Press.

Urbinati, Nadia. 2010. "Unpolitical Democracy." *Political Theory*, Vol. 38: 65-92.

롤즈 공적 이성의 재해석:
정치적 정의관의 구성, 재구성, 중첩적 합의[*]

장동진 | 연세대학교 정치외교학과

공적 이성은 롤즈의 정치적 자유주의의 중요 개념이다. 롤즈는 공적 이성은 공중의 이성을 말하며 그 주제는 공공선이라고 말한다. 이 공공선은 헌법적 본질과 기본적 정의의 문제를 다루는 근본적인 정치적 정의의 문제와 관계된다(Rawls 1999, p.133). 나아가서 그는 공적 이성의 내용은 일군의 정치적 정의관들에 의해 주어진다고 설명한다(Rawls 1999, pp.140-141). 보다 상세하게 그는 다음과 같이 말한다: "시민이 자신이 가장 합당한 정치적 정의관으로 진지하게

* 이 글은 저자가 오스트레일리아 정치학회 연례학술회의에서 발표하였던 논문 "Rawls's Public Reason Reinterpreted: Construction, Reconstruction, and Overlapping Consensus of a Political Conception of Justice" (Australian Political Studies Association Annual Meeting at the University of Sydney, September 28-October 1, 2014)을 재정리한 것이며, 재정리한 영어 논문은 『정치사상연구』, 제27집 2호(2021. 11. 30)에 게재 예정이다.

생각하는 틀 내에서 숙고를 하게 된다면 공적 이성에 개입할 수 있다."(Rawls 1999, p.140) 이와 같은 롤즈의 공적 이성의 상세한 설명은 정치적 정의관이 이미 주어진 것으로 전제하고, 이 정치관에 따라 공적인 정치적 문제를 숙고하게 되면 공적 이성이 발현된다는 것이다. 그렇지만 롤즈는 정치적 정의관의 구성 과정에 공적 이성이 어떻게 작동할 수 있는지에 관한 설명을 하고 있지 않다. 롤즈는 공적 이성의 두 가지 역할, 이론적 구성과 실천적 해석의 역할 간의 구분을 분명히 하지 않고 있다.

이 글은 공적 이성의 두 가지 역할, 이론적 구성과 실천적 해석의 역할이 있다고 주장하려 한다. 이론적 구성의 역할은 정치적 정의관을 구성해내는 역할이고, 실천적 해석의 역할은 이미 이론적으로 구성된 정치적 정의관을 현실에 작동시킬 때, 해당 정의관의 원래의 정신에 부합하게 해석하여 실천에 적용하려는 역할이다. 정치적 정의관의 형성은 우선적으로 이론적 단계를 통하여 구성되기 시작하고, 이렇게 형성된 정의관의 근본적 발상과 원칙들이 특정 사회에서 헌법 또는 법으로 자리 잡게 되려면 실천적 과정의 단계로 진입하게 된다. 롤즈는 『정치적 자유주의』에서 이미 이 두 단계를 사실상 구분하고 있다.

『정치적 자유주의』 구성의 두 단계

정치적 자유주의의 문제 인식은 "서로 갈등적이고 불가공약적인 종교적, 철학적, 도덕적 교리에 의해 심각하게 분열된 자유롭고 평등한 시민들 간에 안정되고 정의로운 사회를 유지하는 것이 어떻게 가능할 수 있을까"(Rawls 2005, p.133; 롤즈/장동진 2016, p.246)에 대한 해답을 모색하는 것이라고 롤즈는 말한다. 이어서 『정치적 자유주의』의 제1부의 세 강의는 위의 문제에 대한 제시로서 자유로운 독립적 입장의 공정으로서의 정의(justice as fairness as a free-standing view)를 설명하는 첫 번째 단계를 시작한다. 이 단계에서 시민들 간의 공정한 협동의 조건을 상술하고 언제 특정 사회의 기본제도들이 정당한지를 상술하는 정의 원칙들이 제시된다고 한다. 한편 두 번째 단계는 공정으로서 정의가 작동하는 질서정연한 민주적 사회가 어떻게 확립되고 나아가 합당한 다원주의를 그 주요 특징으로 하는 이런 사회에서 화합과 안정성을 어떻게 유지할 수 있는지에 대한 설명을 한다는 것이다(Rawls 2005, pp.133-134). 이러한 구분에서 첫 번째 단계는 정치적 정의관의 이론적 구성의 단계를 의미하며, 두 번째 단계는 현실 사회에서 정치적 정의관의 실천의 단계라 할 수 있다. 이러한 두 가지 단계에서 공적 이성은 정치적 정의관의 구성의 단계에서 정의 원칙을 상술하는 이론적 역할, 그리고 정치적 정의관의 실천의 과정에서 각각 실천적 해석의 역할을 담당하게 될 것이다.

특정 정의관 구성의 이론적 단계에서 공적 이성은 표현의 장치로서의 원초적 입장의 제약 조건 내에서 가치관의 형성 능력(the capacity for a conception of the good)과 정의감의 능력(the capacity for a sense of justice)을 행사하여 정치적 인간이 특정 정치적 정의관을 구성할 때 작동하게 될 것이다. 이 과정을 통하여 특정한 정치적 정의관이 탄생할 것이다. 그런 후 실천적 단계에서 공적 이성은 이론적 과정을 통하여 획득한 정치적 정의관으로부터 그 구체적 내용을 갖추게 된다. 이러한 이해를 한다면, 공적 이성은 특히 이론구성 과정에서는 정치적 정의관을 구성하는 가장 근본적 능력이 된다.

그리고 이것은 특정 정의관에 우선하는 능력이라 할 수 있다. 물론 이미 특정의 정의관이 어느 정도 자리 잡은 현실에서는 공적 이성은 이 정의관의 원칙들에 의해 제약을 받게 될 것이다. 공적 이성을 이론적 구성은 물론 실천적 해석의 역할을 지닌 것으로 이해하게 되면, 이미 자리 잡은 특정 정의관이라 하더라도 공적 이성이 능동적으로 작동하게 된다면 새로운 이해와 해석을 개발함으로써 언제나 도전을 받게 될 것이다. 이것은 정의관이 비록 시민사회 내의 비공적 이성을 근원으로 하는 포괄적 교리들에 의해 분열된 시민들 간에 특정 정치적 정의관에 대한 중첩적 합의가 이루어졌다 하더라도, 현실에서 언제나 재구성의 과정에 노정될 수 있다는 것을 의미한다.

실천 이성의 연장으로서의 공적 이성

앞서 설명한 것처럼, 롤즈는 『정치적 자유주의』 구성의 두 가지 단계를 설명한다. 첫 번째 단계는 저술의 제1부를 구성하는 강의 I 「근본 개념들(Fundamental Ideas)」, 강의 II 「시민들의 능력과 그들의 대표(The Powers of Citizens and Their Representation)」, 강의 III 「정치적 구성주의(Political Constructivism)」를 통하여 시민들 간의 공정한 협동의 조건을 상술하는 정의 원칙들을 제시한다. 그리고 두 번째 단계는, 제1부의 세 강의 이후 전개되는 제2부의 강의 IV 「중첩적 합의의 개념(The Idea of an Overlapping Consensus)」을 비롯한 이후의 강의들을 통하여 공정으로서의 정의에 입각한 질서정연한 민주사회가 어떻게 화합과 안정성을 유지할 수 있는지를 설명한다(Rawls 2005, p.133). 이러한 두 단계의 설명에서 롤즈가 특히 강의 VI 「공적 이성의 개념(The Idea of Public Reason)」을 강의 IV 「중첩적 합의의 개념」과 강의 V 「옳음의 우선성과 좋음의 개념들(Priority of Right and Ideas of the Good)」 다음에 위치시킨 점을 고려해볼 때, 공적 이성의 개념을 안정성의 유지에 연결시킨 실천적 해석의 역할에 보다 역점을 둔 것으로 해석된다. 이것은 결국 첫 번째 단계에서의 공적 이성의 이론적 구성의 역할에 유의하지 못하는 결과를 가져오게 된 것으로 여겨진다.

이처럼 『정치적 자유주의』에서 롤즈는 공적 이성의 두 가지 역할, 정치적 정의관의 이론적 구성과 정치적 정의관의 실천적 해석 간의 구분을 명료히 하지 않고 있다. 오히려 그는 공적 이성의 실천적 역할에 보다 초점을 두고 있는 것 같다. 정치적 자유주의의 특징을 설명함에 있어, 그는 다음과 같이 요약한다: "첫째, 사회의 기본 구조는 정치적 정의관에 의해 규제된다. 둘째, 이 정치적 정의관은 합당한 포괄적 교리들 간의 중첩적 합의의 초점이 된다. 그리고 셋째, 헌법적 본질과 기본적 정의의 문제들이 쟁점이 될 때, 공적 토론은 정치적 정의관의 입장에서 수행된다."(Rawls 2005, p.44) 그는 또한 공적 이성의 다섯 가지 측면을 설명하는 가운데, 공적 이성의 내용은 "일군의 정치적 정의관들에 의해 주어지는 것"(Rawls 1999, p.133)이라고 덧붙인다. 이러한 문장들은 이미 주어진 정치적 정의관이 공적 이성의 역할과 내용을 구체화하고 있다는 점을 시사해준다. 이러한 공적 이성의 이해는 정치적 정의관에 입각한 공적 이성의 실천적 해석의 역할을 반영하고 있다. 이러한 해석을 따른다면, 공적 이성은 정치적 정의관 형성의 근원적 원천이라기보다는 이차적인 파생적 역할을 담당하게 된다.

위와 같은 롤즈의 공적 이성의 실천적 측면의 특징 설명과 대조하여, 롤즈는 또한 "공적 이성의 개념은 가장 심오한 수준에서는 입헌적 민주정부의 자신의 시민들과의 관계 및 시민들의 상호간 관계들을 규정하는 기본적인 도덕적 및 정치적 가치들을 규정한다"(Rawls 1999, p.132)라고 언급한다. 이러한 롤즈의 설명은 우리를 혼란스럽게 만드는데, 그 이유는 마치 공적 이성이 정치적 정의관의 구성에서 아주 근원적 요소로 작동할 수 있는 가능성을 언급하는 것처럼 여겨지기 때문이다. 그렇지만 그는 더 이상 공적 이성의 능동적인 역할에 대하여 설명하지 않는다. 공적 이성에 대한 대부분의 설명은 실천적 해석의 수동적 역할에 초점을 두고 있다. 이러한 공적 이성의 두 가지 역할에 대한 불분명한 구분은 롤즈의 정치적 자유주의의 발상을 이해하는 데 혼란과 오해를 불러일으키게 한다.

사실상 롤즈의 정치적 자유주의 기획은 정치철학과 도덕철학 간의 구분을 강조하고 있다. 롤즈는 자신의 정치적 자유주의 발상을 제시함에 있어, 『정의론(A Theory of Justice)』(1971)에서 이 양자의 구분이 불분명하였다고 언급하고 있다. 이러한 이론적 인식의 변화와 함께, 『정의론』에서 중심 개념으로 등장하지 않는 공적 이성의 개념은 『정치적 자유주의』에서는 정의감(sense of justice) 및 합당성(the reasonable)의 개념과 함께 중요한 위치를 차지하고 있다. 그렇지만 롤즈는 정치적 자유주의에서 공적 이성의 개념을 실천적 해석이라는 소극적 역할을 부여함으로써 정치적 정의관 구성이라는 능동적인 이론적 역할을 놓치고 있다.

『정치적 자유주의』의 강의 I 「근본 개념들」에서 롤즈는 근본 개념들로 '정치적 정의관의 개념(the idea of a political conception of justice)', '공정한 협동 체계로서의 사회의 개념(the idea of society as a fair system of cooperation)', '원초적 입장의 개념(the idea of original position)', '정치적 인간관(the political conception of the person)', '질서정연한 사회의 개념(the idea of a well-ordered society)'을 소개한다. 그리고 강의 I의 마지막 절인 "추상적 관점들의 사용에 관하여(On the Use of Abstract Conceptions)"에서 아주 간단하게 다음과 같이 언급한다: "후반부의 강의들에서 다른 기본적 개념들이 정치적 자유주의의 내용을 채우기 위해 도입될 것인데, 정치적인 것의 영역(IV)과 공적 이성(VI)의 개념과 같은 것들이다." (Rawls 2005, p.43)

이러한 설명의 구조와 함께, 강의 IV 「공적 이성의 개념」에서 공적 이성이 강의 III 「정치적 구성주의」와 어떤 연관성을 지니는지에 대한 아무런 설명을 하지 않고 있으며, 또한 『만민법』(1999)에 수록된 「공적 이성의 재조명(The Idea of Public Reason Revisited)」의 내용을 고려해볼 때, 롤즈는 정치관 구성에 있어서의 공적 이성의 능동적 역할에 심각한 주의를 기울이고 있는 것 같지 않다. 공적 이성은 강의 III 「정치적 구성주의」에서 강조되고 있는 실천 이성(practical reason)의 능동적 역할의 연장으로 이해되어야만 마땅하다. 정치적 정의관을 구성하는 능동적 역할을 수행하는 실천 이성은 이미 구성된 정치적 정의관을 실천적으로 해석하는 소극적 역할을 담당하는 공적 이성과는 구분이 된다. 공적 이성은 정치적인 실천 이성으로서 헌법적 본질과 기본적 정의의 문제를 다루는 정치적인 것의 영역에 대한 합의를 이론적으로 모색하는 역할을 담당하는 것이 바람직하다.

공적 이성의 두 역할: 이론적 구성과 실천적 해석

정치적 자유주의의 주요 발상은 정치적 정의관이 정치적 구성주의를 통하여 획득될 수 있다는 것이다. 다른 말로 하자면, 정의의 원칙들은 포괄적 교리들로 분열된 합의 당사자들 간의 가상적 합의의 산물이다. 이 과정은 합의 당사자들 간의 사고 실험을 반영한다. 이 사고 실험은 반성적 평형으로 불릴 수 있는 것으로서 원초적 입장의 제약 조건하에서 실천 이성을 행사하는 것이다. 정치철학과 도덕철학의 구분과 병행하여, 롤즈는 정치적 구성주의(political constructivism)를 합리적 직관주의(rational intuitionism)와 구분한다. 합리적 직관주의에서는 이론적 이성(theoretical reason)이 작동하며, 정치적 구성주의에서는 실천 이성(practical reason)의 작동이 중심이 된다. 롤즈의 공적 이성은 정치적 구성주의 과정에서 정치적 정의관의 내용을 구체화하는 주요한 역할을 담당해야 하는 것이 마땅하다. 이렇게 해석한다면, 공적 이성은 정치적 정의관 구성을 담당하는 실천 이성의 한 종류라고 할 수 있다.

1) 이론적 구성

간단히 말해, 롤즈의 정치적 정의관은 정치적 구성주의의 산물이다. 롤즈의 정치적 관점은 '정치적인 것'의 영역을 고유한 특징을 지닌 특별한 영역으로 상정한다. 이 고유한 특징들은 정치적인 것의 영역에 적용되는 특징적 가치들의 관점 내에서 표명될 것을 요구한다. 그리고『정의론』에서 제시된 관점인 공정으로서의 정의는 정치적 관점의 하나라고 말한다(Rawls 1989, pp.233-234).『정치적 자유주의』의 강의 III에서 롤즈는 정치적 구성주의의 관념을 설명한다. 그는 정치적 구성주의는 정치적인 것에 국한되며, 이 정치적인 것은 헌법적 본질과 기본적 정의의 문제를 다루는 것이라고 말한다. 그는 다음과 같이 설명한다: "정치적 구성주의는 정치적 관점의 구조와 내용에 관한 견해이다. 그것은 일단 반성적 평형이 달성되면, 정치적 정의의 원칙들(내용)은 특정한 구성절차(구조)를 통한 산물로 대표될 수 있다."(Rawls 2005, pp.89-90)

『정치적 자유주의』 강의 I 「근본 개념들」의 §5에서, 롤즈는 '정치적 인간관(political conception of the person)'을 상술한다. 그의 정치적 인간관은 두 가지 도덕적 능력 즉 정의감의 능력(a capacity for a sense of justice)과 가치관의 능력(a capacity for a conception of the good)을 지닌 인간으로 설명된다. 정의감의 능력은 "사회적 협동의 공정한 조건을 규정하는 공적 정의관을 이해하고, 적용하며, 이에 따라 행동할 수 있는 능력"이며, 가치관의 능력은 "자신의 합리적 이익이나 가치의 관점을 형성하고, 적용하여 이에 따라 행동할 수 있는 능력"을 지칭한다(Rawls 2005, p.19). 이 두 가지 도덕적 능력은 합당한 것(the reasonable)과 합리적인 것(the rational)의 개념을 보다 구체적으로 설명한 것으로 이해할 수 있다. 그렇지만 단지 "이해하고, 적용하며, 이에 따라 행동할 수 있는 것(to understand, to apply, and to act from)"이라고 말함으로써, 롤즈는 정의감의 능력에 정치적 정의관을 구성할 수 있는 적극적 역할을 부여하지 않는다는 점을 주목해볼 필요가 있다. 롤즈의 정치적 자유주의가 보다 체계적인 이론적 정합성을 갖추기 위해서는 정치적 구성주의를 설명하는 가운데 공적 이성의 개념을 도입하는 것이 바람직한 것으로 생각된다. 이 공적 이성은 특정한 정치적 정의관을 구성하기 위해 두 가지 도덕적 능력을 행사함에 있어 합리적인 것과 합당한 것을 균형 조정하는 역할을 하게 될 것이다.

롤즈는 자신의 정치적 구성주의를 합리적 직관주의와 대조하고 있다. 롤즈에 따르면, 합리적 직관주의는 "도덕적 제1원칙들과 판단들이 정확하다면, 그것은 도덕적 가치들의 독립적 질서에 관한 올바른 진술"을 의미하며, "도덕적 제1원칙은 이론 이성(theoretical reason)을 통해 알 수 있다"고 그 특징을 설명한다(Rawls 2005, p.91). 이와 대조하여, 정치적 구성주의의 주요 특징으로, 정치적 정의의 원칙들(내용)은 구성 절차(구조)의 산물이며, 구성 절차는 본질적으로 이론 이성이 아닌 실천 이성(practical reason)에 기초하고 있다고 설명한다. 이러한 구성의 과정에서 합리적 행위자들은 시민들의 대표로서 합당한 조건에 예속되어 사회의 기본구조를 규제하는 원칙들을 선정하게 된다고 한다. 시민의 대표로서 합리적 인간은 바로 정치적 인간관을 대표하며, 이들은 사회적 협동의 개념을 지닌 두 가지 도덕적 능력의 담지자들이다(Rawls 2005, p.93).

이러한 설명에서 롤즈는 정치적 정의관 구성에서 공적 이성의 역할을 분명하게 부각시키지 않고 있다. 대신, 질서정연한 사회의 화합과 안정성의 문제를 논의하는 제2단계에 속하는 강의 Ⅵ에서 「공적 이성의 개념」을 도입한다. 그래서 정치적 구성주의와 공적 이성의 관계를 연결하려는 의식적인 이론적 노력을 거의 발견할 수 없다. 정치적 구성주의의 과정에서 공적 이성을 실천 이성의 연장으로서 '정치적인 것'의 영역을 확인해내고 거기에 적용되는 정치적 원칙들을 모색해내는 능동적 역할을 담당할 수 있는 것으로 이해할 이론적 필요성이 제기된다. 다른 말로 하자면, 공적 이성은 정치적 정의관을 구성해내는 것을 목적으로 하는 정치적인 실천 이성으로 규정할 수 있을 것이다. 보다 근원적으로 공적 이성의 주요 역할은 정치적인 것의 영역을 상술하는 정의의 원칙들을 구성해내는 것에 있다. 즉 공적 이성은 일차적으로 정치적 정의관을 이론적으로 구성해내는 역할을 담당할 수 있다. 이와 유사한 발상으로 바터(Miguel Vatter)는 '이성의 공적 행사(a public use of reason)'는 이미 원초적 입장에서 작동한다고 한다. 왜냐하면 원초적 입장의 대표자들은 다른 대표자들이 동의할 수 있는 정의 원칙들을 자신들의 선거주민을 위해 합리적으로 선택해야만 하기 때문이라는 것이다(Vatter 2008, p.252, p.256). 그는 공적 이성은 원초적 입장에서 정의 원칙을 선택하는 역할을 할 수 있다는 점을 시사하고 있다. 그렇지만 그는 정치적 구성주의에서의 실천 이성과 관련하여 원초적 입장에서의 공적 이성의 기능을 설명하지 않고 있다. 만약 우리가 공적 이성이 원초적 입장에서 작동할 수 있다는 가능성을 받아들인다면, 공적 이성을 정치적 구성주의에서의 실천 이성과 연결시키는 것이 더 이론적으로 설득력이 있을 것이다. 주장컨대 공적 이성은 정치적 구성주의에서 정치적인 실천 이성이라 할 수 있다. 이의 역할은 구체적인 정치적 정의관을 구성해내는 데 있다. 롤즈의 정치적 구성주의에서 실천 이성은 도덕원칙을 산출해내는 것과 정치적 원칙을 산출해내는 역할 간의 차이를 충분히 부각시키지 못하고 있다.

정치적 정의관의 내용을 구성하는 정의 원칙들의 이론적 구성의 단계에서 정치적 실천 이성(practical reason for the political)으로서의 공적 이성은 무지의 장막의 제약 속에서 두 가지 도덕적 능력의 도움으로 포괄적 교리들의 중첩적 합의를 획득할 수 있는 기본구조를 관장하는 정의 원칙들을 모색하게 된다. 이 단계에서 공적 이성은 두 가지 도덕적 능력인 정의감과 가치관의 능력 간의 균형과 평형을 도모하는 역할을 하게 된다. 이것은 다른 말로 하자면 합당한 것(the reasonable)과 합리적인 것(the rational)의 균형적 타협을 모색함을 의미한다.

그러나 문제는 이 두 가지 도덕적 능력 간의 갈등의 가능성에 있다. 가치관의 능력은 합리적인 것의 개념에 속하며, 이것은 개인의 삶이나 행복 추구와 깊이 연관되어 있거나, 아니면 개인의 포괄적 교리에 깊이 뿌리를 내리고 있을 수 있다. 정의감의 능력은 합당성의 개념에 기반을 두고 있다. 이것은 적절한 관계나 수긍 가능한 관계를 모색하는 것과 관계된다. 합당성은 공적 문제 해결에서 내가 제시하는 의견 또는 원칙이 다른 사람들이 수긍할 수 있는 근거를 담지해야 한다는 것을 전제한다. 이렇게 보았을 때, 합당성의 개념은 정의감의 기반이 되고, 합당성의 근거는 또한 롤즈 정의론에서 중요한 위치를 차지하고 있는 상호 공생(mutuality or mutual advantage)과 상호성(reciprocity)의 개념에서 찾을 수 있다. 예를 들어 어떤 사람이 제시한 정의 원칙이 관련 당사자들 모두에게 상호 이득이 되거나, 아니면 내가 제시한 정치 행동의 이유가 다른 사람들도 수긍할 수 있다는 상호성의 조건(the criterion of reciprocity) (Rawls 2005, p.xliv)을 충족시키게 되면, 우리는 합당성을 인정할 수 있을 것이다. 무지의 장막 아래에 있는 대표 시민들은 정의 원칙들을 합의하기 위해 이 두 가지 도덕적 능력을 조정하여 균형점을 모색하려 할 것이다. 이때 공적 이성은 정치적인 관점에서 무지의 장막의 제약 상황에서 이 고통스러운 역할을 담당하게 될 것이다. 이 과정은 반성적 평형(reflective equilibrium)을 반영하며, 헌법적 본질과 기본적 정의의 문제와 관계된 정치적인 것의 영역(the domain of the political)에 적용되는 정의 원칙들을 담지하는 특정한 정치적 정의관을 산출해내게 된다.

헌법적 본질과 기본적 정의의 문제를 취급하는 기본적 원칙들을 상술하는 특정 정치적 정의관을 구성해내는 능력으로서 롤즈의 공적 이성을 이해하기 위해, 우리는 다른 주요 이론가들이 채택하는 '공적 이성의 사용(the use of public reason)'과 그 특징을 구분해볼 필요가 있다. 우리는 홉스(T. Hobbes), 루소(J. J. Rousseau), 제퍼슨(T. Jefferson), 칸트(I. Kant)의 저술들에서 공적 이성의 사용이라는 개념을 발견할 수 있다(Solum 1993, pp.754-762). 그러나 이들은 정의 원칙들을 담지하는 정치적 정의관 구성을 담당하는 공적 이성의 역할을 분명하게 조명해내지 못하고 있다.

롤즈는 정치적 구성주의를 설명함에 있어 공적 이성의 개념을 도입하지 않는다. 정치적 정의관 구성과정에 있어 공적 이성이 원초적 입장의 제약 조건하에서 포괄적 교리들이 수긍할 수 있는 정치적 원칙의 가능성을 모색하는 적극적이고 능동적인 역할을 부각시키지 못함으로써, 롤즈의 정치적 자유주의의 기획에서 공적 이성은 질서 정연한 사회의 안정성을 유지하기 위하여 단순히 특정의 정치적 정의관을 해석 실천하는 수동적 단계에 머무르고 있다. 이렇기 때문에 롤즈의 정치적 구성주의 설명에서 마땅히 공적 이성의 개념이 도입되어야 한다고 재해석할 필요가 제기된다. 이러한 공적 이성의 재해석은 다른 이론가들의 공적 이성의 개념과 비교하여 정치적 정의관의 구성의 능력에 그 본질적 초점을 두고 있다.

2) 실천적 해석

『정치적 자유주의』와 「공적 이성의 재조명」에서 롤즈의 공적 이성의 설명은, 원초적 입장 하에서의 정의 원칙들의 구성을 담당하는 적극적 역할의 가능성을 시사하는 일부 언술들이 있긴 하지만, 대부분 공적 이성의 수동적 역할에 머무르고 있다. 공적 이성의 능동적 역할은 원초적 입장 하에서 이상화된 시민의 대표들의 마음속에 작동하는 이론적 구성을 지칭한다. 앞서 언급한 바 있듯이, 롤즈는 공적 이성의 개념은 아주 심원한 수준에서는 "입헌적 민주정부와 그 시민들의 관계 및 시민들 상호간의 관계를 결정하는 기본적인 도덕적 및 정치적 가치들을 구체화"하며, 이것은 정치적 관계를 어떻게 이해해야 할지의 문제와 관계된다고 말한다. 이러한 언급들은 정의 원칙들을 모색하는 공적 이성의 역할의 가능성을 반영한다. 그렇지만 실천 이성이 주요 역할을 담당하는 정치적 구성주의의 관념과 관련하여 정치적 정의관을 구성하는 공적 이성의 역할을 더 이상 발전시키지 않고 있다. 롤즈가 만약 공적 이성의 능동적 역할을 받아들였다면, 정치적 구성의 설명 과정에서 실천 이성의 연장으로서 공적 이성의 개념을 마땅히 도입했어야만 했다. 롤즈의 공적 이성의 설명은 정치적 정의관을 모색하는 이론적 역할을 담당하는 능동적 역할보다는 이미 확보된 정의관을 실천적으로 해석하는 수동적 단계로 기울어져 있다.

롤즈는, 공적 이성의 개념은 근본적 문제를 다루는 모든 정치적 토론에 적용되는 것은 아니며, 단지 공적인 정치적 토론장에서 그러한 문제들에 대한 토론에 국한된다고 말한다. 이 공적인 정치적 토론은 세 가지 부분으로 나누어질 수 있다. "첫째, 판결에 임하는 판사들, 특히 대법관들의 논변이다. 둘째, 정부 공직자들, 특히 수석 행정관 및 입법가들의 논변이다. 마지막으로, 공직 입후보자들과 그들의 선거운동 매니저의 논변으로, 특히 이들의 공적 연설, 정당 강령, 정치적 발언들에서의 논변이다."(Rawls 1999, pp.133-134; 롤즈/ 장동진 2017, pp.201-202) 나아가서 롤즈는 공적 이성의 이상(the ideal of public reason)을 다음과 같이 규정한다: "이 이상은 공직 후보자뿐만 아니라 판사, 입법가, 행정 수반, 다른 정부 공무원들이 공적 이성의 개념에 따라 행동하고 이를 준수하며, 자신들이 가장 합당한 것으로 여기는 정치적 정의관의 관점에서 근본적인 정치적 입장을 지지하는 자신들의 논거를 다른 시민들에게 설명할 때 실현 되거나 충족된다."(Rawls 1999, p.135; 롤즈/장동진 2017, p.203) 부 가하여, 공적 이성의 이상이 정부의 공직자가 아닌 시민들에 의해 어떻게 실현될 수 있는가 하는 질문을 던지면서, 그는 다음과 같이 답하고 있다: "우리는 이상적으로 보아 시민들이 자신들을 입법가 처럼 생각하여, 스스로에게 어떤 규정들이 상호성의 기준을 만족시 키는 이성들에 의해 지지될 수 있으며, 그것을 법률로 제정하기에 가장 합당한지를 질문할 것이라고 말할 수 있다."(Rawls 1999, p.135; 롤즈/장동진 2017, p.204)

위와 같은 공적 이성의 설명들은 공적 이성의 수동적 역할 즉 주 어진 특정한 정치적 정의관을 실천적으로 해석하는 것을 언급한다. 나아가서 롤즈는 연방 대법원을 공적 이성의 표본으로 들고 있다. 롤즈는 "공적 이성은 최고법의 최종 해석자(the final interpreter of the higher law)로서가 아니라 최고의 사법적 해석자(the highest ju- dicial interpreter)로서 자신의 역할을 행사하는 법원의 이성에 매우 적합하다"(Rawls 2005, p.231)고 말한다. 이렇게 생각하는 근거로 롤즈는 "공적 이성의 정치적 가치들이 법원의 해석에 대한 기반을 제공해준다"(Rawls 2005, p.236)는 점을 들고 있다. 법원이 공적 이 성의 표본이라고 말하는 것은 또한 판사들의 임무는 헌법과 헌법의 전례들에 관한 자신의 지식을 활용하여 자신들이 할 수 있는 사유를 거친 의견을 통해 최선으로 헌법을 해석하도록 노력해야 한다는 것을 의미한다. 헌법과 전례에 대한 최선의 해석을 함에 있어 또한 판사들은 자신의 고유한 개인적 도덕이나 일반적인 의미에서의 도덕의 이상이나 덕목들에 호소해서는 안 된다. 대신 판사들은 가장 합당한 해석의 공적 관점에 해당되는 정치적 가치들에 호소해야만 할 것이 요구된다(Rawls 2005, p.236). 이것은 쉽게 말해 특정한 정치적 정의관에 내재해 있는 정치적 가치들에 근거하여 공적 이성을 행사하는 것으로 이해될 수 있다. 이것은 실천적 해석을 담당하는 공적 이성의 역할은 이미 획득된 정치적 정의관을 미리 가정하고 있음을 반영한다. 만약 그렇지 않다면, 판사들은 사법적 심사를 수행할 때, 정치적 정의관의 구성과 해석의 역할을 동시에 담당해야만 할 것이다. 롤즈가 대법원을 공적 이성의 표본이라고 설명하였을 때, 판사들의 주요 역할은 특정 정치적 정의관에 근거하여 헌법과 법을 해석하는 것에 있으며, 정치적 정의관을 구성해내는 이론적 역할이 주요 임무가 아니다. 이러한 공적 이성의 이해는 롤즈의 공적 이성의 개념이 주로 정의관의 실천적 해석을 담당하는 수동적 역할에 머무르고 있다는 것을 보여준다.

공적 이성과 특정 정치적 정의관의 중첩적 합의

『정치적 자유주의』 목차 편성에 있어, 강의 IV 「중첩적 합의의 개념」이 강의 VI 「공적 이성의 개념」에 앞서 위치해 있다. 만약 우리가 공적 이성이 이론적 구성과 실천적 해석의 두 가지 역할 모두를 행사하는 것으로 이해한다면, 공적 이성이 강의 III 「정치적 구성

주의」 내에서 설명이 되거나, 아니면 「정치적 구성주의」(강의 III)
와 「중첩적 합의의 개념」(강의 IV) 중간에 위치하는 것이 이론적으
로 보다 설득력이 있을 것으로 생각된다.

만약 공적 이성을 정의관 구성과 실천적 해석의 두 가지 역할 모
두를 행사하는 것으로 이해한다면, 이에 부응하여 중첩적 합의의 개
념도 두 가지 방식으로 나누어 이해하여 볼 수 있다. 강의 I 「근본
개념들」에서 제기된 근본적 질문인 "합당한 종교적, 철학적 및 도덕
적 교리들로 심각하게 분열된 자유롭고 평등한 시민들 간에 정의롭
고 안정된 사회를 유지하는 것이 어떻게 가능한가"를 다시 한 번 언
급하면서 강의 IV 「중첩적 합의의 개념」에서 롤즈는 정치적 자유주
의의 기획을 두 단계로 설명한다. 첫 번째 단계(강의 I 「근본 개념
들」, 강의 II 「시민들의 능력과 그들의 대표」, 강의 III 「정치적 구
성주의」)는 시민들 간의 공정한 협동의 조건을 구체화하는 정의 원
칙들을 산출해내며, 두 번째 단계(강의 IV 「중첩적 합의의 개념」 이
후 강의 V, VI)는 자유민주사회의 합당한 다원주의 현실을 전제할
때, 질서정연한 정의의 민주사회가 화합과 안정성을 확립 유지할 수
있는지를 논한다고 설명한다(Rawls 2005, pp.133-134). 앞에서 주
장하였듯이, 공적 이성은 두 단계 모두에서 작동한다고 할 수 있다.
첫 번째 단계에서 공적 이성은 원초적 입장의 제약 조건하에서 정
의 원칙들을 산출해냄으로써 정치적 정의관 구성의 능동적 역할을
담당한다. 두 번째 단계에서는 이미 획득된 정의 원칙들을 실천적으
로 해석해내는 역할을 담당하게 된다.

롤즈의 중첩적 합의와 공적 이성의 개념들은 두 번째 단계에 보
다 더 관계된다. 하버마스는 "롤즈는 철학적 정당화(philosophical
justification)의 첫 번째 단계를 더 분명하게 수용의 문제(the issue

of acceptance)와 관계있는 두 번째 단계로부터 분리시켜야만 한다는 점을 인식하였다"(Habermas 1996, p.60)고 지적하였다. 롤즈는 "첫 번째 단계에서 공정으로서의 정의가 정치적인 것의 특별한 영역에 적용되는 중대한 가치들을 표명하는 독립적인 자유로운 입장의 정치관으로 제시되어야만 하며, … 두 번째 단계는 공정으로서의 정의의 안정성, 말하자면 자신의 지지를 생성시킬 수 있는 능력에 관한 설명으로 이루어진다"(Rawls 1989, p.234)고 설명한다. 롤즈는 중첩적 합의의 개념이 단지 두 번째 단계에서 사용되고 있음을 강조한다. 이 두 번째 단계에서 중첩적 합의의 개념은, 민주사회에서 언제나 발견되는 상충적인 종교적, 철학적, 도덕적 교리들 간의 다원성을 전제할 때, 어떻게 자유로운 제도들이 장기간에 걸쳐 지속하는 데 필요한 충성을 획득할 수 있는지를 설명하기 위해 도입된다고 덧붙인다(Rawls 1989, p.234). 이러한 언급들을 볼 때, 롤즈가 포괄적 교리들로 분열된 민주사회에서 안정성의 문제를 해결하기 위해 중첩적 합의의 개념을 의도적으로 도입하였다는 것은 매우 분명하다. 그렇지만 두 번째 단계에서 그는 중첩적 합의와 공적 이성의 역할의 관계에 대하여는 명료한 설명을 하고 있지 않다.

중첩적 합의와 공적 이성의 역할 간의 관계는 다음 두 가지 가능성이 있는 것으로 해석을 시도해볼 수 있다. 첫 번째 가능성은 공적 이성이 포괄적 교리들 간의 중첩적 합의를 이끌어내는 데 중요한 역할을 할 수 있을 것으로 생각해볼 수 있다. 즉 시민들의 공적 이성의 수준이 향상되면, 중첩적 합의의 가능성은 더 두터워질 것이다. 반대로 롤즈가 설명하듯이 중첩적 합의가 잠정적 타협에서 헌법적 합의를 거쳐 역사적으로 진전이 되는 것으로 이해한다면, 공적 이성의 내용과 질은 특정 정치관에 대한 이해의 증진과 함께 나타난 중첩적 합의의 수준에 좌우될 것이다. 롤즈가 이 두 가지 가능성 중 어떤 입장을 취할지는 분명치 않다. 특히 후자의 가능성으로 해석할 경우에는 공적 이성의 독립성과 자율성은 약화될 것이다. 따라서 공적 이성은 잠정적 타협에서부터 헌법적 합의를 거쳐 중첩적 합의에 이르게 하는 시민들의 공적인 문제에 대한 사고 능력이라 할 수 있다. 즉 공적 이성이 중첩적 합의를 가능하게 하는 동인이 된다. 롤즈는 공적 이성의 이상(the ideal of public reason)의 요점은 각자가 생각하는 정치적 정의관의 틀 내에서 근본적 토론을 수행하는 것에 있다고 한다. 이 정치관은 다른 사람들도 합당하게 지지할 수 있고 또 수호할 것으로 기대되는 그러한 가치들에 기반하고 있는 것이다. 시민들이 이러한 공적 이성의 이상을 잠정적 타협의 경우에서처럼 정치적 타협의 산물로서가 아니라 각자 자신의 합당한 포괄적 교리들 내로부터 수용한다고 한다(Rawls 2005, p.218). 만약 이 두 번째 단계에서, 공적 이성을 정치적 정의관을 이해하고 해석, 응용하는 능력으로 간주한다면, 그것은 시민들 간의 상충적인 포괄적 교리의 다원성에도 불구하고, 중첩적 합의를 가능하게 하는 근본 요인이 된다. 그렇지만 이러한 공적 이성의 이해 역시 근본적 문제를 제기한다. 왜 공적 이성은 근본적인 정치적 정의관을 형성하는 이론적 역할에서 배제되고, 주어진 정치적 정의관을 이해, 해석, 응용하는 역할에 머물러야만 하는가?

롤즈의 정치적 자유주의의 두 단계 구분을 고려해볼 때, 첫 번째 단계에 해당되는 정치적 정의관 구성의 이론적 역할에 공적 이성의 개념이 도입되는 것이 이론적으로 보다 설득력을 지닐 것으로 여겨진다. 우리가 공적 이성에 정치적 정의관 구성의 역할을 부여하는 것을 받아들이게 된다면, 우리는 또한 이 두 단계에 적합한 중첩적 합의의 개념을 구분할 필요가 있다. 하나는 원초적 입장에서 공적 이성의 행사를 통한 가상적인 중첩적 합의(a hypothetical over-lapping consensus)의 개념이다. 이것은 포괄적 교리들로 분열된 시민들 간에 특정한 정치적 정의관에 대한 합의의 가능성을 모색하는 것이다. 다른 하나는 현실로 나타나는 실천적 중첩적 합의(a prac-tical overlapping consensus)의 개념이다. 이것은 질서정연한 자유 사회의 안정성에 기여할 수 있는 대체적으로 지배적인 합의를 이끌어내는 것을 의미한다. 롤즈는 안정성의 문제를 염두에 두고 후자의 실천적 해석의 중첩적 합의의 개념을 염두에 두고 있다. 롤즈는 첫 번째 단계에서 시민들이 두 가지 도덕적 능력을 행사하여 정의의 원칙을 도출하는 정치적 구성주의의 과정을 통해 산출된 정치적 정의관이 두 번째 단계에서 질서정연한 사회의 안정성을 유지하는 데 기여하는 중첩적 합의를 이끌어낼 수 있다고 생각하고 있다. 그는 중첩적 합의는 세대에 걸쳐 지속될 수 있는 주요 종교적, 철학적 및 도덕적 교리들 각각에 의해 특정 사회의 기본구조를 규제하는 정치적 정의관이 지지될 때 존재하게 된다고 설명한다(Rawls 1989, p.233, n.1). 롤즈는 질서정연한 사회가 어떻게 화합과 안정성을 유지할 수 있는지를 중첩적 합의의 개념을 통해 설명하고 있다. "그러한 합의에서, 합당한 교리들은 각자 자신의 견해에 입각하여 정치적 관점을 지지한다. 사회적 화합은 특정 정치관에 대한 합의에 기반하며, 그리고 안정성은, 합의를 형성하는 교리들이 사회의 정치적으로 능동적인 시민들에 의해 수용되고 정의의 요건들이 자신들의 사회적 협약들에 의해 형성되고 권장된 시민들의 본질적 이익들과 크게 상충하지 않는다면, 가능해진다."(Rawls 2005, p.134)

롤즈가 공적 이성의 실천적 역할에 대한 자신의 설명의 상당 부분을 할애하는 것처럼, 그의 중첩적 합의의 개념 역시 정치적 정의관의 이론적 구성을 미리 염두에 둔 채 실천적 관점의 중첩적 합의에 기울어지고 있다. 그는 정치적 정의관 구성의 이론적 과정에서의 중첩적 합의의 가능성을 모색하는 공적 이성의 역할에 관심을 두고 있지 않다. 그의 관심은 단지 이미 주어진 정치적 정의관에 대한 실천적 의미의 중첩적 합의 획득의 가능성에 대부분 향해 있다.

공적 이성의 두 가지 역할이 어떻게 현실에서 실제 행사될 수 있는가?

이 글은 공적 이성의 역할을 이론적 구성과 실천적 해석의 두 가지로 구분하였다. 공적 이성과 정치적 정의관의 관계에 대하여, 롤즈는 정치적 정의관이 판사, 정부 공직자, 수석 행정관 및 입법가들, 공직 후보자 및 심지어 시민들에 의한 공적인 정치적 토론에서 공적 이성의 행사를 위해 필요한 정치적 가치들을 제공할 수 있다고 생각한다. 이 글은 공적 이성이 정치적 구성주의의 초기 단계에서 정치적 정의관을 구성해내는 데 주도적으로 작동해야 한다고 주장한다. 다른 말로 하자면, 정치적인 실천 이성으로서 공적 이성은 첫 번째 단계에서 합의 가능한 정치적 정의관에 수용될 수 있는 정치적 가치들을 모색하기 위한 원초적 입장에서 작동해야만 한다는 것이다. 이 첫 번째 단계는 롤즈가 묘사하는 것처럼 시민들 간의 공정한 협동의 조건을 상술하는 정의 원칙들을 산출해내는 것이다. 공적 이성은 정치적 구성주의에서 정치적 정의관 산출의 원천이 되는 것이다. 그렇다면 공적 이성의 두 가지 역할은 현실에서 어떻게 작동될 수 있는가?

롤즈는 위에서 언급하였듯이 『정치적 자유주의』의 두 번째 단계에서 공적 이성의 두 번째 역할 즉 실천적 해석을 통하여 정치적 정의관이 어떻게 현실 사회에서 중첩적 합의를 획득하고 정치적 화합과 안정성 유지에 기여할 수 있는지를 설명하고 있다. 그런데 공적이성의 첫 번째 역할 즉 이론적 구성이 현실 정치사회에서 어떻게 가능한가 하는 의문이 발생한다. 롤즈는 자신의 정치적 구성주의를 합리적 직관주의 그리고 나아가서 칸트적 구성주의와 대조하여 차별화시키고 있다(Rawls 1999, pp.303-358). 그리고 그는 이론적 구성의 작업의 가능성을 다음과 같이 설명한다. 즉 대표의 장치로서 원초적 입장의 제약 조건하에서 정치적 정의관의 모색이 개개 시민들의 마음속에서 진행되는 사고 실험에서 어떻게 작동할 수 있는지를 설명하기 위하여 맥베스(Macbeth)와 레이디 맥베스(Lady Macbeth)의 예를 들고 있다(Rawls 2005, p.27). 그렇지만 롤즈는 정의 원칙의 이론적 구성이 어떻게 현실 정치에서 진행되는지에 관하여 자세한 설명을 하지 않고 있다.

정치적 정의관의 내용을 형성하는 정의 원칙들의 이론적 구성의 과정은 불가피하게 사람들 각자 내부의 마음과 정신작용을 통하여 진행될 수밖에 없다. 해당 당사자가 누구이든지 불문하고, 즉 이론가 또는 철학자, 정치지도자, 정부관료 또는 시민들인지를 불문하고 누구나 그 범위, 질의 수준 및 정교성과 상관없이 사고 실험을 자신의 내부의 마음 및 정신작용 속에서 진행할 수 있다.

그러나 광범위하게는 이론가들이나 철학자들, 또는 보다 더 구체적으로 정치이론가들이나 철학자들이 정치적 정의관의 이론적 구성에서 공적 이성의 표본이 될 수 있다. 이것은 롤즈가 대법관을 공적이성의 표본으로 간주한 것과 같은 논리이다. 실천적 해석을 담당하는 공적 이성의 표본으로서 대법관을 예로 듦에 있어서, 롤즈는 대법관들은 정치적 정의관에 대한 반성적이고 균형 있는 판단을 할 수 있는 수준의 지식과 도덕성을 갖추고 있는 것으로 가정한다. 대법관들은 고도의 교육을 받고 훈련을 받은 사람들이기 때문에, 자기 자신의 포괄적 교리나 사회경제적 지위에 의존하려 하는 내재적 유혹뿐만 아니라 시민사회 내에 존재하는 상충적인 포괄적 교리들로부터 발생하는 외부적 압력을 견뎌내고 공적 이성을 적절히 행사할 수 있을 것으로 가정되고 있다(Jang and Kwon 2012, pp.15-16). 마찬가지로 학자나 지식인들 또는 정치이론가들은 정치적 정의관의 이론적 구성의 과정에서 공적 이성의 표본이 될 수 있다. 이들은 칸트가 이성의 공적 사용(public use of reason)의 설명에서 학자를 예로 드는 것처럼 공적 이성의 행사 표본의 후보자가 될 수 있다. 이성의 사적 사용(private use of reason)과 대비하여 칸트는 이성의 공적 사용을 학자와 같은 사람이 전체 지식의 세계에서 사용하는 이성으로 이해하고, "그것은 언제나 자유로워야 하고" 동시에 "그것만이 인류에 계몽을 가져올 수 있다"라고 말한다(Kant 1983, p.42). 학자들이 이성의 공적 사용의 모델이 될 수 있듯이, 정치이론가나 철학자들이 정치적 정의관의 이론적 구성의 표본이 될 수 있다. 물론 칸트의 이성의 공적 사용의 개념과 롤즈의 공적 이성의 개념은 근본적인 차이가 있다. 전자는 인류 전체를 위한 계몽을 목적으로 한다면, 후자는 구체적으로 정치적인 것의 영역에 국한된다 (Koukouzelis 2009, pp.841-868). 그렇지만 롤즈의 공적 이성은 이론과 실천에서 칸트의 이성의 공적 사용의 개념에 의해 보다 광범위하게 그 타당성이 검토될 수 있을 것이다. 이러한 추론을 통해 대법관들이 공적 이성의 표본이 되는 것과 마찬가지로, 정치이론가 및 철학자들이 정치적 정의관의 이론적 형성에서 공적 이성의 표본의 후보자가 될 수 있다.

학자, 이론가 또는 철학자들이 시민들의 대표로서 합당한 정치적 정의관을 구성하기 위해 원초적 입장에서의 사고 실험을 성공적으로 수행할 수 있을 것으로 주장할 수 있다. 롤즈는 표현의 장치로서 원초적 입장에서 모델화된 시민들이 이론적 구성의 과정을 통해 정치적 정의관의 내용을 구체화하는 정의 원칙들 — 롤즈의 경우 정의의 두 원칙 — 을 일거에 획득할 수 있다고 가정한다. 그렇지만 현실에서는 이 사고 실험은 무지의 장막의 제약들에도 불구하고 복수의 정의 원칙들을 산출해낼 가능성이 존재한다. 그 이유는 사고 실험 그 자체는 롤즈가 말하는 판단의 부담(burdens of judgment)의 한계를 벗어날 수 없기 때문이다. 유사한 문제 인식으로 하버마스는 다음과 같이 적절하게 지적한다. "다원주의적 사회에서, 정의론은 오직 엄격한 의미에서 후기 형이상학적인 관점에 국한하는 경우, 즉 경쟁적인 삶의 양식과 세계관들의 경쟁에서 편드는 것을 피할 경우에만 시민들에 의해 수용될 수 있는 것으로 기대할 수 있다." (Habermas 1996, p.60) 그럼에도 불구하고 실제 정치적 과정에서 포괄적 교리들로 분열된 시민들 간에도 여러 가능한 정의관들 중에서도 가장 합당한 정의관이 대략적인 중첩적 합의를 획득할 수 있을 것으로 상상된다.

솔럼은 공적 이성의 이상은 스스로 반성적인 특징을 지닌다고 한다. 그 의미는 공적 이성의 이상은 공적 이성 자체에 의하여 정당화되어야만 한다는 것이다. 이 자체 반성성으로 인해, "공적 이성의 이상은 공적 논쟁과 토론의 결과로서 공적 정치문화에서 드러날 것이다"(Solum 1993, pp.735-736)라고 그는 말한다. 예를 들자면, 특정한 사례에 임하는 대법관들이 비록 자신들의 토론에서 완전하게 자신의 개인적인 포괄적 교리들뿐만 아니라 사회경제적 지위로부터 자유롭지는 않다 하더라도, 그렇지만 여전히 이들은 실제 정치과정에서 공적 이성의 이상을 지향하도록 하는 일상적 시민들과 매체들로부터 제기되는 다양한 비판들에 완전히 면제되는 것 또한 아니다. 실제 정치과정에서 공적 이상의 실현은 그것이 이론적 구성이든 실천적 해석이든 간에 완전할 수가 없다. 공적 이상의 재귀성에도 많은 한계점을 노정시키게 된다.

이러한 사고 과정을 따른다면, 우리가 비록 정치적 정의관을 이미 획득하였다 하더라도 그 중첩적 합의는 여전히 완전하지 못하며, 그래서 불안정하고 유동적임을 피할 수 없다. 해당 정치적 정의관에 대한 사회적 비판, 반성 및 재구성은 언제나 개방되어 있다. 나아가서 공적인 정치적 토론에 임하는 공적 이성의 주체들인, 예를 들자면 판사, 정치지도자 및 공직 후보자, 정부관료 및 심지어 시민들은 실제 정치과정에서 공적 이성의 두 가지 역할을 동시에 수행하게 된다. 다른 말로 표현하자면, 의식적이든 무의식적이든 이들의 내적 마음 작용에는 무지의 장막과 같은 나름대로 자신만의 보편성 테스트의 기제를 활용하여 자신의 내부적 사고 실험을 작동시켜 자신만의 정치적 정의관을 형성하게 된다. 이러한 정치적 정의관이 정교할 수도 있고 다소 산만할 수도 있지만, 이러한 자신의 정치적 정의관에 기초하여 사회에서 지배적인 현재의 정치적 정의관을 비판하거나 재구성하려고 시도한다. 이들은 또한 자기 자신의 정치적 정의관을 포괄적 교리들에 의해 대체적으로 지지되는 중첩적 합의를 획득한 현존의 정치적 정의관과 비교하여 균형점을 모색하는 반성적 평형의 과정에 다시 들어가게 될 수 있다.

결론

정치적 자유주의는 정치적 구성주의에 기초하고 있다. 정치적 구성주의는 정치적 정의관을 모색하는 이론적 구성과 관계되며, 이 정치적 정의관은 시민사회 내에 다양하게 존재하는 상충적인 포괄적 교리들의 중첩적 합의를 획득할 수 있을 것으로 기대되고 있다. 롤즈는 자신의 정치적 구성주의에서 이론 이성보다는 실천 이성의 역할을 강조한다. 이 논문은 공적 이성이 롤즈의 정치적 구성주의와 어떻게 연결될 수 있는지를 검토하여, 이 정치적 구성주의의 과정에서 공적 이성은 정치적 실천 이성으로서 특정한 정치적 정의관을 산출해내는 이론적 구성의 역할을 담당해야 한다고 주장한다. 정치적 구성주의에서 공적 이성은 실천 이성의 하나로서 정치적인 것의 영역과 문제에 관심을 두고 특정의 정치적 정의관의 내용을 구체화하기 위해 가상적 합의 장치인 원초적 입장의 제약 조건 속에서 합당성과 합리성의 균형을 모색하는 역할을 담당하게 된다. 물론 전문가들뿐만 아니라 일상 시민들의 마음속에서도 이러한 형태의 공적 이성의 이론적 구성 작용이 공적인 정치적 포럼에서 나타날 수 있다. 이것은 또한 공적 이성의 두 가지 역할이 한 사람의 내부에서 동시에 진행될 수 있다는 점을 의미한다. 그러나 우리는 단지 개념상 이 두 가지의 역할을 이론적으로 구분할 수 있으며 또한 그럴 필요가 있다.

만약 롤즈의 정치적 자유주의의 기획 틀 내에서 이 글의 공적 이성의 해석을 따른다면, 정치적 정의관은 무지의 장막의 제약과 함께 반성적 평형의 과정을 통하여 공적 이성의 재검토를 거쳐 언제나 그 타당성이 검증될 수 있는 가능성이 열려 있게 된다. 이것은 공적

이성이 특정 정치관의 구성 및 재구성, 그리고 실천적 해석의 중요
한 역할을 담당하게 되는 것을 의미한다.

참고문헌

존 롤즈. 장동진 옮김. 2016. 『정치적 자유주의』. 파주: 동명사.

존 롤즈. 장동진 외 옮김. 2017. 『만민법』. 파주: 동명사.

Habermas, Jürgen. 1996. *Between Facts and Norms: Contributions to a Discourse Theory of Law and Democracy*. Translated by William Rehg. Cambridge: The MIT Press.

Jang, Dong-Jin and Kyoung-Rok Kwon. 2012. "Public Reason in Korean Democracy." *Korean Political Science Review*. Vol. 46, No. 6.

Kant, Immanuel. 1983. "An Answer to the Question: What is Enlightenment?(1784)" in *Perpetual Peace and Other Essays*. Translated by Ted Humphrey. Indianapolis: Hackett Publishing Company.

Koukouzelis, Kostas. 2009. "Rawls and Kant on the Public Use of Reason." *Philosophy & Social Criticism*. Vol 35, No. 5: 841-868.

McCarthy, Thomas. 1994. "Kantian Constructivism and Reconstructivism: Rawls and Habermas in Dialogue." *Ethics* 105(October 1994): 44-63.

Vatter, Miguel. 2008. "The Idea of Public Reason and the Reason of State: Schmitt and Rawls on the Political." *Political Theory*.

Vol. 36, No. 2: 239-271.

Rawls, John. 1999. *The Law of Peoples*. Cambridge: Harvard University Press.

_____. 2005. *Political Liberalism*. expanded edition, New York: Columbia University Press.

_____. 1989. "The Domain of the Political and Overlapping Consensus." *New York Law Review*. Vol. 64, No. 2(May 1989).

_____. 1999. "Kantian Constructivism in Moral Theory." in Samuel Freeman ed. *John Rawls: Collected Papers*. Cambridge: Harvard University Press: 303-358.

Solum, Lawrence B. 1993. "Constructing an Ideal of Public Reason." *San Diego Law Review*. Vol. 30: 729-762.

롤즈와 관계적 평등주의

성창원 | 고려대학교 철학과

롤즈의『정의론(*A Theory of Justice*)』(1971) 출간 이후 (영미) 정치철학의 많은 연구는 다양한 형태의 분배정의론을 발전시키는 데에 집중되었다. 이 글에서는 그 발전사를 크게 관계적 평등주의(relational egalitarianism)와 운평등주의(luck egalitarianism)로 나누어 고찰하면서, 특히 롤즈를 후자가 아니라 전자에 입각해서 해석하는 입장을 취하고자 한다. 또한 롤즈의 정의론이 관계적 평등주의의 일환으로 해석될 경우, 그것이 그런 평등주의가 지향하는 특정한 도덕적 이상을 제대로 실현할 수 있는 요소를 충분히 담고 있는지 살펴볼 예정이다. 이 과정에서 관계적 평등주의를 지지하는 다른 학자들의 입장도 검토된다. 이 글은 이런 문제들에 대한 논의를 통해 롤즈를 중심으로 하는 평등주의의 발전사를 일반 독자에게 소개하는 것을 주목적으로 한다.

관계적 평등주의와 운평등주의

롤즈의 『정의론』 발간 이후 초기 분배정의론은 이른바 "분배의 대상(equality of what)"이라는 질문에 주목하였다. 그 자신이 운평등주의자라고 할 수 있는 드워킨은 고전적인 두 논문에서 복지의 평등(equality of welfare)과 자원의 평등(equality of resources)을 구분하고 후자의 입장을 옹호한 바 있다(Dworkin 1981a, 1981b). 정치적 자유, 권리, 그리고 부 등 사회적 기본 재화(social primary goods)의 분배를 강조하는 롤즈도 자원주의적 전통에 속한다고 할 수 있다. 물론 역량(capability) 개념을 중시하면서 분배의 대상 문제에서 새로운 관점을 제시한 센 등도 해당 논쟁에 관해 매우 중요한 기여를 하였다(Sen 1979; cf. 목광수 2010).

이후의 분배정의론은 분배의 조건에 더 초점을 맞추는 경향이 있는데, 바로 이런 맥락에서 운평등주의로 분류될 수 있는 이론들이 득세하게 된다. 예를 들어, 대표적으로 드워킨, 아너슨, 그리고 코언 등에 의해 확립된 평등주의가 그러하다(Arneson 1989; Dworkin 1981a; Cohen 1989). 운평등주의의 가장 기본적인 아이디어에 따르면, 자연적인 재능의 차이에서 기인하는 불평등, 즉 맹목적 운(brute luck)에 근거한 불평등은 어떤 식으로든 해소되어야 하지만 개인의 선택에 의한 불평등, 즉 선택적 운(option luck)에 근거한 불평등에 대해서는 우리가 침묵해도 된다는 것이다. 즉 후자의 경우는 정의의 차원에서 보상의 대상이 될 수 없다는 것이다.

운평등주의는 보통 『정의론』에서 발견되는 롤즈의 입장에 의해 뒷받침된다는 것이 통념이다. 이러한 "통념"은 롤즈의 철학이 연구되는 본고장이라 할 수 있는 영미권뿐만 아니라 그에 대한 연구가 나름대로 진척된 한국에서도 느슨하게 수용되어온 측면이 있다. 하지만 이런 통념은 충분히 문제삼을 만하다. 롤즈에게 운평등주의의 "창시자"로서의 자격을 부여하는 경향은, 프리먼이 적절하게 지적하듯이(Freeman 2007, chap. 4), 1970-80년대에 행해진 롤즈의 텍스트에 대한 거친 해석에 의존한 바 크다. 그러나 프리먼과 셰플러(Scheffler 2010)를 위시한 최근의 연구에 따르면 롤즈를 근본적인 수준에서 운평등주의자로 간주할 만한 충분한 근거는 없다. 아래에서 셰플러의 롤즈 해석을 소개하면서 이런 주장을 더 자세히 소개하겠다.

다음으로, 롤즈에 대한 해석적 쟁점을 넘어서, 운평등주의자들이 주장하는 것처럼 정의론이 선택적 운에 과연 침묵해야 하는가라는 문제를 잠시 살펴보자. 이 물음에 대한 긍정적인 답변은 도덕적 책임(moral responsibility)과 관련된 윤리학적 논의에서 그 근거를 찾을 수 있다. 자신이 통제할 수 없는 어떤 요소들로 인한 불운이 가져오는 결과에 대해 우리가 도덕적 책임을 지지 않아도 되지만, 스스로의 선택에 의한 불운에 대해서는 우리가 책임을 감수해야 한다는 견해는 매우 친숙한 것이다. 또는 다른 말로 하면 책임에는 소극적 책임(negative responsibility)과 적극적 책임(positive responsibility)이 있는데, 오직 후자만이 철학적인 의미에서 유의미한 것이라는 얘기이다.[1] 하지만 도덕적 책임의 문제가 이렇게 간단한 방식으로 해결될 수 있는지 의심스러운 측면이 있다. 왜냐하면 도덕적 책임과 관련된 연구에서 모든 것을 정당화할 수 있는 수준에서의 순수하게 자유로운 선택이 가능한가에 대한 논의가 여전히 상당하

---

1) 물론 결과주의자들은 이런 구분에 반대할 것이다. 이를 근거로 결과주의를 공격하는 고전적인 논의로는 Williams(1973) 참조.

기 때문이다.2) 이 글의 주된 목적이 운평등주의를 비판하는 것은 아니므로 이 정도 수준에서 문제를 지적하고 넘어가고자 한다.

다음으로 관계적 평등주의는 운평등주의와 어떻게 다른가? 이에 대해 어떤 정확한 답을 제공하는 것은 어렵다. 하지만 관계적 평등주의자들은 대체로 다음과 같은 명제를 수용한다고 말해도 큰 무리는 없어 보인다. i) 사회정의의 문제는 책임과 선택을 기반으로 하는 분배정의의 실현으로만 해결되지는 않는다. ii) 분배정의뿐만 아니라 사회적 억압과 차별의 철폐 등도 사회정의의 중요한 요소이다 (Anderson 1999; Lippert-Rasmussen 2018, pp.24-28). iii) 사회정의의 궁극적인 목표는 정의로운 분배를 넘어 모든 시민들이 평등하고 자유로운 존재로 살아갈 수 있는 제도와 국가를 구성하는 것이다 (Scheffler 2010, 2015; Scanlon 2003, 2017). iv) 그러므로 사회정의는 이른바 사회적 평등(social equality)의 실현을 목적으로 한다 (Miller 1997). 관계적 평등주의의 특성을 이렇게 다소 개방적으로 설명하는 이유는, 이 입장에 대한 연구가 여전히 활발히 진행 중이기 때문이다(Nath 2020; cf. Anderson 2015, pp.21-25). 따라서 관계적 평등주의에 대한 우리의 이해는 후속 연구의 향방에 따라 더 확장되고 변모될 가능성이 있다.

관계적 평등주의자로서의 롤즈: 셰플러의 해석

이 절에서는 본인 스스로 관계적 평등주의를 지지하면서 롤즈를 운평등주의자로 해석하는 전통에 반대하는 셰플러의 논의를 중점적

---

2) 분배정의론과 관련하여 이에 대한 교훈적인 논의로는 스캔런에 대한 코언의 논의를 참조하라. Cohen(1989), pp.935-941 참조.

으로 살펴보고자 한다(Scheffler 2010). 이를 위해 배경적 논의로서 책임과 선택에 대한 롤즈의 입장을 간략하게나마 살펴보자.

롤즈는 분배의 체계를 자연적 자유의 체계(the System of Natural Liberty), 자유주의적 평등(Liberal Equality), 그리고 민주주의적 평등(Democratic Equality)으로 구분하고 궁극적으로는 민주주의적 평등이 자신의 정의 원칙이 가장 잘 구현된 체계라고 주장한다(Rawls 1971, Sections 11, 12, 48). 자연적 자유의 체계는 형식적 기회균등을 중심으로 하는 능력주의에 기초함으로써 사회적으로 우연적인 요소가 개인의 성공 여부에 영향을 미칠 가능성을 간과한다. 자유주의적 평등은 사회적 우연성의 영향을 최소화함으로써 자연적 자유의 체계의 한계를 극복하지만, 롤즈에 따르면 이 체계는 여전히 자연적 우연성의 영향을 간과한다. 하지만 롤즈는 주장하기를 민주주의적 평등은 차등 원칙(the Different Principle)을 채택함으로써 이 문제 또한 극복할 수 있다.

위의 몇 가지 분배 체계와 관련된 논의를 여기서 자세히 할 수는 없지만, 우리에게 중요한 것은 바로 이 과정에서 롤즈가 매우 잘 알려진 한 언급, 자연적 우연 같은 "도덕적으로 임의적인(morally arbitrary)" 요소의 결과는 사회의 "공동 자산(common asset)"으로 간주되어야 한다는 언급을 한다는 점이다(cf. Freeman 2007, pp.113-119; Rawls 1971, p.71).[3] 이러한 포인트에 중점을 두는 롤즈 해석에 따르면, 그는 기본적인 수준에서 운평등주의에 친화적인 철학자로 간주될 만하다.

롤즈가 해당 언급을 한 것도 사실이기에 그가 운평등주의자로 해

---

3) 정의와 운의 관계를 롤즈적 입장에서 소개하는 글로는 황경식(2015), 3장 참조.

석되는 것은 부분적으로는 그의 책임이라고 할 수 있다. 하지만 셰플러는 그런 언급의 중요성을 지나치게 강조하는 것은 롤즈 정의론의 전반적인 문제의식과 부합하지 않는다고 지적한다(Scheffler 2010, p.193 이하). 비록 롤즈가 다양한 우연성의 영향을 민감하게 고려하고 있기는 하지만, 그는 이런 영향의 완화를 본질적으로 중요한 것으로 간주하지 않는다는 것이다. 익히 알려진 것처럼 롤즈는 한 사회를 공정한 협동의 체계로 보면서, 그 체계에 모든 시민이 자유롭고 평등한 존재로 참여해야 한다는 칸트적 인간관을 수용한다. 즉 각 시민이 정의로운 체계의 규제 안에서 각각 선호하는 인생관을 자유롭고 동등하게 추구할 수 있게 만들어주는 것이 롤즈적 정의가 지향하는 근본적인 이상이라는 것이다. 각자의 인생관을 추구함에 있어 각종 우연성이 개입될 수 있는데 이런 개입을 최소화하는 것의 목적도 결국은 각 시민이 자유롭고 평등하게 살게 하기 위한 것이지 그런 최소화를 통한 분배정의의 실현에 있지 않다는 것이다. 게다가 이런 해석을 좇아 롤즈가 운평등주의가 아니라는 데에 동의할 수 있다면, 셰플러에 따르면, 롤즈는 자유로운 선택에 의해 불운한 처지에 놓이게 된 사람도 충분히 정의의 차원에서 사회적 보상의 대상이 될 수 있음을 인정할 것이라는 얘기다(Scheffler 2010, p.202 이하). 왜냐하면 이런 사람도 자유롭고 평등한 시민으로서 주어진 사회에서 제대로 활동할 수 있게 만들어주는 것이 사회정의의 궁극적인 목표가 되기 때문이다.

지금까지 롤즈를 운평등주의자로 해석할 수 있는 근거, 그런 근거의 빈약성에 대한 셰플러의 논의를 간략히 살펴보았다. 이 글의 목표는 관계적 평등주의의 발전과 롤즈 정의론의 관계를 개괄하는 것이므로, 주어진 해석의 철학적 장단점을 포괄적으로 평가하는 것은 다음 기회로 미루겠다.

사회적 평등과 경험적 악의 문제

이미 앞에서 지적된바, 운평등주의는 경제적 평등의 실현에 주안점을 두지만 관계적인 평등주의는 그것을 넘어서 사회적인 평등의 실현을 지향한다고 할 수 있다. 이제 이 두 평등주의가 각기 지향하는 이상들 간의 관계에 대해 살펴보자.

사실 사회적 평등은 그리 새로운 생각은 아니다. 한 국가나 사회에서 살아가는 모든 구성원들이 도덕적으로 동등한 존재로 간주되어야 하고, 그리고 어느 한 사람도 다른 사람보다 더 열등한 존재로 간주되지 않아야 한다는 것은 직관적으로 매우 호소력 있는 생각으로 보인다. 하지만 현대 정치철학에서 이런 생각을 중심으로 하는 평등주의는 생각보다 그 이론적 발전상이 빈약한 편이다.

개념적으로는 경제적 불평등과 사회적 불평등은 서로 아무런 관련이 없다. 첫째, 사회적 평등은 자연권의 개념과 밀접히 관련된다. 인간이면 누구나 사회적으로 평등한 존재로 대우받을 권리가 있지만, 그런 속성을 지닌 인간이라고 해서 모두 동일한 양의 재화를 가질 필요는 없다. 둘째, 그럼에도 불구하고 경제적 불평등이 사회적 평등을 침해하는 이유는 바로 사람들의 잘못된 인식 때문이다. 예를 들면, 이는 부자와 빈자에게 동일하게 적용되는 내용이다. 부자도 빈자를 (돈이 많지 않다는 이유로) 열등한 존재로 인식하며, 빈자 또한 패배주의적 의식으로 인해 스스로를 (돈이 많지 않다는 이유로) 열등한 존재로 생각하는 것 등이 그러하다. 상대방에 대한 혹은 자기 자신에 대한 이런 종류의 인식은 당연히 "잘못된" 그리고 근거가 없는 그런 인식이다.

하지만 경제적 평등이 실현되더라도 특정 집단에 속한 사람들은 여전히 사회적으로 열등한 존재로 인식될 수 있으며, 바로 이러한 점에서 정의로운 사회는 경제적 불평등의 제거만으로는 불가능하다. 예를 들어, 한 사회에서 다른 인종 간에 대략적인 수준에서 경제적 평등이 실현되어 있더라도 특정 인종에 속하는 사람이 여전히 열등한 존재로 인식될 수 있다.

이에 착안하면 우리는 사회적 평등의 실현에 있어 당사자들이 서로를 어떻게 인지하느냐(perceive)가 매우 중요하다는 점을 알 수 있다. 그래서 사회적 평등의 실현을 위해서는 사람들이 겪는 경험적 악(experiential evil)4)의 해소가 필수적으로 요청된다. 즉 실제로는 내가 열등한 존재가 아님에도, 타인이 나를 (또는 내가 나 스스로를) 열등한 존재로 보는 것에 문제의 핵심이 있다는 것이다.

관계적 평등주의가 지향하는 정의로운 사회라면, 즉 사회적 평등이 실현된 사회라면 거기에 속한 시민은 그런 경험적 악의 희생양이 되어서는 안 될 것이다. 당연히 이런 의미에서의 정의로운 사회는 경제적 불평등의 제거만으로는 불가능하다. 이는 관계적 평등주의가 근본적인 수준에서 운평등주의와 어떻게 다른지를 다시 예증해준다.

이제 이런 취지의 주장을 전개하면서 관계적 평등주의와 관련하여 중요한 논의를 제공한 스캔런의 입장을 살펴보자. 이미 언급한 것처럼 경제적 불평등의 해소가 사회적 평등의 실현에서 중요치 않은 것은 아니다. 많은 경우 경제적 불평등이 사회적 불평등으로 이

---

4) 이 용어는 Scanlon(2003)에서 차용한 것이다. 이에 대해서는 곧 더 자세히 다룰 예정이다.

어질 수 있기 때문이다. 하지만 경제적 불평등의 해소는 사회적 불평등의 해소를 위한 수단이지, 그것이 그 자체로서 본질적으로 추구되어야 할 필요는 없다는 주장이 가능하다. 스캔런은 평등에 대한 이런 관점을 이른바 "부차적 평등주의(derivative egalitarianism)"로 명명한다. 경제적 평등은 그 자체로서 추구되어야 할 것이 아니고, 다른 중요한 도덕적 가치를 위해 실현되어야 하며, 이런 의미에서 경제적 평등의 가치는 부차적인 성격을 지닌다는 것이다. 파핏은 이런 평등주의를 목적론적 평등주의(telic egalitarianism)와 구별하여 의무적 평등주의(deontic egalitarianism)라고 부른 바 있다(Parfit 2002).

스캔런은 자신의 입장을 정당화하기 위해 우리가 경제적 불평등에 반대하는 다양한 이유들에 대해 고찰한다. 그런 이유에는 다음과 같은 몇 가지가 있다(Scanlon 2003, p.207 이하; cf. O'Neill 2008): (1) 가난한 사람들의 생활 상태가 매우 곤란하고 그들의 고통이 심각하기에 우리는 인도주의적(humanitarian) 관점에서 경제적 불평등을 추구할 이유가 있다. (2) 경제적 불평등은 사회적 지위에서의 낙인 효과(stigmatizing)를 만들어낸다. (3) 경제적 불평등은 정치권력 등 다른 영역에서 부당한 차이를 만들어낸다.

스캔런에 따르면 위의 (1), 빈자에 대한 인도주의적 관심은 평등주의적 관심과는 구별된다. 왜냐하면 우리는 상대방이 우리보다 열등하다고 믿으면서도 그들의 불행한 처지를 개선시키기 위해 노력할 수 있기 때문이다. 그러므로 단순한 인도적 관심에서 경제적 불평등을 해소하려는 것은 사회적 평등과는 거리가 있다. 사회에서 소외되고 있는 계층에 대한 차별 철폐, 그리고 그들의 경제적 상태에 대한 관심은 "더 괜찮은" 사람이 "덜 괜찮은" 사람에게 베푸는 "시혜"의 문제가 되어서는 안 될 것이다. 그들에 대한 관심은, 적절한 관심과 보상에 대해 그들이 정의의 이름으로 합당한 권리를 가지고 있다는 점을 인정하는 데서 시작되어야 할 것이다. 필자는 이를 관계적 평등주의자들이 기본적으로 소유하고 있는 전제로 간주한다.

이제 (3)에 대해 살펴보자. (2)는 논의의 중심이 되므로 추후 다시 다루겠다. 경제적 여건에서의 차이가 권력이나 지배구조의 차이로 연결될 수 있다는 인식은 우리에게 매우 친숙하다. 여기서 중요한 것은 사람들이 동일한 몫을 가지는 세계를 그 자체로 추구하자는 것이 아니라, 그런 세계가 권력에서의 부당한 차이를 방지할 수 있기 때문에 그렇게 하자는 것이다. 권력에서의 부당한 차이가 존재하는 세계는 사회적 평등이 실현되지 못한 세계라고 할 수 있기에, 스캔런은 경제적 평등이 결국 사회적 평등의 실현을 위한 일종의 수단이라는 입장에 친화적이라고 할 수 있다.

이제 (2)를 살펴보자. 사회적 지위에서의 낙인 효과는 특정 집단이나 사람이 다른 집단이나 사람보다 열등한 존재로 인식될 때 나타나게 된다.[5] 이러한 인식은 보통 한 사회의 지배적인 그룹에 의해 오랜 시간을 걸쳐 형성된다. 예를 들어, (비장애인과 부자가) 장애인이나 돈이 없는 사람들을 경시하는 것이 대표적인 예라고 할 수 있다. 또한 미국의 상황에서는 인종차별이 좋은 예이다. 백인들이 스스로 흑인들보다 우월하다고 생각하고, 오랜 시간에 걸쳐 이러한 인식이 사회에 팽배하게 된다면, 이는 흑인들을 열등한 존재로 낙인찍는 결과를 가져온다.

이러한 부당한 사회적 낙인 효과는 경제적 불평등과 밀접히 관련

---

5) 이와 관련하여 또한 Scanlon(2017), chap. 2-3의 논의를 참조할 것. 이 글에서는 주로 Scanlon(2003)의 논의만 소개할 예정임.

된다. 예를 들어 한 사회에 부자들이 굉장히 고급스러운 삶을 영위하면서, 이러한 삶의 양태를 그 사회의 지배적인 규범으로 설정할 수 있다(Scanlon 2003, pp.213-214). 좋은 차를 타고 좋은 집에 사는 것을 의미 있는 삶의 전형적인 형태로 규정하고 암묵적으로 다른 사람들도 그러한 삶을 추구하라고 강요하는 것이다. 이러한 현상은 최소한 두 가지 측면에서 도덕적으로 문제가 있다. 한편으로, 대부분의 사람들은 경제적 풍요를 누리고자 하는 욕구에 민감하므로 경제적 측면에 치중하는 좋은 삶에 대한 사회적 규범과 트렌드는 분명 반대할 만하다. 다른 한편으로, 좋은 삶의 문제는 개인적 취향이나 의견의 문제이기에 타인에 의해 특정한 삶의 형태가 강요되는 것도 정당화되기 어렵다.

하지만 스캔런이 보기에 더 중요한 것은 사회적 낙인 효과가 이른바 "경험적 악(experiential evil)"을 유발한다는 데에 있다. 즉 사회적 낙인 효과는 특정 집단이 스스로를 열등하다고 "느끼게" 되는 사태를 허용한다는 것이다(Scanlon 2003, p.214). 경험적 악의 문제는 어떤 사람을 둘러싼 제도적 악의 문제와는 개념적으로 구별된다는 점에 주의할 필요가 있다. 한편으로, 제도가 완벽하고 공정하더라도 경험적 악은 여전히 발생할 수 있다. 다른 한편으로, 제도는 완벽하지 않더라도 경험적 악은 심각하지 않을 수 있다.6)

이제 사회제도가 경험적 악을 양산하는 몇 가지 방식에 대한 스캔런의 논의를 살펴보자.7) 첫째, 제도는 기본적인 법적, 정치적 권

---

6) 사실 경험적 악의 문제는 스캔런도 언급하듯이 롤즈가 강조한 자존감 (self-worth or self-respect)의 확보와 중요한 측면에서 관련된다. 하지만 이 글의 성격을 고려할 때 롤즈 정의론에서의 자존감의 문제는 별도의 기회를 통해 다루어야 할 것이다. 이와 관련하여 도움이 되는 글로는 목광수(2017) 및 박상혁(2012) 참조.

리의 평등을 실현하지 못할 수 있다. 예를 들어, 특정 성별이나 특정 인종에게 선거권을 허용하지 않는 것이 그러하다. 물론 여기서 미성년자나 (불법) 이주민 등에게 선거권을 허용하지 않는 것은 예외로 해야 할 것이다. 둘째, 제도는 특정 집단이 열등함을 공개적으로 드러내는 정책을 지닐 수 있다. 셋째, 제도는 방금 언급된 정책을 지니지 않더라도 사회적 낙인 효과를 여전히 만들어낼 수 있다.

우선 어떤 제도가 특정 집단에게 정치적 권리를 허용하지 않을 경우, 그러한 집단은 많은 경우 도덕적으로 동등한 존재로 인식되기 어렵다. 이러한 의미에서 이 집단은 경험적 악의 피해자이지만, 동시에 실제로 동등한 정치적 권리를 갖지 못한다는 점에서도 피해자이다. 물론 어떤 집단은, 사회적 분위기와 양육의 영향으로 인해, 실제로 불이익을 받고 있지만 그것을 부당하다고 생각하지 못하고 결국 경험적 악을 느끼지 못할 수도 있다. 예를 들어, 여성은 대학에 갈 필요가 없다고 배우고 자란 사람은 자신이 대학에 가는 것을 가로막는 사회적 분위기에 특별히 분개하지 않을 수도 있다. 하지만 규범적인 측면에서 보면 이 사람이 그런 경험적 악의 대상이라는 점은 의심의 여지가 없다.

두 번째의 경우는 엄격한 신분제 사회를 생각해보면 쉽게 이해될 수 있다. 이런 사회에서는 한 집단이 다른 집단보다 "공식적으로" 그리고 "공개적으로" 우월하게 인정되며, 이러한 우월함의 표현과 다른 집단의 열등함에 대한 판단도 공개적으로 이루어진다. 예를 들어 조선시대에 상민이 양반에게 길을 비켜주는 것이 좋은 예일 것이다. 여기서 상민들이 수치심과 열등감을 느끼는 것은 자연스러운

---

7) 이하의 서술은 Scanlon(2003), p.213의 논의에 근거한 것임.

현상이라고 할 수 있을 것이다. 물론 이렇게 공적으로 열등감을 유발하는 정책이나 제도는 현대사회에서는 거의 찾아보기 어렵다.

이제 우리는 자연스럽게 세 번째의 경우로 넘어갈 수 있다. 이는 현대사회의 경험적 조건과 잘 들어맞는다. 현대의 대부분의 국가에서는 상민/양반과 같은 구별이 없다. 하지만 다른 맥락에서 여전히 경험적 악이 양산될 수 있다. 예를 들어 한 사회에서 거의 모든 사람들이 특정한 종류의 성취와 성공에 엄청난 중요성을 부여하는 경우를 생각해보자. 우리나라의 경우, "좋은 대학"에 들어가는 것이 성공의 지배적인 척도와 가치로 간주되며, 사람들은 이를 별로 문제 삼지 않는다. 물론 좋은 대학에 가는 것이 그 자체로서 도덕적 비난의 대상이 될 필요는 없다. 하지만 모든 사람이 이 동일한 지배적인 가치를 성공적으로 실현할 수는 없기에, 이를 실현하지 못하는 사람들은 이제 사회에서 열등한 존재로 인식될 우려가 있다. 더불어 스스로를 열등한 존재로 여기게 되어 전형적인 의미에서의 경험적 악이 발생할 수 있다.

이러한 경험적 악의 발생은 사회적 평등과 양립할 수 없다. 우리는 객관적으로도 동등한 존재로 대우받아야 하지만, 우리 스스로를 동등한 존재로 인식해야 한다. 이 두 가지가 모두 충족될 때 사회적 평등은 가능하다. 이는 관계적 평등주의자들이 지향하는 정의로운 사회와 다름 아니다.

사회적 평등을 실현하기 위한 전략

이 절에서는 관계적 평등주의가 강조하는 사회적 평등의 실현을 위한 몇 가지 전략을 살펴보고 그 한계를 논하고자 한다. 특히 각 전략이 롤즈적 전통과 어떻게 관련되는지를 살펴보고 그의 정의론이 (비록 관계적 평등주의로 해석될 수 있더라도) 정말로 사회적 평등을 위한 최선의 조건을 제공하는지 반성해보고자 한다.

1) 다변화(diversification)

다변화 전략은 한 사회에서 좋은 삶이나 성공의 지배적인 척도로 간주되는 가치를 다양한 방식으로 확장시키는 것이다. 이를 통해 한 영역에서 성공하지 못한 사람이 다른 영역에서 주어진 일을 잘 완수하게 함으로써 경험적 악을 최소화하는 것을 그 목표로 한다. 이를테면 좋은 대학에 가는 것이 성공의 주요 지표로 간주되는 경향성에 반대하여 다른 종류의 가치를 잘 실현하는 것을 좋은 삶의 중요한 지표로 제시하는 것이다(Scanlon 2003, p.216 이하). 예를 들어 공동체에 헌신하는 사람을 높이 평가하거나 시민적 덕을 잘 발휘하여 사회 활동에 적극적으로 참여하는 사람을 특별히 존중하는 것이 가능하다. 하지만 이런 다변화 전략은 그렇게 다원화된 성공의 지표들이 한 사회에서 대체로 비슷한 수준의 중요성을 인정받을 때에만 성공할 수 있다. 공동체에 헌신하는 사람을 아무리 높이 살지언정, 이러한 판단에 동의하는 사람이 극소수에 불과하다면, 그리고 이 가치에 헌신하는 사람의 수가 너무 적다면, 이 가치는 좋은 대학으로 담보되는 성공의 가치에 전혀 필적하지 못하게 될 것이다. 다변화 전략이 이러한 어려움을 극복하면서 성공하게 되면, 어떤 한 영역에서 성과를 이루지 못한 사람이라고 하더라도 다른 영역에서는 성과를 낼 수 있게 되어 자신이 남들보다 열등하다는 판단으로부터 자유로울 수 있는 가능성이 생길 것이다.

스캔런 스스로 지적하듯이 가치의 다변화 전략은 롤즈적 전통에서도 그 뿌리를 찾을 수 있다. 롤즈는 사회의 여러 비제도적 부분에서 (즉 기본구조의 바깥에서) 다양한 집단과 그룹이 형성되고 그곳에 속한 사람들이 다양한 자율적인 가치를 추구하는 것에 대해 말하고 있다(Scanlon 2003, p.216; cf. Rawls 1971, pp.536-537). 롤즈는 그런 집단을 "(서로) 비교하지 않는 그룹(noncomparing groups)"으로 부른다. 또한 스캔런은 가치의 다변화 전략이 월저가 주장한 복합평등(complex equality)과도 맞닿아 있다고 말한다(Scanlon 2003, p.216; Scanlon 2013; cf. Walzer 1984).

하지만 이런 다변화 전략은 다음의 몇 가지 점에서 한계를 지닌다고 하겠다. 첫째, 가치의 다변화를 얘기할 때 모든 가치는 또 다른 가치와 항상 연결되어 있음을 잊어서는 안 된다. 예컨대 좋은 대학에 가는 것은 좋은 직장이나 더 나은 경제적 보상에 대한 기대와 연결되는 측면이 있다. 아마도 이런 이유 때문에 좋은 대학에 가는 것이 매우 지배적인 호소력을 지니는 듯하다. 그런데 공동체에 대한 헌신이라는 가치가 위와 같은 방식으로 다른 구체적인 가치와 어떻게 연결되는지는 분명하지 않다. 공동체에 헌신함으로써 사회적으로 인정을 받고 훌륭한 사람으로 여겨질 수 있겠지만, 이러한 도덕적 성품의 발현이 반드시 대다수의 사람이 적극적으로 추구하려는 것인가? 따라서 다변화된 사회적 가치들과 연결되는 다른 가치들 또한 기존의 지배적인 가치들과의 경쟁에서 동등한 중요성을 가진 것으로 인정될 필요가 있다. 게다가 사람들이 적극적으로 추구하려는 가치의 종류나 본질은 그들 일반의 심리적 구조와 사회의 전반적인 경향성에 의존하므로 사회적 평등의 실현에 관련된 실질적인 정책 입안은 사회학과 같은 경험과학의 도움을 필요로 할 것이다.

둘째, 어떤 강압적인 구조 없이 가치의 다변화가 정말로 가능한가? 한 사회의 가치의 다변화를 위해서는 정부의 간섭, 교육, 캠페인 등이 필요할 것이다. 이런 것 없이, 예를 들어, 좋은 대학에 가는 것보다는 도덕적으로 훌륭한 사람이 될 것을 요청하는 것이 실효성이 있을까? 이런 요청이 만약 시민들의 자발성에만 의존한다면 과연 어떤 호소력이 있는가? 그런데 문제는 이런 강압적인 사회정책이 자유주의 이념의 기본 전제, 즉 개인적 가치 추구에 정부가 간섭해서는 안 된다는 전제를 위반하지 않고 잘 수행될 수 있는지 분명하지 않다. 좋은 대학에 가기보다는 훌륭한 사람이 되라고 정책적으로 요구할 수 있는가? 각 가치의 상대적 설득력은 차치하더라도 제도적으로 이런 것을 강요하는 것 자체가 정당화되기 어려울 수 있다. 따라서 우리는 사회적 평등을 위한 다변화 전략이 기본적인 자유주의적 기조를 유지하면서 어떻게 정책적으로 발현될 수 있을지 깊이 고민해보아야 할 것이다. 롤즈의 정의론도 기본적으로 자유주의에 속하기 때문에 그것이 지향한다고 하는 관계적 평등주의도 동일한 문제에 노출된다고 할 것이다.

2) 통합(integration)과 동화(assimilation)

통합과 동화의 전략은 기본적으로 상이한 가치 추구로 대변되는 다양한 그룹과 계층들을 하나의 공통의 이상과 가치 체계 내에 포섭시킨다는 점에서 서로 유사하다. 하지만 통합의 전략은 각 그룹의 독특한 가치와 문화 체계를 최대한 존중하는 반면, 동화의 전략은 그런 차이를 최소화하는 것에 역점을 둔다.8) 예를 들어 백인과 흑인이 각자의 독립성을 유지하면서도 민주주의를 모두 추구한다면 이는 통합의 관점에서 가능하다. 반면 백인과 흑인이 서로의 독자성을 없애고 상대방의 사회문화적 전통을 최대한 흡수하면서 민주주의에 포섭된다면 이는 동화의 전략에 의해 가능하다.

이 글의 주제를 고려할 때, 통합과 동화의 전략이 사회적 평등의 실현에 분명 기여하는 바가 있음을 알 수 있다. 사회의 다양한 계층을 아우를 수 있는 공통의 가치 체계가 있다면, 그리고 그들 모두가 이 가치 실현을 위해 노력한다면, 불필요한 계층 갈등 및 경험적 악을 만들어내는 낙인 효과가 분명 일정 부분 감소될 것이다.

하지만 하나의 가치 체계가 여전히 지배적으로 작동한다면, 이에 동참하지 못하는 그룹이 생겨나기 마련이고 이 그룹에 속한 사람들은 여전히 낙인 효과에 노출될 수 있다. 통합과 동화의 전략이 상정하는 공통의 가치가 아무리 바람직한 것이라고 해도, 그 가치의 실현에 어려움을 겪는 이들은 여전히 스스로가 열등하다는 판단에 노출됨으로써 또 다른 경험적 악의 희생자가 될 수 있다. 물론 통합의 전략은 각 그룹의 다양성을 존중하기에 이와 같은 문제를 덜 발생시킬 수도 있다. 하지만 각 그룹과 계층이 여전히 하나의 포괄적 가치 체계 내에 흡수되기 때문에 경험적 악은 이제 개인적 수준이 아니라 집단적 수준에서 나타날 수 있다.

이러한 문제점을 방지하기 위해 혹자는 후기 롤즈의 정치적 자유주의(political liberalism)와 유사한 입장을 제안할 수도 있다. 정치적 자유주의에 대한 매우 간략한 서술에 따르면, 민주사회의 성원들은 개인적인 영역에서 모두 자신만의 고유한 가치를 추구하지만, 정치적인 영역에서는 공정으로서의 정의(justice as fairness)를 기반으

---

8) 이러한 생각의 일부는 Anderson(2013)에서 대략적으로 차용한 것이다. 앤더슨에 대한 비판적 논의로는 Shelby(2104) 참조.

로 하는 이념에 모두 동의하는 것으로 간주된다(Rawls 1993). 통합의 전략을 추구하는 사람의 입장에서 보면 공통의 가치를 정치적인 영역에 한정시키는 정치적 자유주의는 이 전략이 제반 문제를 피하면서 보다 제한된 방식으로 적용될 수 있는 하나의 가능성을 시사해준다. 하지만 관계적 평등주의에서 주목하는 사회적 불평등은 이미 정치적 자유주의와 유사한 이념이 지배하는 현대사회에서 발생하는 것으로 이해된다. 정치적 자유주의와 양립하는 합당한 다원주의(reasonable pluralism)의 체계 — 롤즈가 주장한바, 민주 시민들이 자신들의 고유한 합당한 가치들을 자유롭게 추구하게끔 해주는 것 — 에서 용인되는 모종의 지배적인 가치가 바로 경험적 악을 동반하는 사회적 불평등을 양산할 수 있기 때문이다. 이런 점을 고려해 볼 때, 롤즈의 정의론이 관계적 평등주의를 지향한다고 해도 그것이 정말로 그런 평등주의의 실현을 위한 최선의 대안이라고 자신 있게 말하기에는 주저함이 있다. 이런 망설임을 극복할 수 있는 계기가 활발한 후속 연구를 통해 마련되기를 희망한다.9)10)

---

9) 추가적으로, 다변화 전략을 논할 때 지적한 문제점, 즉 자유주의적 국가 중립성의 훼손이 통합과 동화의 전략에서도 여전히 등장할 수 있음을 언급할 필요가 있겠다. 왜냐하면 통합과 동화의 전략에서 상정되는 공통의 가치는 각기 다양한 가치를 추구하는 개인과 집단에 어떤 식으로든 강압적이고 간섭주의적인 방식으로 부여되기 때문이다. 따라서 사회적 평등의 실현을 위한 이상의 두 가지 규범적 전략들은 큰 틀에서 모두 동일한 문제를 안고 있다고 할 수 있다.

10) 이 글의 중반 이후는 윤인진 외, 『한국의 사회정의와 사회적 약자/소수자의 인권문제와 개선을 위한 인문융복합 연구』, 경제·인문사회연구회 총서(2017), 2장의 일부 내용을 수정한 것이다. 해당 챕터는 필자가 홀로 작성하였다.

참고문헌

목광수. 2010. 「역량 중심 접근법과 인정의 문제: 개발윤리화의 관련 하에서 고찰」. 『철학』. 한국철학회 제104집: 215-239.

____. 2017. 「롤즈의 자존감과 자존감의 사회적 토대의 역할과 의미에 대한 비판적 고찰」. 『철학논총』. 새한철학회 제87집: 125-149.

박상혁. 2012. 「롤즈의 정의론에서 시민들의 자존감 보장과 결사체 민주주의적 발전」. 『철학연구』. 철학연구회 제97집: 87-109.

황경식. 2015. 『정의론과 덕윤리』. 아카넷.

Anderson, E. 2015. "The Fundamental Disagreement between Luck Egalitarians and Relational Egalitarians." in A. Kaufman ed. *Distributive Justice and Access to Advantage: G. A Cohen's Egalitarianism.* Cambridge: Cambridge University Press, 40-49.

____. 2013. *The Imperative of Integration.* Princeton: Princeton University Press.

____. 1999. "What is the Point of Equality?" *Ethics* 109(2): 287-337.

Arneson, R. 1989. "Equality and Equal Opportunity for Welfare." *Philosophical Studies* 56: 77-93.

Cohen, G. A. 1989. "On the Currency of Egalitarian Justice." *Ethics* 99: 906-944.

Dworkin, R. 1981b. "What is Equality? Part 1: Equality of Welfare." *Philosophy and Public Affairs* 10(3): 185-246.

____. 1981a. "What is Equality? Part 2: Equality of Resources." *Philosophy and Public Affairs* 10(4): 283-345.

Freeman, S. 2007. *Justice and the Social Contract.* New York: Oxford University Press.

Lippert-Rasmussen, K. 2018. *Relational Egalitarianism: Living as Equals*. Cambridge: Cambridge University Press.

O'Neil, M. 2008. "What Should Egalitarians Believe?" *Philosophy and Public Affairs* 36.

Miller, D. 1997. "Equality and Justice." *Ratio* 10: 222-237.

Nath, R. 2020. "Relational Egalitarianism." *Philosophy Compass* 15(2): 1-12.

Parfit, D. 2002. "Equality or Priority." in M. Clayton and A. Williams eds. *Ideals of Equality*. Oxford: Blackwell, 81-125.

Rawls, J. 1993. *Political Liberalism*. New York: Columbia University Press.

_____. 1971. *A Theory of Justice*. Cambridge, MA: Harvard University Press.

Scanlon, T. M. 2017. *Why Does Inequality Matter?* New York: Oxford University Press.

_____. 2013. "Plural Equality." in Y. Benbaji and N. Sussmann eds. *Reading Walzer*. London: Routledge, 183-195.

_____. 2003. "The Diversity of Objections to Inequality." in *The Difficulty of Tolerance*. Cambridge: Cambridge University Press, 202-218.

Scheffler, S. 2015. "The Practice of Equality." in C. Fourie et al. eds. *Social Equality: On What It Means to be Equals*. New York: Oxford University Press, 21-44.

_____. 2010. "What Is Egalitarianism?" in *Equality and Tradition: Questions of Value in Moral and Political Theory*. New York: Oxford University Press, 175-207.

Sen, A. 1979. "Equality of What?" The Tanner Lecture on Human

Values(Stanford University).

Shelby, T. 2014. "Integration, Inequality, and Imperative of Justice: A Review Essay." *Philosophy and Public Affairs* 42: 253-285.

Walzer, M. 1984. *Spheres of Justice: A Defense of Pluralism and Equality*. New York: Basic Books.

Williams, B. 1973. "A Critique of Utilitarianism." in J. J. C Smart and B. Williams. *Utilitarianism: For and Against*. Cambridge: Cambridge University Press.

공정과 실력주의 사회[*]

목광수 | 서울시립대학교 철학과

한국 사회에서의 공정 논란

2021년은 롤즈(John Rawls, 1921-2002) 탄생 100주년이고 그의 주저 『정의론』(초판 1971, 개정판 1999) 출간 50주년이다. 2020년 초부터 시작된 코로나19 팬데믹으로 인해 전 세계 학계의 활동이 위축되면서 롤즈와 관련된 공식적인 기념행사는 찾아보기 어렵다. 그런데 전 세계적으로 최근 들어 활발하게 일어나고 있는 '공정 (fairness)'과 '실력주의(meritocracy)' 논쟁은 그를 기억하고 소환하 게 한다.[1] 롤즈가 제시한 정의론이 '공정'으로서의 정의(justice as

---

* 이 글은 『좋은 나무』(2020년 11월 14일)에 게재되었던 필자의 글을 대폭 수정하고 확장한 것임을 밝힌다(https://cemk.org/19026/).

1) 이 글은 'meritocracy'를 '실력주의'로 번역한다. 이 단어에 대한 기존 학 계의 번역어로는 '업적주의', '실력주의', '성과주의', '능력주의', 영어

fairness)이고 그의 『정의론』으로부터 현대의 정의 논의와 공정 논의가 시작되었다는 점에서 공정 논쟁에는 의식하든 의식하지 않든 그의 개념들이 자리 잡고 있기 때문이다.

한국 사회에서도 최근 들어 '공정'과 '실력주의'라는 단어가 범람하고 있다. 동일한 사건에 대해 한쪽에서는 공정하다고 평가하고 다른 쪽에서는 불공정하다고 판단하여 상대방을 비난하면서 논쟁이 활발하다가, 다른 사건이 터지면 또 그 사건으로 공정 논쟁이 확산되면서 공정 논쟁은 한국 사회에서 몇 년째 계속되고 있다. 혹자는 내년 대통령 선거의 화두가 '공정'이 될 것이라고 장담하기도 한다. 윤리학과 정치철학 저서에서만 보던 '공정'과 '실력주의'가 한국 사람들이 민감하게 생각하는 주제인 입시, 취업, 병역의 현실 문제와 관련하여 신문 칼럼과 온라인에서 날 선 논쟁의 대상이 되는 현상이 낯설다. '공정'이라는 단어가 현재 상황에 대한 분석과 비판의 척도로 사용된다면, '실력주의'는 공정의 내용이거나 비판을 넘어 추구할 지향점으로 대표되는 단어이다. 따라서 이 논쟁이 소모적이지 않고 생산적인 논의가 되기 위해서는 무엇보다도 먼저 '공정' 개념이 무엇인지 규명할 필요가 있다. 치열한 논쟁이 개념에 대한 오해로 인한 것이라면, 개념을 정리하는 것으로 논쟁은 어느 정도 해

발음인 '메리토크라시'를 그대로 쓰는 등 다양하다. 특히 최근 공정 논쟁과 관련해서는 '능력주의'라는 번역어로 통일되는 듯한 분위기이다. 그런데 'meritocracy'는 잠재된 능력이나 가능성이 아닌 현실에서 확인될 수 있는 성과 또는 실력(merit), 예를 들어 노력과 지능의 결과물을 사회 재화 분배의 원리로 운영하는 사회를 지칭한다는 점에서, 이러한 결과물의 성격을 잘 보여주는 번역어로는 '능력주의'보다 '실력주의'가 더 적절해 보인다. 능력이라는 번역어는 선천적이고 잠재적인 가능성도 포함해 너무 포괄적인 의미를 담고 있어, 'meritocracy'가 갖는 부정적 의미를 충분히 드러내지 못한다고 판단되기 때문이다.

결될 수 있을 것이다. 그런데 문제는 공정 개념이 우리의 가슴을 뛰게 할 정도로 맹렬한 도덕 감정을 야기하는 단어이면서도 다양한 의미로 규정될 수 있다는 점이다. 이런 이유로 논쟁의 각 진영은 공정 개념을 정치적 도구로 이용해서 시민들의 도덕감(moral sentiments)을 자극하고 있고, 시민들은 자신이 이해하는 공정 개념만이 옳다고 믿는다. 이에 서로가 서로를 불공정하다고 거칠게 비판하여 사회 갈등과 분열이 가속화되고 있다.

고전(古典)이 온고지신(溫故知新), 즉 과거를 통해 새것을 배우게 한다면 공정 논의의 20세기 고전 중 하나인 롤즈의 『정의론』을 통해 도움을 받을 필요가 있다. 롤즈의 논의가 공정 개념의 원류에 해당한다는 점에서, 한국 사회에서의 공정 논쟁을 둘러싼 오해나 왜곡이 있다면 걷어내고, 생산적이며 미래 지향적인 사회를 위한 지침이 될 수 있기 때문이다. 이 글은 롤즈의 정의론을 통해 우리 사회에 적합한 공정 개념이 무엇인지, 그리고 이러한 공정을 실현하기 위한 실천적 전략은 무엇인지를 모색하고자 한다. 한국 사회의 공정 논쟁에 대한 이러한 논의가 생산적이고 미래 지향적으로 나아가 정의로운 사회 구현에 기여하기를 기대한다.

절차-공정: 기본 원리로서의 비례 원리

한국 사회의 공정 논쟁에서 언급되는 공정 개념의 의미를 차분하게 정돈하기 위해, 먼저 논쟁을 이끄는 각 진영의 핵심이 무엇인지 검토해보도록 하자. 편의상 현재 공정 논쟁을 두 진영으로 구분하고자 한다. 하나는 '절차-공정' 진영이라고 명명하고 다른 하나는 '결과-공정' 진영이라고 부르고자 한다. '절차-공정'은 개인의 주관적 판단에 따른 행위가 초래하는 왜곡과 차별의 문제들을 극복하기 위해 절차를 통해 정의를 구현하려는 시도와 관련된다. 사회적으로 확립된 절차가 있다면, 해당 절차에 따라서 동일한 경우는 동일하게 대우하는 것이 정당하다는 비례 원리에 토대를 둔 것이 '절차-공정'이다. 지연과 학연, 인맥 등의 연줄을 통해 자의적으로 혜택이 주어지는 행위를 차별 또는 불공정이라고 규정하고 제도와 절차를 통해 시정하려는 형식에 주목하는 시도이다. 형식적 차원의 '절차-공정'은 직관적으로 쉽게 인식되는 것이어서 동일한 것을 동일하게 대우하지 않았을 때, 즉 비례 원리가 훼손되었을 때 즉각적으로 감지된다. 예를 들어, 한국 사회에서 취업이나 입시에서 고위 관료들이나 고소득층의 자녀들이 절차를 어기고 혜택을 보는 부정이 발생했을 때의 사회적 분노는 형식적 차원의 절차를 훼손했다는 분노의 표출이다. 한국 역사상 처음이었던 대통령 탄핵의 도화선인 2016년 이화여대 학생들의 시위도 '절차-공정'과 관련된 사건이다. 이화여대 재학생과 졸업생의 시위는 직장인에게 재학생과 다른 입학 전형과 다른 수업을 제공하면서 재학생과 동일한 학위를 부여하는 것이 부당하다는 도덕감, 즉 비례 원리의 '절차-공정' 훼손에서 나타나는 분노가 핵심이다. 2017년과 2020년 인천국제공항 비정규직 일부의 정규직화 논란, 2017년 기간제 교사의 정규직화 논란, 2018년 여자 아이스하키 단일팀 논란, 2020년 공공 의대 건립 논란, 그리고 빈번하게 발생하는 고위 공직자 자녀의 특혜 논란, 학생부종합전형과 수능의 입시 논란 등도 '절차-공정'과 관련된 분노의 표현이다. 이러한 비례 원리에 토대를 둔 '절차-공정'은 동서고금을 막론하고 중요하게 언급되고 있다. 예를 들어, 서양 고전에 해당하는 성경은 대표적인 사회적 약자로 거론되는 고아와 과부를 도울 것을 여러 곳에서 강조하지만(신명기 10:18, 24:19, 스가랴 7:10, 시편 146:9, 예레미야 49:11, 야고보서 1:27), 고아와 과부를 위해 절차를 훼손하는 재판을 경계한다(출애굽기 23:3, 23:6, 레위기 19:15). 이런 사례들에서 볼 수 있는 것처럼, '절차-공정'은 공정 개념에서 가장 기초적인 원리인 비례 원리를 충실히 반영하는 개념이다.

비례 원리에 토대를 둔 절차-공정은 롤즈 논의에서 형식적 정의(formal justice)에 해당한다. 롤즈는『정의론』10절에서 실질적 정의와 형식적 정의를 구분한다. 롤즈는 올바른 정의 원칙을 내용으로 갖춘 실질적 정의가 정립되지 않았다고 하더라도 법의 지배(rule of law)와 같은 일관성과 예측 가능성을 갖춘 형식적 정의, 즉 비슷한 것을 비슷한 방식으로 처리한다는 형식적 차원의 정의가 준수되는 것은 사회정의 실현에 있어서 중요하다고 언급한다. 그리고 이러한 형식적 정의가 잘 준수되면 실질적 정의 또한 시차가 있을지라도 정립되리라 예측한다. 왜냐하면 형식적 정의의 일관성은 내용으로도 정의 구현에 기여하기 때문이다. 이런 논의에서 보자면, 형식적 정의, 예를 들면 '절차-공정'이 훼손되거나 붕괴된 사회에서 실질적 정의를 기대하기는 어렵다. 이런 의미에서 볼 때, 형식적 정의에 해당하는 '절차-공정'은 중요하다. 그러나 '절차-공정'이 중요하고 공정 논의에서 가장 기초가 되는 비례 원리에 토대를 둔 공정의 요소라고 하더라도 이것이 공정 전체가 아님을 이해하는 것이 필요하다. 왜냐하면 '절차-공정'은 해당 절차 자체가 정당한지에 대한 고민은 빼고, 일단 정해진 절차에만 초점을 두고 있기 때문이다. '절차-공정'에서의 절차 자체는 정성적인 부분이나 정량적인 부분을 모두 포함할 수 있지만, 사회적 신뢰가 낮은 사회에서는 절차가 객관화되고 수치화되는 정량적인 것을 선호하고 정성적인 절차를 부정하는 양상이 나타난다. 한국 사회에서 추천서나 면접의 정성 평가가 포함된 학생부종합전형이 불공정하다는 비판이 끊이지 않는 반면에, 숫자로 점수화되는 수능이 공정하다고 옹호되는 분위기가 '절차-공정'에서 정량적인 부분을 선호하는 사례에 해당한다. 정량화된 시험 점수를 통해 승자와 패자를 정하는 '절차-공정'이 공정의 전부하고 할 수 있을까? 처음부터 시험 문제가 잘못되었다면 그 시험 문제로 승자가 된 사람이 진정한 승자라고 할 수 있을까? 이미 기울어진 운동장이어서 절차 자체가 공정성을 훼손한다면, 그러한 절차의 결과를 공정하다고 판단하는 것은 오류 아닌가? '절차-공정'을 공정의 전체로 오해할 때, 오히려 '절차-공정'은 부정의와 폭력의 비윤리를 초래할 수 있다. '절차-공정'의 토대가 되는 절차가 무엇인지, 그 절차가 사회 구성원들의 도덕감을 올바르게 반영한 것인지를 검토하지 않고 왜곡된 절차를 고수하는 것은 정의가 아닌 부정의를 옹호하는 것일 수 있기 때문이다. 예를 들어, 가부장제 사회에서는 남성 우위의 상속 방식 절차가 있는데, 이를 그대로 따르려는 사람은 '절차-공정'을 준수하는 사람이고 이것이 부당하다고 항거하는 사람은 '절차-공정'을 훼손하는 무임승차자(free-rider)로 보일 수 있다. 따라서 '절차-공정'은 공정 논의에서 가장 기초적이고 중요한 요소임에는 분명하지만, 그것이 공정의 부분에 불과함을 이해하고 다른 공정 개념을 통해 보완해야만 필요가 있다.

결과-공정: 성과 비례 원리와 보편 평등 비례 원리

공정 논쟁의 또 다른 진영은 공정이 가져오는 결과라는 내용에 주목하는 '결과-공정'이다. '결과-공정'은 역사적으로 불평등과 차별의 현실에 대한 저항의 토대가 되었던 개념이다. "왕후장상의 씨가 따로 있느냐"라고 외쳤던 고려시대 노비 만적처럼, 그리고 봉건제를 타파하려는 혁명가들처럼, 사회적으로 제도화되고 고착화된 신분제와 같은 불합리한 차이에 대해 저항하는 운동의 논리가 '결과-공정'이다. 아이들이 일상에서 말하는 "왜 쟤는 되고 나는 안 되나요?"라는 억울함의 호소에서 쉽게 볼 수 있다(Ryan 2006, p.598). '결과-공정'은 비례 원리의 성격에 따라 성과(成果) 비례 원리의 '결과-공정'과 보편 평등 비례 원리의 '결과-공정'으로 나눌 수 있다. 동일한 일을 했는데 누구는 많은 보수를 받고 누구는 적은 보수를 받는 것은 직관적으로 부당하게 느껴진다. 만약 정규직과 비정규직이 동일한 일을 한다면, 성과에 대한 비례 원리에 따라 동일한 대우를 하는 것이 공정하다고 '결과-공정' 진영은 주장한다. 그런데 여기서 동일한 대우가 동일한 임금을 주는 것이라면 성과 비례 원리에 입각한 '결과-공정'에 부합할 수 있지만, 비정규직을 정규직으로 전환하는 것이라면 이것은 성과 비례 원리에 입각한 공정에 해당하는지가 의문시된다. 왜냐하면 성과 비례 원리는 성과 여부에 따라 비례해서 보상의 결과를 줘야 한다는 것이지, 어떤 지위(status)나 계급을 변경하는 문제가 아니기 때문이다. 더욱이 정규직과 비정규직 논의는 사회제도로 정착된 절차에 따른 구분인데, 비정규직을 정규직으로 전환하는 것은 확립된 절차를 훼손하는 불공정, 특히 '절차-공정' 훼손에 해당한다. 정규직과 비정규직 구분이 성과에 따른 보상인 임금 차이를 현상적으로 동반하기 때문에 양자를 구분하지 않고 묶어서 사고하기 쉽지만, 비정규직을 정규직으로 전환하는 것은 아래에서 보겠지만 보편 평등 비례 원리에 부합하는 것이지, 성과 비례 원리에 토대를 둔 '결과-공정'과는 거리가 있다. 이런 분석에서 볼 수 있는 것처럼, 성과 비례 원리에 토대를 둔 '결과-공정'은 조심스럽고 주의를 기울여 적용된다면 과정에 주목하는 '절차-공정' 진영과 충돌 없이 제시될 수 있다.

'결과-공정'이 성과 비례 원리가 아닌 보편 평등 비례 원리, 즉 모든 인간은 인간이라는 점에서 동일하게 대우받아야 한다는 비례 원리에 따를 때, 인간이라면 누구나 보편적으로 평등한 지위와 권리를 보장받아야 한다는 '결과-공정'이 제시될 수 있다. 이러한 '결과-공정'에서는 예를 들어, 임금을 동일하게 부여하는 것을 넘어서 비정규직을 정규직으로 전환하여 평등한 지위의 결과를 부여하는 것이 공정에 해당한다. 그런데 이러한 보편 평등의 '결과-공정'은 그 자체로 보면 공정에 해당한다고 볼 수 있지만, 사회적으로 확립된 과정인 절차를 훼손한다면 전체로서의 공정으로 볼 수 있을지 의심스럽다. '절차-공정'을 훼손한 '결과-공정'은 형식적 정의인 법의 지배 등과 상충하는 비일관성과 자의성으로 인해 실질적 정의 또한 타락시키기 때문이다. 이런 점에서 보편 평등의 '결과-공정'만을 공정으로 주장하는 것은 적절하지 못하다. 오히려 이런 '결과-공정'은 '절차-공정'을 유지하면서 추구해야 전체로서의 공정으로 나아갈 수 있다. 인간 존중을 보편적으로 추구하는 보편 평등 비례 원리에 입각한 절차가 사회적으로 확립되어 공지되었다면 이를 통해 보편 원리의 결과 내용을 유지하는 것이 논리적으로 불가능한 것은 아니다. 예를 들어, 성경에서 포도원 품꾼의 비유(마태복음 20:1-16)는 각자가 동일한 시간의 일을 하지는 않았지만, 모두에게 약속하고 공지되어 확립된 절차에 따라 동일한 임금을 지급한다. 이것은 동일한 임금 지급이라는 보편 평등 비례 원리에 토대를 둔 '결과-공정'과 공지된 약속이라는 '절차-공정'을 모두 만족하며 실행한 사례에 해당한다. 이에 대해 더 많은 시간 동안 노동을 했던 사람들이 성과 비례 원리에 입각한 '결과-공정'을 근거로 불만을 토로하지만, 임금을 지불하는 주인은 이미 확립된 공정한 절차에 따라 임금 지급이 이루어졌다고 말하며 그러한 불만을 수용하지 않는다. 현실에서는 보기 쉽지 않지만, 특정 가치를 공유하는 사람들끼리의 모임에서는 심심찮게 이런 사례를 볼 수 있다. 따라서 '절차-공정'과 양립하면서 보편 평등 비례 원리에 토대를 둔 '결과-공정'을 추구하기 위해서는 사회제도적 측면에서 '절차-공정'을 통해 사회적으로 확립된 절차를 준수하면서 '결과-공정'을 추구해야 한다.

부분인 결과 공정과 절차 공정 논쟁을 넘어: 전체로서의 공정을 향한 롤즈의 통합 논의

한국 사회에서의 공정 논쟁은 '결과-공정'과 '절차-공정' 진영에 의해 주도되고 있고, 양 진영의 논쟁은 둘 중 어떤 공정을 택할 것인가라는 선택의 문제로 논쟁을 호도한다. 게다가 앞에서 분석한 것처럼 양쪽의 양립도 가능할 뿐만 아니라 부분에 불과한 양쪽의 결합이 전체로서의 공정을 위해서는 필수적임에도 불구하고, 논쟁 과정에서는 양립이 불가능한 배타적 논리로 왜곡하거나 양립하려는 시도 자체를 비현실적인 논의로 폄하한다. 추후 논의를 통해서 밝혀지겠지만, 롤즈의 논의를 통해 볼 때 논쟁을 주도하는 '절차-공정'과 '결과-공정'은 부분에 불과하고 이 둘이 결합해야 전체로서의 공정이 정의 실현이라는 진면목을 드러낼 수 있다. 따라서 어떤 하나의 의미만을 배타적으로 수용할 때는 전체로서의 공정을 왜곡할 뿐만 아니라, 오히려 부정의나 비윤리를 초래한다.

132

한국 사회에서의 공정 논쟁은 아쉽게도 부분이 전체인 것처럼 오해하면서 전개되고 있다. 이런 현실에서 논리적으로 비례 원리에 토대를 둔 '절차-공정'이 공정 개념에서 기초적이라는 점에서 '절차-공정' 중심의 공정 논의가 더 적절해 보일 수 있다. 현재 한국 사회에서 논쟁을 주도하면서 주목받는 '절차-공정'은 그 자체로 '공정'하고 정의 실현이라는 공정의 진면목을 보여주는가? 현재의 '절차-공정'의 문제는, 해당 절차가 믿을 만한지, 제대로 된 것인지에 대해 반성하지 않고 절차를 원칙화하여 현상 유지를 맹신하고 절대시한다는 점이다. 앞에서도 언급한 것처럼, 절차 자체가 왜곡되고 차별에 근거하고 있다면 그 절차를 고수하는 것은 더 큰 부정의와 비윤리를 초래할 수 있다. 또한 노력이든 실력이든 기여한 만큼에 비례하여 혜택을 향유하는 것이 공정하다는 성과 비례의 '결과-공정' 진영은 성과를 내게 했던 절차 자체가 정당한지뿐만 아니라, 그러한 절차에서 우세한 지위를 차지한 자신의 입장이 정당한지에 대해 고민을 하지 않는다. 나는 우연히 좋은 환경에 처해 있어서 성과를 내기 좋았지만, 다른 사람은 나쁜 환경이라 성과를 내지 못했다면, 나의 성과에 비례해서 대우를 받을 때 성과만을 고려하는 것이 타당할까? 환경과 운이 나빠 성과를 내지 못한 사람에게 게으르고 능력 없다고 혹독하게 비판하고 가혹한 대우를 하는 것이 정당할까? 그렇다고, 현재의 사회 부정의에 대한 분노와 개혁의 조급함 때문에 현재의 절차 자체를 무시하고 위반하면서 모든 인간은 평등하게 대우받아야 한다는 보편 평등의 '결과-공정'만이 전체로서의 공정이라고 주장하는 것은 바람직할까? 앞에서도 언급한 것처럼, 형식적 정의인 절차를 위반하는 대가가 장기적 관점에서 볼 때 심각한 사회 부정의라는 점에서 시간이 걸리더라도 주의를 기울이고 조심스럽게

'절차-공정'과 양립하는 '결과-공정'을 추구할 필요가 있다.

절차와 결과가 분리될 수 없는 것이라면, 그리고 각각은 전체의 부분에 불과하다면, 양자 중 하나를 선택할 것이 아니라, 절차와 결과 모두를 고려하는 전체로서의 공정을 모색해야 한다. 이를 위해 이제 롤즈의 논의를 본격적으로 시작하고자 한다. 롤즈는 공정한 기회를 제공하는 절차를 중시하면서도 자존감(self-respect)이 훼손되지 않을 정도의 차이를 옹호하여 결과를 공정하게 하려는 전체로서의 공정을 추구하는 논의를 제시하기 때문이다.

롤즈의 공정 개념: 사회적, 자연적 우연성의 영향력 약화

부분인 '절차-공정'과 '결과-공정'을 아우르는 전체로서의 공정을 추구하는 롤즈의 논의를 검토하기 위해서는 먼저 롤즈가 사용하는 공정의 의미가 무엇인지를 살펴볼 필요가 있다. 제자 포기(Thomas Pogge)의 분석에 따르면, 롤즈는 어린 시절 두 차례 전염병으로 인해 자신은 살고 두 명의 동생을 잃는 경험과, 자원입대한 제2차 세계대전에서 우연히 나뉜 역할로 인해 자신은 살고 동료는 죽은 경험을 통해 인간 삶에서 우연성(contingency)의 영향력이 지대함을 인식하게 되었고, 타인에 대한 빚진 마음을 통해 공정과 정의의 관계를 모색하게 된 것으로 보인다(Pogge 2007, pp.6-15). 롤즈는 인간이 태어날 때부터 갖게 되는 지능, 건강, 신체, 외모 등의 자연적 우연성과 가정환경, 경제적 여건 등의 사회적 우연성이 인간의 인생 여정에서 지대한 영향력을 행사하지만, 그러한 우연성의 혜택을 내가 독점하는 것이 정의로운지를 묻는다. 왜냐하면 그러한 우연성은 내가 그것을 '가질 만하다(deserve)'고 보기 어려운 '운(fortune)'에 해당하기 때문이다. 우리 중에 누구도 이 나라에 태어나도록 선택한 사람도 없고 현재의 부모를 택하지도 않았다. 이것은 그냥 우리에게 주어진 '운'에 해당하는데 이러한 운으로 인해 승자와 패자가 결정되는 사회가 정의롭다고 할 수 있을지 의문스럽다. 심지어 롤즈는 노력조차도 어린 시절 좋은 가정환경과 부모의 영향으로 길러진 학습 태도와 관련되었다는 점에서 노력이 우연성과 무관하지 않다고 분석한다. 이렇게 의문스러운 영향력을 고스란히 반영하여 만들어진 제도와 절차를 공정하다고 할 수 있을지 롤즈는 묻는다. 사회적 영향력이 있는 사람들이 다른 사람들은 배제한 채 제도와 절차를 자신들에게 유리하게 만들어놓고는 그 절차에 따른 결과는 공정하다고 주장하는데, 롤즈는 그 절차 자체가 불공정함을 꼬집어 '절차-공정' 논의의 한계를 정조준하고 있다. 사회적 영향력이 있는 사람들뿐만 아니라 그렇지 않은 사람들까지도 모두 참여하여 절차와 제도를 만들어야 그것의 공정을 담보할 수 있는 것이다. 또한, 그러한 우연적 영향력의 결과를 토대로 성과에 따라 보상이 비례적으로 주어지는 '결과-공정'이 공정한지에 대해 의구심을 갖는다.

롤즈에 따르면, 자연적 우연성과 사회적 우연성은 그 자체로는 정의롭거나 정의롭지 않다고 말할 수 없는 자연적 사실(natural facts)에 불과하다. 정의가 문제 되는 것은, 자연적 사실에 불과한 자연적, 사회적 우연성을 사회제도가 어떻게 처리하는지와 관련된다. 따라서 롤즈는, 사회의 기본구조는 이러한 우연성이 사회 전체 구성원들에게 혜택이 되는 방식으로 재편되어야 한다고 주장한다. 이렇게 재편된 사회에서는, 사회적 우연성과 자연적 우연성이 삶에 끼치는 영향력을 완전히 없앨 수는 없지만 수용할 정도로 최소화되어 운이 나쁜 사회 구성원이 자신의 삶을 영위하고 인생 계획을 세움에 있어서 방해되지 않는다. 운이 좋은 사회 구성원은 자신의 인생 계획을 세움에 있어서 자신이 가진 사회적, 자연적 우연성을 자신에게 우연히 주어진 '운'으로 인식하고 그러한 운을 통해 얻은 혜택을 나만의 혜택이라고 독점하지 않으며 운이 없는 사람들에게 빚진 마음을 가지게 될 것이다.

공정으로서의 정의: 민주주의적 평등 체제

사회적, 자연적 우연성의 영향력을 무력화하는 것이 공정이라는 롤즈의 생각은 민주주의적 평등 체제를 통해 사회제도로 구현된다. 롤즈는 『정의론』 11절에서 공정을 확보하기 위해 원초적 입장(original position)에서 합의 당사자들이 자신들의 우연성에 대해 무지한 상태에서 합의한 최초의 정의 원칙인 일반적 정의관을 다음과 같이 기술한다. "첫째, 각자는 다른 사람들의 유사한 자유의 체계와 양립할 수 있는 평등한 기본적 자유의 가장 광범위한 체계에 대하여 평등한 권리를 가져야 한다. 둘째, 사회적, 경제적 불평등은 다음과 같은 두 조건을 만족시키도록, 즉 (a) 모든 사람들의 이익이 되리라는 것이 합당하게 기대되고, (b) 모든 사람들에게 개방된 직위와 직책이 결부되게끔 편성되어야 한다." 롤즈는 『정의론』 12절에서 이러한 최초의 정식은 애매한 구절들이 있어서 보다 정확하게 규정될 필요가 있다고 언급하면서, 특히 제2원칙의 내용에 해당하는 '모두에게 이익이 됨'이라는 구절과 형식에 해당하는 '평등하게 개방됨'이라는 구절의 의미를 각각 2개로 해석하고, 이를 조합하여 구현될 사회를 다음과 같은 [표 1]로 정리하여 비교한다. 이러한 구분을 앞의 공정 논쟁에 대한 분석 틀로 보면, '평등하게 개방됨'에서 '재능 있으면 출세' 부분은 형식적 차원의 비례 원리에 따른 '절차-공정'이고 '공정한 기회균등'은 실질적 차원의 비례 원리에 따른 '절차-공정'에 해당한다. 또한, '모두에게 이익이 됨'에서 '효율성 원칙'은 성과 비례 원리에 따른 '결과-공정'으로, 최소 수혜자(the least advantaged)에게 이익이 될 경우에만 사회적, 경제적 불평등이 허용된다는 '차등 원칙(difference principle)'은 보편 평등 비례 원리에 따른 '결과-공정'으로 볼 수 있다.

		모두에게 이익이 됨	
		효율성 원칙	차등 원칙
평등하게 개방됨	재능 있으면 출세	자연적 자유 체제 (system of natural liberty)	자연적 귀족 체제 (natural aristocracy)
	공정한 기회균등	자유주의적 평등 체제 (liberal equality)	민주주의적 평등 체제 (democratic equality)

[표 1] 롤즈의 제2원칙 해석에 따른 4개 사회 체제 분류

롤즈가 구분한 4개 사회 체제를 공정 개념, 즉 자연적, 사회적 우연성을 사회 기본구조가 어떻게 재화 분배에서 처리하는지를 보여주는 관점에서 설명해보면 다음과 같다. 자연적 귀족 체제는 형식적 기회균등이 요구하는 이상으로 사회적 우연성을 규제하기 위한 노력을 하지 않으면서도 귀족에게는 귀족의 의무가 있다는 원칙에 입각해 사회적 약자들의 이익을 위한 분배를 중시하는 체제이다. 즉, 형식적 비례 원리에 따른 '절차-공정'과 보편 평등의 '결과-공정'이 결합한 자연적 귀족 체제는 신분제를 인정하면서도 귀족의 의무를

다하려는 사회로 볼 수 있다. 그런데 롤즈는 이런 체제는 현대 민주주의 사회에서 수용할 수 없다는 점에서 주목하지 않는다. 롤즈가 현대 민주주의 사회에서 분배정의에서 주목하는 사회는 다음의 세 체제이다. 먼저, 자연적 자유 체제는 사회 기본구조가 자유 시장 논리에 입각한 자유방임 자본주의 체제로서 효율성을 추구할 뿐만 아니라 재능이 있으면 출세할 수 있다는 형식적 기회균등의 개방된 사회 체제에 해당한다. 즉, 형식적 비례 원리에 따른 '절차-공정'과 성과 비례 원리에 입각한 '결과-공정'이 결합한 자연적 자유 체제는 형식적으로는 법을 통해 재능이 있으면 출세할 수 있다는 형식적 기회균등을 표방하지만, 실질적으로는 사회적, 자연적 우연성에 강하게 영향을 받아 이러한 우연성에서 유리한 처지에 있는 사람들에게 절대적으로 유리하다. 따라서 자연적 자유 체제에서의 현존하는 소득과 부의 분배는 자연적 우연성인 천부적 재능이나 능력의 선행적 분배가 사회적 여건과 행운이나 불행 등의 우연적 변수들에 의해 계발되거나 실현되어 누적된 결과에 해당한다. 따라서 이 체제는 표면적으로는 사회 구성원의 능력, 즉 실력을 통해 사회 재화를 분배하는 실력주의 사회로 볼 수 있다. 그래서 공정 논쟁에서 '약육강식', '닫힌', '무자비한' 등의 수식어와 결합하여 부정적인 의미를 부각하는 실력주의 사회로 명명되기도 한다. 그런데 이 사회는 실제로는 사회적 우연성의 지배를 은폐했을 뿐, 여전히 사회적 우연성과 자연적 우연성의 지배를 허용하는 사회라는 점에서 다른 사회 구성원들과의 사회 협력의 경험이 상대적으로 적을 수밖에 없고 전체로서의 공정과는 거리가 먼 사회 체제이다.

자유주의적 평등 체제는 성과 비례 원리에 따른 '결과-공정' 조건에 공정한 기회균등이라는 실질적 조건을 추가하여 자연적 자유 체제가 갖는 형식적 기회균등을 극복하고자 한다. 즉, 실질적 비례 원리에 따른 '절차-공정'과 성과 비례의 '결과-공정'이 결합한 자유주의적 평등 체제에서는 실질적 의미에서 공정한 기회균등이 확보되어 사회적 우연성을 완화하고 자신의 능력에 따라 효율성을 추구할 수 있다는 의미에서 자연적 자유 체제보다는 우연성 극복의 관점에서 진일보한 사회이다. 더욱이 사회적 우연성이 완화되어 자신의 노력과 실력이라는 자연적 우연성을 통한 경쟁으로 사회 재화를 분배하는 실력주의 사회의 이상을 추구하는 체제이다. 이런 체제는 능력에 따른 대우를 보장받을 수 있다는 점에서 사회 협력의 경험이 자연적 자유 체제에 비해서는 많아질 수 있어서, 논쟁 과정에서 '공평한', '열린' 실력주의 사회로 명명되며 지향된다. 그런데 이런 자유주의적 평등 체제는 이러한 모습을 안정적으로 유지할 수 있을지 의심스럽다. 왜냐하면, 롤즈가 잘 포착한 것처럼, 자연적 우연성과 사회적 우연성은 상호 밀접한 연관성이 있어서 전이된다는 점에서 자유주의적 평등 체제는 시간이 흘러감에 따라 다시 자연적 자유 체제로 회귀하기 때문이다. 예를 들어, 가난한 가정에서 태어난 아이가 자연적 우연성인 실력이 좋아서 사회 재화를 많이 분배받게 되는 자유주의적 평등 체제에서 재화를 축적하게 되면, 그 아이의 자손은 부모의 사회적 배경에 따른 사회적 우연성의 혜택 아래 성장하면서 유전을 통한 자연적 우연성도 극대화할 수 있기 때문이다. 롤즈는 노력하려는 기질이나 성향도 어린 시절의 좋은 가정환경의 영향과 무관하지 않다는 분석을 통해, 사회적 우연성과 자연적 우연성의 연관성을 지적한다. 롤즈에 따르면 자연적 우연성을 허용하고 사회적 우연성만을 제거하거나 완화하려는 시도는 자연적 우연성으로 초래된 불평등이 새로운 사회적 우연성으로 작동하여 불평등을 심화한다고 비판한다. 따라서 자유주의적 평등 체제가 처음에는 일시적으로 실력주의의 이상을 실현하는 것처럼 보이지만, 결국에는 자연적 자유 체제로 전락하여 사회 협력의 경험을 약화시키게 된다.

　민주주의적 평등 체제는 실질적 비례 원리에 따른 '절차-공정'과 보편 평등의 '결과-공정'이 결합한 체제이다. 자연적 우연성을 용인한 자유주의적 평등 체제와 달리, 이를 극복하기 위해 보편 평등의 '결과-공정'인 차등 원칙을 추가함으로써 사회적 우연성뿐만 아니라 자연적 우연성의 영향력을 무화시키고자 한다. 롤즈는 개인의 자연적 능력을 제거하는 것은 원천적으로 불가능할 뿐만 아니라 인위적인 제거 그 자체가 옳지 않다고 본다. 따라서 롤즈는 공정한 기회균등이 공정으로서의 정의를 실현하기 위해서는 자연적 우연성에 의해 산출되는 이익의 차등을 효율적으로 조정하는 방식, 즉 차등 원칙에 의한 조정이 필수적이라고 생각한다. 롤즈의 공정한 기회균등 원칙은 다른 원칙들과의 체계적 관련성 속에서 이해해야만 하기 때문이다. 이것이 기회균등의 원칙과 차등 원칙을 각각 제2원칙과 제3원칙으로 하지 않고 둘을 묶어서 제2원칙으로 규정한 이유이다. 즉 공정한 기회균등이 절차적 공정성만을 추구할 수밖에 없기에 결과적으로는 자연적 우연성으로 인해 불공정을 산출할 수밖에 없는데, 민주주의적 평등 체제는 이러한 불공정을 완화하거나 극복하기 위해 차등 원칙이 적용된다. 민주주의적 평등 체제에서는 전체로서의 공정성의 모습이 달성되어 사회 협력의 경험이 다른 체제에 비해 상대적으로 증가할 수 있다.

차등 원칙과 실력주의

공정한 기회균등 원칙과 차등 원칙이 결합한 민주주의적 평등 체계는 롤즈의 공정을 실현하려는 사회의 모습이다. 롤즈의 공정 사회가 최근의 공정 논쟁에서 지향점으로 종종 제시되는 실력주의 사회와 같다는 오해들이 있는데, 롤즈는 분명하게 자신의 정의론이 실력주의로 전락하지 않고 이를 극복하려는 대안임을 천명한다. 실력주의라는 단어를 처음 제시한 영(Michael Young)은 롤즈가 실력주의의 어두운 면을 잘 포착하였다고 평가한다(마이클 영 2000, pp.19-20). 롤즈의 민주주의적 평등이 어떻게 실력주의와 차별화되고 그것을 극복하는 대안이 되는지를 보기 위해, 먼저 실력주의 사회가 무엇인지 살펴보도록 하자. 롤즈가 차등 원칙의 성격을 규명하면서 거부한 실력주의라는 말은 영국의 사회학자인 영이 1958년 신분제 사회가 붕괴하고 실력 중심의 사회로 변화하는 영국 사회가 초래할 사회적 문제를 경고하기 위해 쓴 풍자 소설 『메리토크라시의 부상 (*The Rise of Meritocracy*)』에서 처음 사용되었다. 영은 소설에서 2033년의 미래 영국 사회가 사회 재화를 개인의 능력, 즉 지적 능력에 노력을 더해서 생긴 실력에 따라 분배하는 실력주의 사회가 될 것이고, 이런 사회가 출생으로 세습되는 불평등의 전통적인 귀족제 신분 사회를 타파하지만, 실력에 입각한 새로운 신분제를 초래하는 불평등의 세습 사회로 전락할 것임을 예견한다. 그런데 이런 영의 기획은 아이러니하게도 왜곡되어 오히려 실력주의를 옹호하는 방식으로 이해되기도 했다. 자신이 가진 능력과 실력에 따라 보상받는 것이 공정하다는 직관에서 볼 때, 실력주의 사회는 공정을 잘 보장하는 사회로 보이기 때문이다. 영은 생을 마감하기 6개월 전인 2001

년 『가디언』에 기고한 글에서, 자신이 43년 전에 쓴 풍자 소설을 이해하지 못하고 오히려 실력주의 사회를 옹호하려는 당시 노동당의 우경화 기조를 신랄하게 비판하며 한탄한다.

　실력주의는 근본적으로 문제가 있는 것인가, 아니면 적용 과정에서 부가적으로 문제가 발생하는 것인가? 만약 전자라면 실력주의는 폐기되어야 할 사상이지만, 만약 후자라면 올바른 형태의 실력주의를 형성하기 위해 조심스럽고 세밀한 적용이 요구될 것이다. 현재 공정 논쟁에서 후자의 입장을 취하면서, 공정한 사회는 실력주의 사회, 즉 실력 있는 사람이 더 많은 보수를 받는 공정이 실현되는 사회라고 주장하면서, 실력주의 사회의 부작용을 해소할 '열린' 실력주의 또는 '건강한' 실력주의를 대안으로 제시하는 사람들이 적지 않은데, 이들 또한 실력주의를 실력을 중시한다는 말로 오해하고 있다. 이들은 말한다. "당신이 아프면 실력 좋은 의사에게 가는 것이 당연하지 않은가?" "실력 좋은 의사가 더 많은 월급을 받는 것은 당연하지 않은가?" "만약 이러한 말에 동의한다면서 어떻게 실력주의 사회를 거부할 수 있겠는가?" 이들은 실력주의를 실력을 중요하게 생각하고 실력 있는 사람에게 보수를 더 많이 지급하는 것을 인정하는 것으로 오해한다. 실력주의를 비판하고 자신의 정의론이 실력주의로 귀결되지 않도록 노력하는 롤즈마저도 실력 있는 사람들에게 더 많은 보수를 주는 것을 인정한다. 이런 점에서 볼 때 롤즈가 실력주의 사회를 옹호한다고 하는 주장이 그럴듯해 보인다. 그런데 롤즈는 실력이 중시되는 사회를 부정하는 것이 아니라, 실력만을 사회 재화의 분배 원리로 적용하려는 체제로서의 실력주의를 부정하는 것이다. 왜냐하면 실력주의 사회는 실력 이외의 다른 요소들, 롤즈가 말하는 자연적 우연성이나 사회적 우연성과 같은 요소들을 분배 과정에서 고려하지 않아 우연성에 의한 불공정을 허용하는 사회이기 때문이다. 롤즈에 따르면 실력이 우연적인데 이를 원리와 기준으로 사회 재화를 분배하여 실력이 좋은 사람들이 그러한 재화를 독점하고 이를 정당화하는 것은 부당해 보이기 때문이다. 롤즈의 구분법에 따라 본다면, 롤즈는 실력이 좋아 더 많은 보수를 받는 의사의 몫은 도덕적으로 정당한 몫이라는 의미의 '도덕적 응분의 몫(moral desert)'이 아니라, 사회 구성원들의 합의를 통해 획득한 합당한 기대치(legitimate expectation)의 권리에 해당한다. 왜냐하면, 더 좋은 재능을 갖고 태어나 더 많은 교육을 받아서 의사가 된 것은 도덕적으로 정당화될 수 없는 우연성에 토대를 두고 있다는 점에서 도덕적 응분의 몫은 될 수 없지만, 사회 구성원들이 그러한 노력과 일의 중요성을 고려하여 더 많은 보수를 주기로 결정하였기에 더 많은 보수를 받는 것이기 때문이다. 그러나 실력주의 사회는 이를 도덕적으로 정당화될 수 있는 응분의 몫으로 본다는 점에서 롤즈는 거부한다. 왜냐하면 그러한 사회에서는 도덕적으로 우연성에 불과한 사회적, 자연적 우연성의 혜택을 도덕적으로 정당한 몫으로 바꿔버려 공정을 훼손하기 때문이다. 롤즈는 승자와 패자가 구분되고 승자의 특권이 정당화되는 실력주의 사회를 거부하고 민주주의적 평등, 즉 사회 구성원들에게 기회가 균등하게 주어지는 절차 아래 결과가 자존감을 보장하고 합당한 차이를 인정하는 연대의 사회를 제시한다. 롤즈의 공정 사회는 이런 점에서 '결과-공정'의 무조건적 평등 추구를 비켜 나가면서도 평등이 추구하려던 이상인 서로가 협력하고 존중하는 사회를 모색한다.

롤즈가 실력주의 사회를 거부하면서 제시하는 민주주의적 평등 체제는 공평한 기회균등의 원칙과 차등 원칙이 결합한 사회이다. 차등 원칙이 결합했는지 여부가 자유주의적 평등 체제와의 차별화라는 점에서 차등 원칙의 정신을 검토하는 것에서 민주주의적 평등 체제의 특징을 볼 수 있고, 실력주의 사회에 대한 롤즈의 거부하는 정신을 볼 수 있을 것이다. 차등 원칙은 사회적, 경제적 불평등이 최소 수혜자에게 이익이 될 경우에만 정당화된다는 원칙이다. 차등 원칙에 의해 합당성을 확보한 최소 수혜자의 이익이 사회 구성원 사이의 연쇄 관계와 긴밀한 관련성으로 인해 사회 전체 구성원들에게 혜택이 상호 공유된다. 롤즈는『정의론』17절에서 자신의 이러한 정신을 담은 차등 원칙에 '상호성'과 '보상의 정신'과 '박애의 정신'이 있다고 말한다. 롤즈에 따르면 차등 원칙은 보상(redress)의 원칙이 추구하는 정신을 담고 있다. 보상의 원칙은 정당화될 수 없는 자연적, 사회적 우연성으로 인한 사회적, 경제적 불평등은 부당하고 이러한 불평등은 어떤 식으로든 보상되어야 한다는 의미이다. 앞에서도 언급한 것처럼, 이것은 롤즈 논의에서 사회적, 자연적 우연성과 공정 개념과의 관련성을 잘 보여준다. 또한 차등 원칙은 상호성(reciprocity)을 추구한다. 롤즈의 정의론은 유리한 여건에 있든 불리한 여건에 있든 사회 구성원들은 사회 협동체로서의 사회 협력 과정에 참여함으로써 모두가 이익을 공유할 수 있다는 사회관에 토대를 두고 있다. 롤즈는 사회적, 경제적 불평등이 동기 부여를 일으켜 사회 구성원들이 자신의 재능을 발휘하게 할 텐데, 이러한 불평등이 사회 구성원들 모두에게 혜택이 돌아가야 함을 강조한다. 즉 차등 원칙은 상호성을 추구하는 사회적 협력이 가능한 정도에서의 경제적, 사회적 불평등만을 허용할 것이다. 마지막으로 차등 원칙은 박애(fraternity)의 정신을 담고 있다. 롤즈에 따르면 박애는 복종과 굴종의 방식 없이 다양한 공공적 관습에서 나타나는 사회적 존중감

(social esteem)을 어느 정도 동등하게 갖는 것이며, 시민적 우애와 사회적 연대감도 의미한다. 차등 원칙은 불우한 처지에 있는 타인들에게 이익이 되지 않는다면 자신의 더 큰 이익을 추구하지 않겠다는 의미에서 박애 정신을 담고 있다. 차등 원칙은 그것이 담고 있는 보상, 상호성, 박애의 정신으로 인해 불운한 사람들이 경쟁에서 뒤처지도록 내버려두는 식의 실력주의 사회로 가지 않게 한다고 롤즈는 주장한다. 롤즈는 차등 원칙이 이렇게 사회의 성격 자체를 바꾸게 되는 것은 자존감의 사회적 토대를 고려하고 질서정연한 사회가 사회적 결사체들의 사회적 통합체라는 사실을 주목할 때 더욱 명백해진다고 주장한다. 이러한 정신을 담고 있기에 차등 원칙은 최소 수혜자에게 조금의 이익이 있는 것만으로 심각한 경제적 불평등을 용인하는 것이 아니라, 최소 수혜자를 포함한 사회 구성원 전체의 자존감이 유지될 수 있을 정도에 해당하는 적정 수준 이상의 경제적 수준을 유지하게 하는 기능을 담당할 것이다. 왜냐하면 롤즈의 논의에 따르면, 이러한 박애의 정신은 롤즈의 인간관인 사회성에 담겨 있고 이것은 질서정연한 사회에서 시민적 우애와 사회적 연대감으로 나타나기 때문이다.

롤즈의 정의론이 구현하려는 민주주의적 평등 사회는 실력은 존중되지만 실력만으로 사회 재화를 분배하는 실력주의 사회는 아니다. 롤즈는 "모든 시민이 적절한 수준의 사회적, 경제적 평등의 토대 위에서 자신들의 삶을 꾸려나갈 수 있게 하는" 사회를 기대한다 (Rawls 2001, p.139). 이런 사회는 롤즈의 정의론이 추구하는 가장 중요한 가치라는 자존감이 충족되는 사회이다. 롤즈는『정의론』67절에서 "자존감이 없다면 어떤 것도 할 만한 가치(worth)가 없어 보이며, 또한 어떤 것들이 우리에게 가치(value)가 있더라도 그것들을 추구할 의지를 상실하게 된다. 모든 욕망과 활동은 공허하고 헛된 것이 될 것이며, 우리는 무감각하고 냉소적인 상태에 빠지게 될 것이다. 따라서 원초적 입장의 당사자들은 어떤 희생을 치르더라도 자존감을 침해하는 사회적 조건들을 피하길 바랄 것이다'라고 말한다. 롤즈의 공정한 사회는 승자가 이익과 혜택을 독점하고 패자를 무시하고 지배하는 탐욕과 굴욕이 가득한 실력주의 사회가 아니라, 절차와 결과의 공정이 이루어져 사회 구성원인 시민들의 자존감이 보장되어 사회 협력이 기꺼이 이루어지는 사회이다.

사회 협력의 경험이 약화되고 경제성장이 불확실한 시대의 정의와 공정 문제

롤즈 정의론에 따르면, 한국 사회에서의 공정 논쟁은 한쪽의 공정 개념만을 추구하는 사회 체제가 아니라, '절차-공정'과 '결과-공정'이 결합한 민주주의적 평등 체제를 추구해야 한다. 이렇게 해야 전체로서의 공정에 도달할 수 있을 것이다. 그런데 한국 사회에서의 공정 논쟁은 왜 그러지 못했을까? '절차-공정'과 '결과-공정'의 이분법 아래 왜 부분에 불과한 하나만을 추구하려는 목숨을 건 투쟁을 했고 지금도 계속되고 있을까? 이러한 물음을 진지하게 다루지 않으면, 한국 사회가 전체로서의 공정을 추구해야 한다는 뻔한 정답만 되풀이하는 우(愚)를 범하게 될 것이다. 왜냐하면 민주주의적 평등 체제는 단번에 도달할 수 있는 이상향이 아니라, [표 1]에서 볼 수 있는 것처럼 자연적 자유 체제에서 자유주의적 평등 체제로의 경로를 통해 도달하게 되는 것이어서 현재의 사회 현황과 상태에 따라 목표를 향한 전략의 조정이 필요하기 때문이다.2)

롤즈가『정의론』을 집필하고 출판한 20세기 중후반의 미국 사회
는 대공황을 벗어나 지속적인 성장을 경험하던 시기였다. 여기서 주
목할 부분은 경제성장 과정에서 사회 구성원들 사이의 사회 협력의
경험이 축적되었다는 점이다. 이처럼 사회 협력의 경험이 어느 정도
신뢰를 갖고 이루어진 사회에서는 '절차-공정'을 형식적 차원으로부
터 실질적 차원으로 심화하면서 보편 평등의 '결과-공정'으로 나아
가는 여정이 설득력을 가질 수 있었을 것이다. 사회 합의를 통해 이
뤄진 절차가 완전하지는 않지만 사회 구성원들의 의사를 어느 정도
반영하여 신뢰를 얻을 수 있었기 때문이다. [표 1]의 4개 사회 체제
에서 본다면, 롤즈의 정의론은 자연적 자유 체제로부터 자유주의적
평등 체제로의 전환 경험을 하면서도 여전히 자연적 자유 체제에
머물러 있는 사회를 배경으로 지향점으로서의 민주주의적 평등 체
제를 제시하고 있는 것으로 볼 수 있다. 그런데 한국 사회는 이러한
사회 협력의 경험이 축적되어 사회 협력으로부터 얻은 이익과 손해
를 어떻게 나눌지에 대한 분배정의 문제가 중요하게 고려될 수 있
는 사회 조건이 마련되었는지 의심스럽다. 1970년대 이후의 고도성
장의 산업화를 경험하였지만, 그것이 사회 협력의 경험이라기보다
는 특정 계층의 희생과 부정부패의 산물이라는 측면이 적지 않아
보이기 때문이다. 이러한 불평등과 부정부패에 대한 인식이 만연한
가운데 고착된 모습이 2010년 처음 등장한 '헬조선'이라는 신조어
로 명명되고, 2014년의 세월호 사건의 충격이 사회적으로 공유되었

---

2) 자연적 자유 체제에서 자유주의적 평등 체제를 거쳐 민주주의적 평등으
   로 나아가는 경로에 대해 롤즈는 직관적이라고 말한다(Rawls 1999,
   p.57). 조경원은 교육을 예로 들면서, 역사적으로 교육의 기회균등은 자
   연적 자유 체제에서 자유주의적 평등 체제로 변화되어왔다고 언급한다
   (조경원 1991, p.121).

으며, 2015년부터 시기와 절망 섞인 조롱으로 회자하는 금수저, 은수저, 흙수저 등의 수저 계급론이 상식으로 받아들여지게 되었다. 이러한 한국 사회는 사회 협력의 경험보다는 각자도생(各自圖生)이 더 현실적인 사회여서 분배정의의 체제인 [표 1]에서 다룰 수 없는 자연 상태이자 전쟁 상태와 [표 1]의 자연적 자유 체제가 섞인 상태로 보인다. 더욱이 미국의 20세기 중후반과 달리 지금의 한국 사회는 경제적 성장을 경험하다가 급격하게 경제적, 사회적 발전이 둔화되고 불확실한 시대, 다시 말해 사회 협력의 경험이 경제 영역에서 축적하기 어려운 시기이며, 적어도 인식적 차원에서 정의의 여건(circumstance of justice)이 극도로 열악한 상태여서 사회 협력 자체를 기대할 수 없는 왜곡된 상태로 보인다.

사회 협력의 경험이 충분히 쌓이지 않았거나 왜곡된 형태로 이뤄지는 사회 수준에서는 '절차-공정'에 대한 신뢰를 얻기 어렵다. 한국 사회에서 '절차-공정'을 무시하고 보편 평등의 '결과-공정'만을 주장하는 조급함은 특권 계층에 혜택이 '공적'으로 독점되고 약자에게 '공적'으로 피해가 전담되는 극심한 부정의를 경험했기 때문으로도 볼 수 있다. 이러한 사회를 정의로운 사회로 개혁하겠다는 열망은 '절차-공정'과 상충하더라도 보편 평등의 '결과-공정'을 추구하려는 시도로 나타난다. 그런데 앞의 롤즈의 형식적 정의와 실질적 정의의 구분에서 볼 수 있는 것처럼, 문제는 형식적 정의를 무시하면서 제기되는 논의는 결국 실질적 정의로 가지 못할 뿐만 아니라 '선의'로 제시한 '결과-공정'을 타락시키고 왜곡시킨다는 점이다. 한국 사회의 공정 논쟁에서 나오는 "내로남불이다", "법치를 외면한다", "선의였다" 등의 비난과 변명은 이러한 타락과 왜곡을 보여준다. 이러한 경험은 '결과-공정'을 추구하려는 외침을 자신들의 이익을 옹호하려는 위장으로 보면서 거부하고, 절차가 비록 부분적으로 왜곡되었더라도 결과를 예상할 수 있는 형식적 정의인 '절차-공정' 준수에 몰두하게 한다. 최선은 아니지만 차선으로 형식적 정의만을 추구하는 것이 오히려 자신의 인생 전망에 유리하다는 서글픈 추론, 사회 협력의 경험을 신뢰할 수 없는 사회에서 살아남으려는 생존 투쟁의 민낯이 '절차-공정' 추구, 즉 실력주의 사회를 공정이라는 이름으로 추구하려는 모습인 것이다. 각자도생의 전쟁 상태에서 확고한 절차가 있다는 것은 투쟁에서 신뢰할 수 있는 유일한 기준이기 때문이다.

한국 사회의 공정 논쟁이 보여주는 사회의 모습은 사회 협력의 경험이 충분히 쌓여 있지 않아 정의로운 사회를 논의하지도 못하는 수준과 자연적 자유 체제인 자유 시장 논리에 입각한 자유방임 자본주의 체제 수준이 섞여 있는 것으로 보인다. 이러한 수준에서는 롤즈의 정의론이 실현되는 민주주의적 평등 체제를 바로 나아가는 것이 불가능하거나 비현실적이기 때문에 비이상론의 과도기적인 목표와 전략이 필요하다.

사회 협력의 경험을 쌓아가야 하는 한국 사회: 이상론과 비이상론의 과정에서 공정성

문재인 대통령은 2017년 5월 9일 취임사에서 "기회는 평등할 것입니다. 과정은 공정할 것입니다. 결과는 정의로울 것입니다"라고 말했다. 적지 않은 사람들이 이 취임사가 롤즈의 정의론을 인용했다고 생각한다. [표 1]의 4개의 사회 체제에서 본다면, 이 취임사는 '절차-공정'과 '결과-공정'의 이분법이 아닌 양자를 통합하는 전체로서의 공정인 민주주의적 평등 체제를 추구하고 있음을 알 수 있다. 그런데 임기 마지막 해인 2021년에 한국 사회의 공정 논쟁을 볼 때, 앞에서 분석한 것처럼 사회 협력 경험이 거의 없는 자연 상태와 미비한 수준인 자연적 자유 체제가 섞인 상태에서의 논쟁에 머물러 있음을 알 수 있다. 더욱이 지향점은 공식적으로 민주주의적 평등 체제이면서 정책은 자유주의적 평등 체제로도 나가지 못하는 괴리와 일부 고위층이 4개의 체제를 벗어난 신분제 세습 사회의 모습을 추구하는 위선은 사회 협력 체계로서의 신뢰를 상실하게 한다. 성장이 둔화되고 사회 협력 체계 경험이 약화되는 사회에서, 그렇다면 어떻게 롤즈의 논의를 통해 배우고 도움을 얻을 수 있을까?

롤즈 논의에서 볼 수 있는 이상론과 비이상론의 과정을 통해 도움을 얻을 수 있다. 롤즈는 『정의론』 서문에서 완전히 정의로운 사회(perfectly just society)의 본성과 목표를 검토하는 이상론(ideal theory)이 정의론의 근본적 부분임을 인정하면서도 이를 토대로 전개되는 부분적 준수론(partial compliance theory), 즉 부정의를 다루는 비이상론(non-ideal theory)도 자신의 논의에 포함된다고 주장한다. 이상론은 비이상론의 상황에서 부정의를 발견하는 기준이 되어주며, 비이상론의 상황을 극복하려는 사회 개혁의 방향성을 설정해주는 지침이 된다. 따라서 현재 한국 사회에서는 민주주의적 평등 체제를 이상론의 지향점으로 설정하면서도 사회 협력의 경험을 축적하고 자연적 자유 체제로부터 자유주의적 평등 체제로의 비이상론의 경로로 나아갈 필요가 있다. 공정 논쟁과 관련해서 이런 실천적 사고, 즉 비이상론으로부터 이상론으로 나아가는 전략을 제시해본다면, 자연적 우연성과 사회적 우연성의 영향력을 무력화하는 '절차-공정'과 '결과-공정'의 결합을 지향점으로 하면서도 단계적으로는 '절차-공정'의 형식적 정의로부터 실천을 도모할 필요가 있다. '절차-공정'의 주장을 공정 전체로 보는 것이 아니라 전체 공정을 실현하기 위한 전략적 단계로 보는 것이다. 그런데 이런 전략은 실력주의를 초래할 위험이 있다. 따라서 '절차-공정'의 형식적 정의 추구에서 초래될 수 있는 실력주의를 기존의 왜곡된 사회질서를 타파하는 과도기적 전략으로만 한정하고 최종점인 지향점이 아님을 명심하는 것이 필요하다. 이를 위해서는 사회 협력의 경험 증진을 통해 사회 구성원들이 서로에게 빚짐(owe to each other)의 경험과 인식을 고양할 필요가 있다. 롤즈 논의에서 비이상론에서 이상론으로의 사회 개혁 과정에 점진적 진보를 이끌어가는 동력으로 중요한 역할을 하는 것은 정의감과 도덕감과 같은 도덕 심리이다. 롤즈는 사회 구성원들이 부정의한 사회에서도 부정의가 제거되는 작은 경험들을 축적해간다면 사람들의 합당성 특히 정의감이 성장하여 현실의 덜 정의로운 사회제도에 대해서 개혁을 원하게 되고, 이러한 정의감과 제도 개혁의 선순환 과정에서 결국에는 정의로운 사회가 달성될 수 있다고 가정한다. 롤즈에게 헌정된 저서 『정의의 이념 (*The Idea of Justice*)』(2009)에서 센(Amartya Sen)은, 정의를 논의하기 위한 토대가 약한 사회에서는 부정의를 제거하는 실천이 중요함을 강조한다. 사회 부정의를 제거하는 경험을 축적하여 정의감을 고양하는 과정, 즉 공동의 사회 협력 경험을 통해 '기꺼이' 협력하고 부담을 나눌 수 있는 사회, 즉 정의론을 도모할 수 있는 사회로 이행할 필요가 있다. 롤즈는 사회 협력 체계를 "모든 사회 구성원이 **기꺼이** 일하려고 하며 사회적 삶의 부담을 공유하는 데 각자의 역할을 **기꺼이** 하려 한다"라고 규정한다(Rawls 2001, p.179, 필자 강조). 자연적 우연성과 사회적 우연성을 무력화하는 '절차-공정'과

‘결과-공정’이 함께 추구되는 전체로서의 공정이 이루어지는 민주주의적 평등 체제를 이상론으로 지향하면서, 현실의 부정의를 제거하는 사회 협력의 경험을 통해 먼저 ‘절차-공정’을 바로잡고 확립하면서 자연적 자유 체제로부터 자유주의적 평등 체제, 그리고 민주주의적 평등 체제를 향해 한 걸음, 한 걸음을 걸어 나갈 때, 사회 구성원들이 자존감을 고양하고 미래를 꿈꾸며 희망하는 협력체로서의 사회를 가꿔갈 수 있을 것이다. 이것이 롤즈의 공정성 개념을 통해 구현하려는 정의로운 사회이다.

참고문헌

마이클 영. 유강은 옮김. 2000. 『능력주의』. 이매진.

목광수. 2021. 『정의론과 대화하기』. 텍스트CUBE.

____. 2020. 「공정이란 무엇인가?」. 『좋은 나무』. 기독교윤리실천운동. https://cemk.org/19026/.

조경원. 1991. 「롤즈의 정의론에 입각한 교육기회균등의 문제에 대한 고찰」. 『교육철학회』 Vol. 9,

Freeman, Samuel. 2007. *Rawls*. Routledge.

Pogge, Thomas. 2007. *John Rawls: His Life and Theory of Justice*. Oxford University Press.

Rawls, John. 1999. *A Theory of Justice*. Harvard University Press.

____. 2001. *Justice as Fairness: Restatement*. Harvard University Press.

Ryan, Alan. 2006. "Fairness and Philosophy." *Social Research*.

2부

롤즈 정의론의 현실적 고찰

롤즈의 정의론과 여성주의[*]

김은희 | 경인교육대학교 윤리교육과

롤즈의 자유주의적 정의론은 성별 중립적인 언어와 가정들에 기반해 있다. 롤즈의 관심사는 사회 협력체에 참여하는 당사자들 중 어느 하나도 일방적으로 타 당사자에 의해 착취당하지 않도록 하는 사회구조를 만드는 것에 있었다. 그 사람이 남자든 여자든, 부르주아든 프롤레타리아든, 재능이 많은 자든 재능이 부족한 자든 말이다.

성별, 계급, 재능 여부 등 현실 속에서 차별을 낳는 자연적, 사회적 성질들을 무지의 베일 속에 감추게 되면 공정한 절차를 통해 정

---

[*] 이 글은 졸고 「롤즈의 자유주의는 여성주의적 비판에 대답할 수 있는가: 오킨의 비판을 중심으로」, 『윤리학』, 7권 2호, 한국윤리학회(2018년 12월)와 졸고 「취약한 존재를 위한 정의론: 사회계약론, 역량접근법, 돌봄윤리의 대결」, 『철학연구』, 철학연구회(2018년 9월)의 일부 내용을 활용하였다.

의로운 원칙이 결과적으로 나올 것이라고 롤즈는 예상한다. 하지만 이렇게 중립화, 추상화하는 절차를 통해 계약 당사자들이 선택한 정의 원칙은 대부분 인간 사회가 오랜 역사를 통해 유지해온 성불평등적 사회구조에 대한 각별한 고려를 담지 않는다.

이렇듯 성불평등을 단순히 일반적인 기회 불평등 문제의 일종으로 환원해서 보는 롤즈의 정의론에 맞서 여성주의자들은 그 한계를 비판하고 분배 중심적인 자유주의 정의론을 확장하거나 탈피하는 방식으로 롤즈의 정의론에 도전한다.

이 글은 롤즈의 정의론에 대한 여성주의적 도전을 크게 세 가지로 구분해서 소개하고 그것에 롤즈의 정의론이 어떤 대답을 할 수 있을지 구성해본 후에 그럼에도 남는 롤즈 정의론의 한계를 살핀다. 이 글에서 소개할 여성주의의 첫 번째 도전은 자유주의 정의론의 큰 틀을 유지하면서 롤즈의 정의론이 놓치는 부분을 지적하여 롤즈의 정의론이 여성주의적 시각에서 발전적으로 변모하기를 촉구하는 입장이다. 이 입장의 대표는 오킨(Susan Moller Okin)이다. 그녀는 롤즈의 정의론이 사적 영역으로 분류된 가족 영역에도 적용되어 여성주의적인 발전을 담아내어야 더 일관적이고 설득력 있게 된다고 주장한다.

두 번째 도전은 자유주의적인 계약론적 인간관을 비판하면서도 '돌봄'을 필요로 하고 '돌봄'을 할 능력이 있는 존재로서의 인간관과 기본재 개념을 롤즈의 정의론에 추가하는 방식으로 정의론을 확장하는 키테이(Eva Feder Kittay)의 돌봄 정의론이다. 그녀의 돌봄 정의론은 사적 영역에 있었던 돌봄 노동 문제를 공적 영역의 문제로 옮기는 데에 초점을 맞추게 되는데, 이는 정의를 분배 문제로 바라보는 기존의 접근법을 유지한다.

여성주의의 마지막 도전은 정의를 분배 문제로만 바라보는 접근법을 탈피한다. 이 도전의 대표자인 영(Iris Marion Young)은 정의론이 분배 문제의 차원을 넘어 특정 집단에 대한 정치적, 사회문화적 억압과 지배의 구조의 문제를 다뤄야 한다고 주장한다. 영이 이 주장을 할 때 여성 집단만 염두에 둔 것은 아니었지만 여성 집단에 대한 역사상 뿌리 깊은 억압과 지배구조에 대한 비판의식이 그녀의 정의론에 주요하게 드리워져 있고 따라서 그녀의 정의론은 명백히 여성주의적이다.

여성주의적 시각에서 롤즈의 정의론의 한계를 살피는 일은 반드시 롤즈 정의론에 사망선고를 내리는 일인 것은 아니다. 롤즈 정의론이 발전적으로 변모하거나 확장하기 위한 가능성을 탐색하는 일의 기초가 될 수 있다.

정의의 영역으로서의 가족: 오킨의 도전과 대안

오킨이 주목한 것은 롤즈의 정의론이 '가족' 영역을 처리하는 방식이다. 그녀는 롤즈의 정의론이 가족제도의 문제를 기본적 사회구조로 보면서도 사적 영역의 문제로 보기도 하는 비일관성을 지닌다고 비판한다. 롤즈는 정의의 주제를 사회의 기본구조에 한정한다. 그가 말하는 사회의 기본구조란 "정치의 기본법이나 기본적인 경제적, 사회적 체제를 말한다. 그래서 사상의 자유, 양심의 자유, 경쟁적 시장, 생산 수단의 사유 등에 대한 법적인 보호, 그리고 일부일처제 등은 주요한 사회제도의 예들이 된다."(Rawls 1971, p.7) 그는 사회의 기본구조는 개인의 인생 전망에 있어 상당한 영향을 끼치기 때문에 정의의 문제가 된다고 보았다. 이렇게 볼 때 일부일처제 가족제도는 정의의 문제에 적용되는 것으로 보인다.

하지만 오킨은 롤즈가 가족제도를 사회의 기본구조로 가정할 뿐 이것이 어떻게 해야 정의로워지는지에 대해 논하지 않고 한편으로는 오히려 사적 영역으로만 파악한다는 점을 지적한다. 오킨이 보기에 가족 영역에 정의를 적용하지 않는 롤즈의 이러한 처사는 후기 저작『정치적 자유주의』에서 오히려 더 심해진다. 그 저작에서 롤즈는 정치적 정의관에 중첩적 합의를 한 포괄적 교리들을 합당한 것으로서 포용한다. 그런데 그 입장에 따르면 성차별적인 가족관을 가진 종교적 교리도 정치적 정의관의 내용에 중첩적 합의를 한 상태라면 합당한 신념으로 포용될 가능성이 있다. 롤즈의 정치적 정의관의 내용에는 가족 내 정의에 대한 규제가 없으며 이에 대해서는 개인 자유의 선택으로 열어두었기 때문이다. 롤즈에 의하면 "개인적이고 가족적인 것들, 즉 애정에 기초한 것들은 정치적인 것들의 방식과 다르기 때문에 정치적인 것은 이런 것들로부터 구별된다." (Rawls 1993, p.137)

하지만 롤즈는『정의론』에 이어서『정치적 자유주의』에서도 여전히 가족을 사회의 기본구조에 포함시키고 있고, 그 이후 저술인「공적 이성의 재조명」에서도 그 입장을 유지한다. 롤즈는 가족을 공적 영역으로 간주하는 걸까, 아니면 사적 영역으로 간주하는 걸까? 오킨은 롤즈의 정의론 내 그러한 충돌을 공적 영역과 사적 영역의 구분에 대한 강조 때문이라고 본다. 사실 가족 문제는 그러한 두 영역에 모두 걸친 미묘한 중간지대의 성격을 지니는데, 롤즈는 가족 문제를 떠올릴 때 공적 영역, 사적 영역을 나눠 생각하면서도 양 영역을 오가며 흔들린다고 오킨은 지적한다.

오킨이 생각한 롤즈 정의론의 문제점은 롤즈가 가족을 도덕감 교육의 장으로서 바라보면서도 가족 내 성불평등을 심각하게 다루지 않았다는 점이다. 오킨은 롤즈가 가족을 세 가지 차원에서 논의한다고 정리한다. 첫째, 가족은 정의로운 저축 원칙에 필요한 세대 간 연결로서 제시된다. 둘째, 가족은 공정한 기회균등에 대한 장애요소로도 간주된다. 셋째, 가족은 도덕 발달의 첫 번째 학습의 장으로서 필요하다. 그녀는 롤즈가 셋째 맥락에서 가족을 정의로운 제도에 속하는 것으로서 각별하게 논한다는 점을 지적한다. 그런데 이때 롤즈는 어떤 형태의 가족이 정의로운 제도인지 여부를 판별하려고 이런 논의를 하는 것이 아니라 가족을 그저 정의로운 제도로 전제하고 있다는 것을 오킨은 지적한다.

오킨은 롤즈가 『정의론』 3부에서 도덕감 발달 이론을 논하면서 인간이 정의감을 지닌다는 사실의 의미를 찾고 있다고 파악하며 이때 가족의 역할이 지대함을 롤즈가 인정한다는 것을 지적한다. 롤즈의 정의론은 칸트의 의무론을 기본적으로 따르면서도 흄, 아담 스미스, 허치슨 등이 강조했던 도덕감의 중요성을 결코 놓치지 않는다. 도덕감이 바탕이 되어야 정의로운 행동의 동기부여가 발생한다는 것을 인정한다는 점에서 그는 칸트의 이성주의적이기만 한 윤리와 차별화된다. 롤즈의 『정의론』에 있어 도덕감의 역할은 정의로운 사회의 안정성 문제와도 직결된다. 즉 시민에게 도덕감의 능력이 없다면 정의로운 사회는 현실적으로 가능하지 않을 것이고 정의로운 사회가 되었다고 하더라도 그 사회는 유지되기 힘들 것이다.

오킨은 롤즈의 이러한 측면을 중시하고 이런 중요한 요소인 도덕감이 길러지는 첫 번째 단계의 장소가 가족임을 강조한다. 고전적 자유주의자인 밀에게도 이러한 면이 보이고 「공적 이성의 재조명」에서 보듯이 롤즈는 이것을 분명히 자각하고 있고 자유주의에서 중요한 요소로 생각하고 있다.

롤즈는 콜버그의 도덕 발달 이론을 차용하여 도덕감 이론을 개진한다. 즉, 가족의 애정이 첫 번째 단계의 도덕감을 형성한다. 롤즈의 주장에 따르면 어린 시절 건강한 도덕 발달은 사랑, 믿음, 애정, 귀감, 지도에 의거한다. 이후 단계는 "협회의 도덕" 단계인데, 롤즈는 이 단계에서도 위계와 구성원들의 의무, 권리 규정을 지닌 다양한 협회에 가족을 포함시킨다. 이때 사람들은 협회의 규정에 따르는 도덕감을 발달시킨다. 마지막 단계는 원칙 자체를 이해하고 그것에 따라 행위하는 단계이다. 이런 단계별 발달의 특징은, 한 단계는 그 이전 단계의 충족을 필요로 한다는 점이다. 즉 이전 단계가 충족되지 않으면 마지막 단계에까지 이를 수가 없는 것이다. 그렇다면 이때 가장 기초적인 단계인 가족의 중요성이 부각된다. 롤즈는 이것을 깨닫고 있고 그런 이유로 가족제도를 사회의 기본구조라고 보았던 것이다. 하지만 롤즈는 그런 가족 내의 모습에 대해서는 정의의 원칙을 적용하고 있지 않다.

물론 롤즈는 가족 안에서 일어난 일일지라도 그것이 시민의 기본권을 침해한다면 정치적 정의관이 그 문제에 개입할 것이라고 본다. 하지만 이러한 적용이 가족 내 불평등을 해소하기에 충분한가? 전통적 가족은 성별에 근거한 노동 분업을 한다. 그리고 성별 차이를 강조하고 이에 따른 지위의 차이와 업무의 차이를 강조하는 교리를 믿는 가족들도 그러한 노동 분업을 한다. 전형적으로 성인 여자는 아기와 노인을 돌보고 가사노동을 맡고 (심지어는 경제활동을 하더라도 여성이 이런 일을 반드시 맡는다) 성인 남자는 경제활동을 한다. 이때 가족 내 성인 여자는 집안일에 대한 정당한 휴가와 보수, 지위를 갖지 못하고, 성인 남자는 경제활동을 한 만큼 휴가와 보수,

160

지위를 얻는다. 경제권을 쥔 성인 남자는 자연스럽게 가족 내에서도 가장의 역할을 맡으며 가족의 일에 있어 최종적인 결정권을 가진다. 이런 전형적인 가족에서 어린이들은 남녀의 성역할을 학습하고, 그들의 부모가 보인 불평등한 지위를 받아들일 가능성이 높아진다.

롤즈가 기대했던 도덕감 교육의 장으로서의 가족은 현실적으로는 불평등한 지위를 지닌 남녀의 상호작용으로 이루어진 공간인 것이다. 이러한 가족 내의 관행에서 학습된 기본 정서의 파급 효과는 사회적으로 중요한 의미를 지닌다. 롤즈가 가족제도를 정의로운 사회에 있어 기본구조에 들어갈 만큼 중요한 의미를 지닌 것으로 생각했다는 점은 바로 가족 안에서 길러지는 심성과 가치관의 중요성을 말해준다. 남녀의 불평등한 분업과 그에 따른 불평등한 지위를 가정 안에서 보고 듣고 자라난 사람들이 모인 사회는 남녀의 평등한 지위에 대한 도덕감을 갖기 어렵다. 요컨대 오킨이 롤즈의 정의론에 제기한 도전은 이렇듯 롤즈가 가족 내 성평등을 논하지 않고서 가족을 정의의 문제가 적용되는 사회의 기본구조로 보았다는 모순성에 대한 것이었다.

그렇다면 오킨은 롤즈의 정의론이 어떻게 변모해야 한다고 제안하였을까? 그녀는 가장 중요한 자유 중 하나인 직업 선택의 자유를 들어 이것을 적극적으로 해석한다. 가족 내 성별 분업이 고착화된 사회에서 여성은 진정한 의미의 직업 선택의 자유가 남성들에 비해 제한되어 있어 사적 영역에서의 성별 분업 구조가 공적 영역에서의 직업생활에서의 성불평등적 효과를 산출한다고 오킨은 평가한다. 이런 공적 영역에서의 직업생활의 성불평등은 다시 가족 영역에 있어서의 성별 분업 구조를 공고화하는 효과를 가져와 이 구조는 악순환을 겪는다. 기회균등을 실질적 기회균등으로서 적극적으로 해석했던 롤즈의 정신을 살리려면, 성별 구조화된 사회에서의 직업 선택의 자유도 가족 내 성별 분업 구조를 타파하는 방식으로 적극적으로 보장되어야 할 것이다.

이는 오킨이 두 번째로 제시한 것, 즉 롤즈의 정의론이 완성되려면 성별(성역할) 구조를 없애야 한다는 주장이 의미하는 바이기도 하다. 실질적 기회균등은 형식적 기회균등에 그치는 것이 아니라 사회의 최소 수혜자들의 처지 향상을 가장 크게 만드는 것을 고려하는 차등 원칙에 따른 것이어야 한다. 오킨은 여성 집단의 처지 향상을 적극적으로 고려한 정의가 실현되어야 한다고 본다. 마지막으로 오킨은 롤즈가 자존감 보장에 큰 관심을 두었다는 점을 근거로 하여 문화적 차원에서도 여성이 비하적으로 재현되는 포르노그래피를 규제할 수단을 찾아야 할 것이라고 본다. 이렇듯 그녀는 롤즈의 정의론 내의 개념과 원리들을 활용하여 그것이 여성주의적인 발전 방향으로 나아가도록 촉구한다.

이상으로 우리는 오킨이 롤즈 정의론의 비일관성을 지적하며 이 비일관성을 해소하기 위해서는 여성주의적 제안을 받아들여야 한다고 주장한다는 것을 알게 되었다. 이는 한편으로 오킨이 롤즈 정의론을 폐기하기보다는 좋은 이론적 자원으로 수용하고 내적으로 모순된 부분을 고쳐서 활용하려 하였음을 방증한다.

돌봄의 인간관과 정의 원칙: 키테이의 도전과 대안

키테이는 1999년 그녀의 대표작 『사랑의 노동(*Love's Labor*)』에서 롤즈의 계약론이 지닌 합리적이고 독립적이고 상호 이익을 위해 협력하는 존재로서의 인간관을 비판한다. 그녀가 보기에 이는 인간

162

에 관한 중대한 보편적 사실 하나를 놓치기 때문이다. 키테이에게 있어 모든 인간은 "어느 엄마의 아이"이다(Kittay 1999, p.25). 모든 인간은 반드시 절대적인 의존의 시기를 거치며 돌봄을 받는 존재였다. 키테이에 따르면 이러한 "인간 의존성의 사실"은 보편적인 사실임이 명백하다. 키테이가 보기에 이러한 보편적이고 불가피한 인간적 사실을 외면하는 계약론은 이런 필연적인 인간 조건에 응답하는 사회정의를 만들기 어려울 것이다. 계약론적 인간관과 대조하여 볼 때 키테이의 이러한 인간관의 특징은 다음과 같다. 첫째, 인간은 보편적으로 취약한 국면을 가진 존재이다. 둘째, 인간은 관계적인 존재이다. 셋째, 인간은 평등하지 않은 돌봄 관계에 놓인다.

키테이를 위시한 돌봄 윤리 옹호자들은 대체로 돌보고 돌봄 받는 존재로서의 인간이 지닌 관계성을 인간의 본질적 측면으로 본다. 관계를 고려한다는 것은 관계 속의 한 개체만 고려한다는 것이 아니라 양측 모두를 고려한다는 것이다. 그래서 키테이는 돌봄을 받는 '의존인'과 돌봄을 제공하는 '의존 노동자'를 모두 고려하는 정의론을 구상한다. 장애 문제를 다루는 기존의 논의들이 장애인이라는 의존인 중심으로 도덕적 고려를 하는 한편, 키테이는 돌봄을 제공하는 존재가 겪는 불평등 문제까지 다룰 수 있게 된다. 키테이는 이를 잘 표현해줄 수 있는 것이 "우리 모두는 어느 엄마의 아이"라는 표현이라고 보았다.

혹자는 이 표현에서 비자유주의적 국가가 그려진다고 비판한다. 시민들을 모성적 국가가 제시하는 돌봄에 의존적인 존재로 본다는 것이다. 하지만 키테이는 그것에 대해, 자신의 그 표현은 "우리 각자가 생존하고 번성하기 위해 요구되는 돌봄"을 상기시키고 "돌봄을 제공한 누군가 존재하고 있다는 것"을 상기시키는 역할을 한다

고 대답한다(Kittay 2002, p.83). 자신이 말한 엄마는 아이가 성인이
되어서도 언제까지나 자신의 독립적 의견을 갖지 못하는 삶을 살기
를 원하지는 않는 존재이며, 따라서 성인 시민들에게 권위적으로 특
정 결정을 강요하는 국가는 진정한 의미의 엄마가 아니라는 것이다.

계약론이 평등한 존재들 간의 사회를 그리고 있음에 반해 키테이
가 생각하는 사회는 평등한 관계만 포함하는 곳이 아니다. 사회에는
의존인과 의존 노동자 사이의 불평등한 관계도 있고 의존 노동자와
그에게 자원을 제공하는 '조달자' 사이의 불평등한 관계도 있다. 첫
번째 관계는 속성상 제거되기 어렵기에 그런 상태에서 신뢰 관계를
만드는 것이 중요하다. 권력 불평등 자체가 부정의한 것이 아니라
권력 불평등 상태에서 '지배'가 이뤄졌을 때가 부정의한 것이기 때
문이다.

하지만 두 번째 불평등 관계는 계약론에서 많이 놓치는 부분으로
서 의존 노동자가 의존 노동으로 인해 독립적인 자기 생활을 하기
어렵다는 사실에서 비롯한다. 의존 노동자는 자신과 자신의 의존인
을 위해 조달자에게 의존적인 존재가 되고 '지배'에 노출되어 있다.
두 번째 불평등 관계는 사회가 돌봄 필요에 대한 정의로운 분배가
이뤄지면 해소될 수 있는 불평등이다. 이에 반해 계약론은 평등한
존재의 협력만을 가정하고 있기에 이미 사실로서 존재하는 불평등
으로 인한 '지배'를 경계할 이론적 자원이 없다. 이에 키테이는 사
회 속에 존재하는 불평등 관계에 계약론이 유의할 필요가 있다고
본다.

더 나아가 키테이가 바라보는 사회는 누군가의 일방적인 돌봄이
없었더라면 지속할 수 없는 체제이다. 하지만 계약론을 위시한 많은
정의론들은 이 사실을 지속적으로 보지 못하였다. 키테이는 돌봄이

사라질 경우 인류가 유아기에서 사망해버릴 것이라는 직접적인 이유에서 위의 생각을 표현했다. 그렇다면 키테이는 정의론이 어떻게 변모해야 한다고 제안하였을까?

키테이는 롤즈의 사회적 기본재에 돌봄이 포함되어서 제3의 정의원칙에 따라 돌봄이 평등하게 분배되기를 바란다. 하지만 그녀는 롤즈의 사회적 기본재가 롤즈가 말한 인간의 두 도덕적 능력의 견지에서 마련된 목록임을 안다. 롤즈가 말한 인간의 두 도덕적 능력(가치관의 능력, 정의감의 능력)만을 인정하게 되면 사회적 기본재 목록에 돌봄이 들어오기 힘들 것이다. 그래서 키테이는 인간의 도덕적 능력에 돌보는 능력을 포함시키기를 제안한다. 그럴 경우 우리 인간의 그러한 능력을 지원해주는 돌봄 관련 가치들이 정의롭게 분배될 수 있다고 보는 것이다.

그녀는 새롭게 롤즈의 정의의 두 원칙에 제3의 정의 원칙을 추가할 것을 제안하는데, 이 원칙은 다른 기존 원칙들과 달리 "우리의 동등한 취약성, 우리가 소유한 합리성, 정의감, 우리 가치관에도 근거하지 않는다. 대신, 이 원칙은 의존이라는 불평등한 우리의 취약성, 도움이 필요한 타인에 대해 응답하는 도덕적 힘, 그리고 행복과 안녕보다 우선하는 인간관계에 근거한다."(Kittay 1999, p.113) 그래서 그녀가 제시하는 제3의 정의 원칙은 다음과 같다.

"돌봄에 대한 각자의 필요에 따라, 돌볼 수 있는 각자의 능력으로부터, 그리고 돌봄을 제공하는 사람이 사용할 수 있는 기회와 자원을 만들어주는 사회제도의 지원에서, 모두가 충분히 지속되는 관계에 참여하게 될 것이다."(Kittay 1999, p.113)

혹자는 기본재의 목록을 확장하는 키테이의 전략이 무익하다고 비판한다. 롤즈의 계약론에는 이미 칸트적 인간관이 깔려 있고 이것에 관련적인 재화로서 사회적 기본재가 열거된 것이기에 이러한 수정은 롤즈의 계약론에서 도저히 받아들여지지 않을 것이라는 판단에서이다. 하지만 이는 키테이의 전략을 단순화한 해석에서 가능한 비판으로 보인다. 키테이는 롤즈의 기본재 목록은 그의 인간관에 연동되어 있다는 것을 충분히 알고 있기에 기본재 목록의 추가를 위해 인간관에 대한 도전도 시도하였다. 확장된 인간관이 잘 입증된다면 키테이의 확장된 기본재 목록과 정의 원칙은 그럴듯해질 수 있다.

오킨이 그랬듯이 키테이는 정의론을 폐기하기보다 정의론의 보완을 도모하였다. 키테이에게도 분배정의는 여성주의적 시각에서 볼 때 필요한 이론적 자원이었기 때문일 것이다. 다만 그녀는 사회계약론적 가정들, 자유주의적 인간관을 버리고 돌봄 윤리의 전통을 이어받아 정의론의 변모를 제안했다는 점에서 오킨과 차별화되는 전략을 우리에게 보여준다.

지배와 억압을 다루는 정의론: 영의 도전과 대안

이렇듯 오킨과 키테이는 각각 다른 이론적 전통에 있지만 롤즈의 분배정의론을 여성주의적으로 해석하는 방식으로 변모시키려 하였다고 할 수 있다. 하지만 성불평등 문제를 단지 자원 배분의 정의 문제로만 바라보아도 될까? 누군가는 분배정의론 자체가 사회의 계급구조(그것이 급진여성주의가 말하는 성별 계급구조든 혹은 마르크스주의가 말하는 경제적 계급구조든)가 문제시되는 일 없이 받아들여진 상태에서 사회의 근본적인 문제를 건드리지 못하는 미봉책이라고 평가하여 폐기할 수도 있다.

영은 1990년 그녀의 대표작『정의와 차이의 정치(*Justice and the Politics of Difference*)』에서 사회정의의 문제가 분배정의에 한정되는 것을 비판하며 논의를 시작한다. 그녀가 생각하기에 "사회정의란 제도화된 지배와 억압의 제거를 의미한다."(Young 1990, p.15; 번역본 p.51) 하지만 "현대의 철학적 정의론들은 정의 개념을 그렇게 넓게 파악하지 않고, 사회정의의 의미를 사회 구성원들 사이에서 혜택과 부담이 도덕적 관점에서 적절하게 배분되는 것으로 국한해서 보려고 한다. … 고개를 끄덕일 만한 정의관이라면 분배의 쟁점을 반드시 다루어야 하지만, 사회정의의 문제를 분배의 문제로 축소하는 것은 오류이다."(Young 1990, p.15; 번역본 pp.51-52)

그녀는 분배 패러다임의 두 가지 문제점을 지적한다. 우선 분배 패러다임은 해당 분배 패턴을 결정하는 의사결정 구조, 절차, 노동분업, 문화의 문제를 놓친다. 둘째, 혹시 분배 패러다임이 물질적 재화 분배를 넘어서 위에서 놓친 비물질적 문제까지 확장하려고 시도하게 되면 그것은 비물질적 재화를 사회적 과정으로서 다루는 것이 아닌 정태적인 사물로서 바라보는 우를 저지른다는 것이다. 롤즈가 분배의 대상으로 삼은 비물질적 재화 중 하나인 권리는 영에 따르면 사람들 간의 관계에서 할 수 있는 바를 나타낸 제도적 규칙이다. 사람들 간의 관계를 규정하는 사회구조에 대해 묻지 않은 채 권리라는 것을 분배될 재화 목록에 넣는 것은 권리가 사람들 간의 권력관계와 별도로 주어지고 행사될 수 있는 양 보는 것이다. 이는 현실 속에서 권리 행사가 배경적인 권력구조와 무관하게 이뤄지지 않는다는 점을 은폐한다. 이렇듯 그녀는 분배정의 자체를 무익하다고 본다기보다 사람들에게 물질적 재화를 나누는 일에 머물러 있지 않고 사람들이 스스로 의사결정하고 역량을 펼치게 할 정의 담론을 논하려 한다. 영에 따르면 사람이 역량을 발전시키는 것을 막는 제도적 제약이 '억압'이며 자기 결정을 막는 제도적 제약이 '지배'이다. 억압과 지배를 막는 것이 영이 생각하는 정의가 할 일이다.

영은 분배 패러다임에서 벗어나는 이러한 정의 담론을 제시함으로써 사회적 의사결정과정에 의미 있는 동등한 참여자로서 인정되지 못했던 집단이 받았던 억압과 지배를 분석하고 비판한다. 민주주의 제도가 형식적으로 완비된 사회에서 어떤 집단들은 공식적인 지배를 받는 상태에 있지 않지만 문화적으로 자기 발달이 억눌린 억압 상태에 놓여 있을 수 있다.

영은 무시받았던 인종, 여성 장애인, 성소수자 등이 이런 억압 상태에 놓여왔음을 주장한다. 이런 억압은 '착취', '주변화', '무력함', '문화제국주의', '폭력'이라는 다섯 가지 모습으로 나타나고 이는 사회구조의 차원에서 이뤄진다. 억압은 뭔가 상대를 억압하길 의도하는 주체나 작용을 반드시 동반하지 않고서도 문화 안에, 사회구조 안에, 제도적 규칙으로 혹은 일상적 행동 패턴으로 존재한다.

영의 개념 도구를 활용하면 여성 집단은 유구한 역사 동안, 그리고 다양한 사회 속에서 가족 내 성적, 정서적 돌봄 노동을 통해 '착취'받아왔고, 고용, 노동 시스템에서 잘 쓰이지 않는 존재로서 '주변화'되었으며, 일자리를 얻더라도 비전문적인 일을 맡는 경우가 많아 생산에 있어 의사결정의 힘을 갖지 못한 '무력한' 상태이며, 지배 집단의 문화에 순응해야 하는 '문화제국주의'하에 놓여 있으며, 순응하지 않을 경우 현실에서 가정폭력, 집단구타, 성폭력의 위협과 같은 '폭력'에 노출된 존재라고 진단될 수 있다. 그렇다면 여성 억압의 이러한 현실 구조를 고려하지 않은 채 롤즈의 정의론에서 보이는 성별 중립적이고 추상적인 개념 도구로 여성이 겪는 근본적인 부정의의 고통을 알기란 어려울 것이다.

영은 롤즈의 정의론이 공정성을 추구한다는 취지에서 차이성을 사상한 추상적이고 동일한 주체를 상정한다는 점 역시 비판한다. 이는 정의론이라면 경청해야 할 다양한 욕구와 이해를 사상하여 동일성의 잣대를 사람들에게 적용하기 때문이다. 그리고 이런 방법론은 유토피아적인 열망을 담고 있으며 이는 실현 불가능한 정의를 산출한다.

그렇다면 영이 꿈꾸는 정의로운 사회는 어떤 것일까? 그는 자유주의적 대안에 맞서기 위해 공동체라는 이상을 내세우는 샌델이나 매킨타이어 같은 이들의 입장은 좋은 대안이 되지 못한다고 지적한다. 그들이 말하는 공동체는 앞서 자신이 비판한 동일성 논리의 연장선상에 있기 때문이라는 것이다. 영은 "공동체의 이상" 대신 "도시생활의 이상"을 대안으로 제시한다. 영은 현대사회의 대도시 생활은 여전히 착취, 주변화, 무력함, 문화제국주의, 폭력이라는 억압들에 노출되어 있는 생활이라는 점을 알고 있다. 즉 원자화된 개인들을 상정하여 위의 억압 양상에 그대로 노출되는 개인주의적 자유주의의 삶이 될 가능성도 있다.

그렇다고 대도시를 작은 단위의 자치공동체로 분권화하자는 공동체주의자 혹은 민주주의자들의 방식은 괜찮은가? 영은 이 양자의 대립을 넘어서고자 한다. 개인 주체들이 서로에게 완전히 투명하게 드러내어 서로에 대해 잘 알고 있다는 가정을 하게 되면 그것은 동일성의 이상을 좇게 되어 있다. 영은 주체들은 그 스스로도 하나의 욕망으로만 설명될 수 없고 끊임없이 이질적으로 구성되고 변화해

가는 과정에 있다고 본다. 각 주체들이 그러한데 어떻게 타인에게나 자신을 통합된 모습으로 투명하게 보이고 서로 그렇게 알려질 수 있겠는가? 서로 얼굴을 대하며 확실히 아는 관계에만 특별한 가치를 부여하는 것에 대해 영은 반대한다. 그것은 잘 모르는 이에 대해서는 배척의 가능성을 품는 대안이다.

공동체를 드높이고 도시생활을 격하하는 공동체주의적 이상에 맞서서 영은 도시생활은 이제 피할 수 없는 현실이기도 하면서 규범적 이상도 될 수 있다고 제시한다. 언제나 마주치는 것이 아니라 어느 순간 모르는 이들과 만나는 축제, 시장, 정치 공간이 있고 다시 이들이 흩어지는 일을 자유롭게 하는 생활이다. 동일성을 추구하지 않고 차이성을 그대로 인정하며 자발적으로 도처에서 네트워크를 형성하는 삶이다. 영이 그리는 도시의 이상적인 삶은 배제가 없고 차이성이 드러나며 동네 간 경계가 확정되어 있지 않다. 다용도의 공간들이 존재하며 이는 단일한 기능의 공간보다 안전하다. 익숙한 것에서 나와 이질적인 것들을 만나고자 할 때 우리는 나 자신의 공고한 어떤 것이 무너지는 두려움과 동시에 에로티시즘을 느낀다. 또한 도시는 이질적인 욕구들이 분출되어 시위하는 장면에서 서로 몰랐던 이질성을 접하고 이해하게 되는 정치적 공간이 되기도 한다.

영의 정의론, 정치이론은 롤즈의 정의론에 어떤 자극을 주는가? 욕구의 다양성과 차이를 편파성으로 간주하여 추상해내고 단일한 주체를 상정했던 롤즈는 우리 사회가 암암리에 형성해놓은 문화제국주의적 가정들에 기반한 정의론을 제시했을 수 있다. 이는 여성 집단이 품어왔던 욕구, 선호, 고통, 현실적 억압 구조와 관계를 고려하지 못한 채 재화 목록을 만들어내어 분배하는 것을 정의라고 생각하게 했을 수도 있다.

이에 맞서 영은 재화의 분배 너머에 존재하는 지배와 억압을 제거하는 것으로서 정의를 규정함으로써, 남성 집단의 욕구와 이해로다 대변되지 않는 이질성에 기반한 여성주의적 정의론을 우리에게 암시한다. 영의 대안 속에서 여성은 최소 수혜자로 간주되어 사회적 기본재를 유리하게 분배받음으로써 정의의 수혜를 누리는 존재로 그려지기보다 자유롭게 낯선 광장과 익숙한 아지트를 넘나들며 이질적인 이들과 익숙한 이들을 교차하며 만나는 도시생활을 하는 존재, 차이에 대한 억압을 받지 않고 지배받지 않는 존재로 그려진다.

여성주의적 도전에 롤즈가 할 수 있을 만한 대답

지금까지 롤즈의 정의론의 틀에 가장 가까운 여성주의적 도전과 대안(오킨)에서부터, 정의론 담론을 포기하지 않으면서도 롤즈의 정의론 틀로부터 가장 멀리 나아간 도전과 대안(영)을 살펴보았다. 이 도전들에 대해 롤즈의 정의론은 과연 어떻게 대답할 수 있을까? 세 가지 도전 각각에 대해 롤즈적인 대답을 구성해보겠다.

먼저 롤즈가 가족제도를 사회 기본구조로 보면서도 사적 영역의 문제로 보고 있다는 오킨의 비판에 대답을 구성해보자. 롤즈는 가족의 존재 자체는 정의로운 것이며, 가족제도의 존재 여부의 문제는 정치적 정의관이 관여할 문제라고 파악하지만, 그런 가족이 내부적으로 어떻게 작동하는지에 대해서는 정치적 정의관이 개입할 수 없다고 생각하는 것으로 보인다. 즉 가족제도가 기본구조로 규정되는 측면은 '가족제도가 존재해야 하는가?'라는 '존재'의 문제에서이다. 롤즈는 가족제도가 사람들 간의 출발선상의 불평등을 심화시킨다는 점을 인정하였기 때문에, 평등을 위해 가족제도를 부정하는 방식을 고려해봤을 수도 있다. 하지만 롤즈는 가족제도가 야기하는 불평등을 상쇄할 다른 방도, 즉 정의로운 재분배정책 등을 제시하고, 가족제도의 존재가 정의로운 사회에 이바지한다는 입장을 지지한다. 롤즈가 생각하는 정의로운 사회에는 가족제도가 존재해야만 한다. 그런 의미에서 가족제도는 사회의 기본구조이어야만 하는 것이다. 그런 가족제도가 없다면, 시민들의 재생산과 교육은 혼란에 빠지게 될 것이라고 롤즈는 전제하고 있는 듯하다.

하지만 롤즈가 사적 영역의 문제로 간주하는 가족의 문제는 '가족이 어떻게 작동하여야 하는가? 어떤 모습이어야 하는가?' 하는 '어떻게'의 문제이다. 이때 롤즈는 국가가 이런 문제에 개입할 수 없다는 입장을 취한다. 이런 문제에 있어서 가족은 사적 영역의 문제가 된다. 오킨은 롤즈가 언급하는 가족 문제가 이렇게 차원을 달리한 두 문제였다는 것을 파악해내지 못했다. 그녀는 롤즈가 '가족'이라는 한 단어에 대해 상반된 주장을 하는 것으로만 파악하고 그의 비일관성을 지적한 것으로 보인다.

오킨이 지적한 두 번째 문제를 보자. 그것은 롤즈의 정의론이 가정 내 불평등한 성별 분업 구조를 정의의 문제로서 보지 않음으로써 가족을 정의감 형성의 장으로서 보기 어렵게 만든다는 지적이었다. 롤즈는 「공적 이성의 재조명」에서 이러한 노동 분업이 완전한 자발성에 근거한 것이라면 문제가 되지 않는다고 말한다. 그는 성별에 근거한 분업 자체는 정의의 잣대로 평가되지 않는 문제라고 본다. 그는 '자발적'이라는 말에 대해 제기될 비판을 의식하며 다음과 같이 보충 설명을 한다. "… 해당 행위가 합리적 의미에서 자발적일 수 있다. 심지어 불공정한 조건들을 포함하는 상황에서조차 합리적

172

인 것을 하는 행위를 들 수 있다. 또는 해당 행위가 합당성의 의미에서 자발적일 수 있다. 주변의 모든 조건이 공정할 때 합리적인 일을 하는 것을 들 수 있다. 분명한 것은 본문은 '자발적'이라는 말을 두 번째 의미로 사용하고 있다. 주변의 모든 조건들이 합당하거나 공정할 때 누군가의 종교를 인정하는 것은 자발적임을 의미한다." (Rawls 1999, pp.161-162, n.68) 이것은 그가 말하는 자발성이 완전한 자발성일 것을 확보하려는 언급이다. 자신이 말하는 자발성은 공정한 여건 속에서의 자발성이라고 조건화하면서 말이다. 이 경우 롤즈의 비일관성은 일견 해소되는 것으로 보인다. 공정한 여건 속의 자발적인 역할 분담이라면 불평등이 초래되지 않고, 어린이들도 그런 가정에서 불평등을 학습하지 않을 것이기 때문이다.

이제 롤즈 정의론에 대한 키테이의 도전에 대답이 가능한지 살펴보자. 롤즈의 계약론이 의존적 존재의 문제를 정의의 문제 영역에서 근본적으로 배제한다면 많은 이들이 이러한 정의론에 의구심을 표할 것이다. 하지만 그의 계약론적 정의론은 의존자 내지 취약자 문제에 있어 그렇게 비관적이지는 않다.

롤즈주의자 다니엘스는 롤즈의 정의론이 의료복지를 포함할 수 있도록 확장을 시도한 것으로 유명하다. 롤즈의 사회적 기본재에는 물질적인 요소(소득과 부)도 있지만 역량에 해당하는 것(기회, 자유와 권리 등)도 있다. 다니엘스는 이 중에서 '기회' 개념을 넓혀서 건강 돌봄 정책을 이끌어내기를 제안한다. 롤즈는 자연적 운과 사회적 운이 한 사람의 인생 전망을 좌지우지하는 것을 막기 위한 기획으로서 정의론을 시도하였고, 이에 비추어 볼 때 장애로 인한 인생 전망이 심각하게 왜곡되지 않도록 분배를 고려하는 것은 롤즈의 기획에 알맞다고 볼 수 있을 것이다.

하지만 롤즈의 글 곳곳에서는 의료나 돌봄 문제를 정의의 일차적 문제로는 보지 않음이 드러난다. 이는 정의의 기본문제들을 단계적으로 다루는 그의 특유한 설계 때문이다. 원초적 입장의 당사자로서 간주되거나 헌법의 핵심을 정하는 정의의 일차적 문제를 다룸에 있어 중증 장애를 가진 이들은 고려되지 않는 것이 사실이다. 롤즈는 "인격이란 전 생애 동안 정상적이면서 충분히 협력하는 사회성원일 수 있는 이"로 가정된다는 점을 여러 차례 밝힌다(Rawls 1993, p.18, p.183; Rawls 2001, p.170, p.174). 다니엘스도 이를 인정하고 있으나, 그는 누락이 이론을 위한 단순화일 뿐이지 그 사람들의 문제의 누락이나 경시가 아님을 강변한다. 정의 원칙 실현의 4단계 중 세 번째인 입법 단계에서 해결되어야 할 문제임에 틀림없다는 것이며, 이에 대해서는 롤즈 또한 밝힌 바 있다.

마지막으로 영의 도전에 대해 롤즈가 어떤 대답을 할 수 있을지 살펴보자. 영은 롤즈의 정의론을 위시한 많은 현대 정의론들이 분배 패러다임에 사로잡혀 있고 이는 분배 체제에 깃들어 있는 의사결정 과정, 사회구조를 은폐한다고 지적하였다. 정의 담론에 있어 영의 공헌은 정의 개념의 패러다임 전환이라 할 수 있다. 하지만 한편으로 보면 그녀의 작업은 정의 개념 안에 더 많은 것을 포함시키는 전략으로 읽힐 수도 있다. 그녀가 포함시킨 지배, 억압의 문제는 롤즈에게 있어 이상적 사회로 진행하기 전의 단계에서 노출되는 문제로 보일 것이다. 롤즈의 관심사는 이상적 이론에 있기 때문에 이행적 과정에서 노출되는 문제는 그가 정의론 내에서 해결해야 할 문제가 아닐 수 있다. 롤즈는 자신의 작업의 바운더리를 이상적 이론에 한정하여 좁게 잡은 것이고, 그 작업에 있어서의 설득력을 더하는 일에 집중한 것으로 보인다.

자유주의와 공동체주의가 공히 가정하고 있는 동일성의 논리에서 벗어나 이질적 존재들에 대해 열려 있어야 한다는 영의 비판에 대해서 롤즈는 1993년 저작『정치적 자유주의』에서 등장하는 "중첩적 합의" 개념으로써 비판의 강렬함을 다소 완화시킬 수도 있을 것이다. 중첩적 합의를 하는 합당한 포괄적 교리의 옹호자 집단들은 중첩적 합의를 이루는 다른 집단들과 신조 전체를 공유할 필요가 전혀 없다. "중첩적 합의"에 대한 롤즈의 발상은 순수히 합의 지향적인 다른 철학적 시도들과 차별화된다. 합의라는 산출을 내기 위한 과정에 있어 여러 교리의 옹호자 집단들 간에 차이가 존재하며, 특정 교리의 옹호자 집단 내부에서조차 차이가 존재할 수 있음을 허용하기 때문이다. 그들은 각자 다른 이유에서 정치적 정의관에 합의한다. 그 이유들의 체계는 심지어 한 개인 내에서조차 고정되거나 자신의 평소 교리에 논리적으로 확고히 연결되어 있을 필요도 없다. 강하게 연결되어 있든 느슨하게 연결되어 있든 상관이 없다.

이러한 합의 상태는 동일성의 공동체를 지향한다기보다 영의 대안적인 도시생활의 모습에 조금 더 가까울 수 있다. 엄밀한 신조 체계하에서 각 입장들이 합의를 이루는 것이 아니라, 느슨한 신조 체계하에서 다양한 입장이 어쨌든 공통적인 질서에 몸을 담고 있는 모양새인 것이다. 물론 영은 롤즈가 합의의 초점이 되길 바랐던 정치적 정의관은 여전히 동일성의 논리를 유지한다고 볼 것이다. 하지만 롤즈는 정치적 정의관 역시 단일한 어떤 것이 아닌 것으로 열어놓기 때문에 영이 우려하는 만큼의 동일성 논리의 정의론은 아니라고 또한 평가해볼 수 있다.

그럼에도 불구하고 남는 한계

롤즈 정의론에 대한 여성주의적인 도전은 여성 문제를 도외시한다는 내용적인 문제의식에서 발생했겠지만, 결국 대부분의 여성주의 도전이 공통적으로 제기하는 것은 현실 문제에 대한 이상적이고 추상적인 접근법이라는 방법론적 문제인 것으로 보인다. 롤즈의 옹호자들은 롤즈의 정의론이 이상적 이론으로 제시되었을 뿐이기에 현실의 구체적 여건들에서 오는 부정의의 양상은 롤즈의 정의론의 위상을 훼손하지 않는다고 대답하면서 안심해야 할까? 뿌리 깊은 불평등한 성별 분업 구조가 있고 거기서 많은 지배, 착취, 억압 등이 발생하는 상태에서 성별 중립적으로 사회구조의 문제를 바라보는 정의론은 현실의 부정의를 진단하고 개선책을 찾으려는 노력들에 어떤 시사점을 줄 것인가?

우리는 사회비판적 담론에 있어 규제적 역할로서의 이상을 설정하는 이론적 접근법 자체에 대해 강력히 항의하는 시도들의 통렬함을 알 필요는 있다. 단지 "나는 나의 이론에서 이상을 논하는 역할을 맡았을 뿐이야"라는 말만으로 피해 갈 수 없는 문제들이 정의의 이름으로 많이 고민되고 있기 때문이다.

참고문헌

Kittay, E. F. 1999. *Lover's Labor: Essays on Women, Equality, and Dependency.* New York and London: Routledge. E. F. 키테이. 김희강, 나상원 옮김. 2016. 『돌봄: 사랑의 노동. 여성, 평등 그리고 의존에 관한 에세이』. 박영사.

Okin, Susan Moller. 1987. "Justice and Gender." *Philosophy & Public Affairs.* Vol. 16, No. 1. pp.42-72.

____. 1989. "Reason and Feeling in Thinking about Justice." *Ethics.* Jan. pp.229-249.

____. 1994. "Political Liberalism, Justice, and Gender." *Ethics.* Oct. pp.23-43.

Rawls, John. 1971. *A Theory of Justice.* The Belknap Press of Harvard University Press. 존 롤즈. 황경식 옮김. 1985. 『사회정의론』. 서광사.

____. 1993. *Political Liberalism.* Columbia University Press. 존 롤즈. 장동진 옮김. 1998. 『정치적 자유주의』. 동명사.

____. 1999. *The Law of Peoples,* with "The Idea of Public Reason Revisited." Harvard University Press. 존 롤스. 장동진 외 옮김. 2000. 『만민법』. 이끌리오.

Young, Iris Marion. 1990. *Justice and the Politics of Difference.* Princeton University Press. 아이리스 매리언 영. 김도균, 조국 옮김. 2017. 『차이의 정치와 정의』. 모티브북.

롤즈의 기회균등 개념의 유용성과
한국의 교육 현실

양진석 | 미래정책연구소

　서구 자유주의 사상의 대표적 학자인 존 롤즈는 그의 저서 『정의론』을 통하여 정의로운 사회에 대한 논의를 전개하였고 이는 서구 지성사에 커다란 영향을 미치었다. 특히 롤즈가 제기한 이론적 주장이나 정책적 제안에 의하면 국가의 다양한 역할이 증가하는 결과를 초래하였다. 국가는 법과 정책을 통하여 사회의 경제적, 정치적, 교육적 측면에 심대한 영향을 미치는데 롤즈의 이론은 이러한 국가의 역할이 그 이전과 비교하여 상당히 증가하는 결과를 초래한 것이다. 물론 서구 민주주의 사회에서 제2차 세계대전 이후에 국가의 역할이 증가하여 관료제가 비대해지는 경향은 일반적인 현상이었다. 이러한 현상의 원인으로는 1930년대 세계 대공황에 대한 해결책으로 국가의 보다 적극적인 역할이 강조된 것을 들 수 있다. 경제학자인 케인즈(J. M. Keynes)의 주창에 의하여 시장경제에 대한 국가의 적극적인 경제 개입이 시도되기도 하였다. 이러한 맥락의 연장선에서 철학자인 롤즈는 국가의 경제적 역할 증대뿐 아니라 교육 분야, 복지 분야, 정치 분야에서의 국가의 보다 적극적인 역할을 강조하였다. 그러면서도 이러한 국가의 역할 증대가 개인의 자유를 침해하지 않고 오히려 개인 자유의 실질적 보장을 확보하여 사회 협력을 이룩할 수 있다는 주장을 전개하였다. 이러한 주장은 개인 자유를 침해하는 국가 전횡에 대응하여 최소국가(minimal state)를 주장하였던 고전적 자유주의자들의 이론에 비하면 획기적인 주장이었다. 이러한 측면에서 경제학자인 케인즈와 철학자인 롤즈는 현대 자유주의 사상 전개에 중요한 기여를 한 두 명의 학자이다.

본 논문에서는 롤즈의 주장 중에서 교육의 기회균등 개념을 중점적으로 분석하였다. 즉 교육 분야에서의 국가의 역할과 그 근거에 대한 롤즈의 주장을 분석하고 비판을 시도하였다. 그러나 롤즈의 교육정책을 보다 정확히 이해하기 위하여서는 그의 사상 체제 전반에 대한 이해가 필수적이기 때문에 개략적으로 그의 사상을 소개하였다. 또한 롤즈의 교육정책이 한국의 교육 현실에 적용될 경우를 상정하여 실증적으로 그의 사상을 평가하였다. 이러한 시도를 통하여 서구 사상의 주장들을 한국 현실에 비추어 분석함으로써 이상과 현실을 통합하고자 하였다.

롤즈의 사상 체제 개요

롤즈의 『정의론』의 주목적은 사회의 기본구조를 규정하는 정의의 원칙을 제시하는 것이다. 사회의 기본구조란 현대 입헌민주주의 사회의 주요 정치적, 사회적, 경제적 제도들이며 또한 이러한 제도들이 상호 연계하여 사회 협력이라는 하나의 통합 체제를 이룩하는 형태이다(Rawls 1993, p.11). 예를 들어 사상과 양심의 자유, 경쟁적인 시장, 사유재산제도, 일부일처제 등이 입헌민주주의의 주요 제도들이다. 이러한 제도들이 상호 연계하여 사회 협력이라는 하나의 통합 체계를 이룩하고 있다. 롤즈는 이러한 사회의 주요 제도들이 시민들의 기본적인 권리와 의무를 어떤 형태로 분배하고 있는지를 탐구하고, 또한 사회 협력으로부터 얻어지는 이득을 분배하는 양태를 규정하는 정의의 원칙을 제시하고자 하였다. 이 정의의 원칙은 입헌민주주의 헌법의 기본 구성 원리이며 자유롭고 평등한 시민들 사이의 협력 관계를 규정하는 공정한 조건(fair terms of coopera-tion)이다. 사회를 구성하고 있는 시민들은 그들의 행동을 규율하는 공정한 협력의 조건을 수용하여야 한다.

그러나 사회의 기본구조를 규정하는 정의 원칙의 구체적 내용을 구축하기 위해 정의 원칙의 규율을 받는 민주 시민들에 대한 특징을 분석함으로써 실질적인 정의의 원칙을 정립할 수 있다. 민주 시민의 개념적 특징은 자신들의 가치관에 따라 삶을 영위하는 자유로운 인간이다. 다원주의 민주사회에서 시민들은 그들의 가치관에 따라 상이한 인생 계획(plan of life)을 추구하고 있다. 민주사회의 시민들이 합리적 판단에 의거하여 각자 자신의 가치관을 정립하고 이에 따라 자신의 인생 계획을 추구하는 다원사회에서는 어느 특정인의 가치관이 우세하다고 평가할 수 없다. 이러한 의미에서 시민들은 자유롭고 자율적인 존재이다. 민주사회는 가치관의 차이에 따라 각기 다른 인생 계획을 추구하는 다양한 시민들로 구성되어 있다. 그러나 시민들의 다양한 가치관의 차이에도 불구하고 어떠한 가치관을 추구하든지 공통적으로 필요한 수단이 존재한다(Rawls 1993, p.180).

롤즈는 이를 사회적 기본재(social primary goods)라고 칭하였다. 이는 자유롭고 평등한 시민들이 그들의 다양한 인생의 계획을 추구하고 있지만 적어도 공통적으로 필요한 가치들이다. 예를 들어, 기독교적인 가치관을 추구하는 시민의 인생 계획에 필요한 덕목과 이윤 추구를 목적으로 하는 기업가에게 필요한 덕목은 다를 것이다. 전자에게는 희생과 봉사의 정신이 필요하고, 후자에게는 기업 경영에 필수적인 이성적인 판단력과 결단력이 필요할 것이다. 그러나 이러한 가치관의 차이에도 불구하고 두 종류의 상이한 인생 계획을 추구함에 있어서 공통적인 기본재가 필요하다. 이러한 사회적 기본재에는 ① 기본적인 권리와 자유(basic liberties), ② 정치경제적 제도 내에서 책임 있는 직위나 직책(offices and positions of responsibility), ③ 소득(income)이나 부 등이 포함된다. 물론 건강, 활력, 지능, 창의력 등도 다양한 인생의 계획을 수행하는 데 공통적으로 필요한 가치이지만, 이러한 자연재(natural goods)는 사회의 기본구조가 조정할 수 없는 것이므로 사회적 분배의 대상이 아니다. 롤즈의 주장처럼 공정한 협력의 조건을 제시하는 역할을 하는 정의의 원칙은 시민들에게 필요한 사회적 기본재의 내용을 규정하고 그 분배의 기준을 제공해준다. 또한 롤즈는 각각의 사회적 기본재를 규율하는 상응하는 정의의 원칙을 대칭적으로 제시하였다. 예를 들어 사회적 기본재인 권리와 자유를 규율하는 협력의 원칙을 정의의 제1원칙으로 제시하였고, 사회적 기본재인 직위나 직책, 소득을 규율하는 원칙을 정의의 제2원칙에서 제시하였다. [표 1]은 이를 도식으로 표시하고 있다.

사회적 기본재		정의의 원칙
① 자유	→	정의의 제1원칙(동등한 자유 원칙)
② 중요한 직위, 직책	→	정의의 제2원칙a(공정한 기회균등의 원칙)
③ 소득과 부	→	정의의 제2원칙b(차등의 원칙)

[표 1] 정의의 원칙과 사회적 기본재

세 종류의 사회적 기본재를 규율하는 각각의 정의 원칙을 만들었기에 세 가지의 정의 원칙이 제시되지만 롤즈는 이를 정의의 두 원칙으로 통합하여 구성하였다. 즉 정의의 제1원칙은 사회적 기본재인 기본적 권리와 자유를 규율하는 원칙이고, 정의의 제2원칙은 두 부문으로 구성하여 첫 부분은 중요 직위, 직책을 규율하고 두 번째 부분은 소득이나 부의 분배를 규율하는 원칙이다. [표 1]에서는 정의의 제2원칙을 a와 b로 나누어 표시하였다. 이처럼 정의의 두 원칙을 제시한 이유는 정의의 제1원칙은 자유와 관련된 것이고 정의의 제2원칙은 평등과 연계된 것이기 때문이다. 이는 롤즈의 정의의 두 원칙의 구체적 내용을 고찰함으로써 보다 명확해질 것이다. 롤즈의 정의의 두 원칙의 구체적인 내용은 다음과 같다.

정의의 제1원칙: 모든 개인들은 타인들과 같은 정도로 적절한 종류의 기본적 자유를 향유할 동등한 권리를 갖고 있다.
정의의 제2원칙: 사회적, 경제적 불평등은 다음의 두 조건을 충족하는 경우에 수용될 수 있다.
첫째(a), 공정한 기회균등의 조건하에 모든 시민은 중요한 직위나 직책을 얻을 수 있어야 한다. (공정한 기회균등의 원칙)

둘째(b) 사회적, 경제적 불평등은 그 사회의 최하위 계층에게 이득이 되어야 한다. (차등의 원칙)

롤즈의 정의의 제1원칙이 규정하고 있듯이, 정의로운 사회에서는 시민들이 기본적 자유에 대한 권리를 동등하게 누려야만 한다. 시민들이 추구하는 인생의 목표가 무엇이든, 사회 협력원으로서 시민들은 동등한 자유를 누려야만 한다. 이처럼 롤즈의 정의의 제1원칙은 사회적 기본재 중에서 기본적 권리와 자유, 거주 이전의 자유, 직업 선택의 자유를 규정하는 원칙이다. 또한 롤즈의 정의의 제2원칙은 경제적, 정치적으로 중요한 직위, 직책을 획득할 수 있는 기회의 차이나 소득(또는 부)의 불평등을 규정하는 기준을 제시하고 있다. 경제적, 정치적으로 중요한 직위나 직책을 얻을 수 있는 기회는 시민들의 인생 계획의 내용이 무엇이든 상관없이 공통적으로 필요한 사회적 기본재이다. 그러나 이러한 직위, 직책을 모든 시민들이 동일하게 누릴 수는 없다. 대기업의 최고경영자를 희망하는 시민들 모두가 이를 이룩할 수는 없다. 대통령이나 국회의원이 되기를 원하는 정치 희망자 모두가 이를 성취하는 것은 현실적으로 불가능하다. 다만 롤즈의 정의의 제2원칙의 첫 번째 부분인 기회균등의 원칙이 규정하는 바는 이러한 직위, 직책을 얻을 수 있는 기회가 공정하게 주어져야 한다는 것이다. 또한 모든 시민들이 동일한 양의 소득이나 부를 향유할 수는 없다. 자본주의 시장경제에서 개인의 능력, 노력의 정도, 운에 따라 소득 격차가 발생하는 것은 엄연한 현실이다. 다만 롤즈의 정의의 제2원칙의 두 번째 부분인 차등의 원칙에 의하면 이러한 소득이나 부의 불균형이 그 사회의 최하위 계층에게 도움이 되도록 규율되어야 한다는 조건을 제시하고 있다. 이처럼 롤즈의 정의의 제1원칙은 자유와 관련된 것이고, 정의의 제2원칙은 평등과 관련된 내용이다. 이는 자유주의가 추구하는 자유와 평등이라는 두 종류의 가치를 규정한 것이다. 롤즈는 정의의 두 원칙에 근거하여 사회의 기본구조가 규정된 사회가 정의사회라고 주장하였다. 즉 정의사회에서는 시민들이 다양한 기본권을 누릴 수 있도록 법적, 제도적 장치가 마련되어야 하고 교육과 취업에서의 기회균등을 위한 특정한 교육제도와 정책이 추구되어야 한다. 또한 자본주의 시장경제에서 발생하는 경제적 불평등을 완화하기 위하여 저소득계층의 삶의 질을 향상시킬 수 있는 복지정책이나 조세정책이 시행되어야 한다. 이러한 사회 기본구조를 구비한 정의사회에서는 국가의 역할이 더욱 증가할 것이다. 고전적 자유주의자들이 주장한 최소국가의 작은 정부가 아니라 보다 적극적인 정부의 역할이 강조된다. 이러한 점이 롤즈와 같은 현대 자유주의(modern liberalism)의 특징 중의 하나이다.

롤즈의 기회균등 원칙의 함의

이 글에서 필자는 기회균등의 원칙에 국한하여 논의를 전개하겠다. 위에서 설명한 롤즈의 사상 체계 전반에 대한 설명은 기회균등 원칙을 보다 정확히 이해하기 위한 시도였다. 또한 기회균등 개념의 유용성을 정확히 평가하기 위하여서도 롤즈의 사상 체계 전반에 대한 이해가 필요하기에 이를 소개하였다. 이하에서는 구체적으로 롤즈의 기회균등 개념을 소개하겠다.

롤즈의 정의의 제2원칙은 사회적, 경제적 불평등을 규율하는 두 가지 조건을 제시하고 있다. 첫째, 정치적, 경제적 제도 내에서 책임 있는 직위나 직책은 공정한 기회균등의 원칙하에 모든 시민들이 얻을 수 있어야 한다. 이는 일종의 기회균등의 원칙(principle of equal opportunity)이다. 둘째, 사회적, 경제적 불평등은 사회 최하위 계층 (least advantaged members)에게 이득이 되어야 한다. 이는 일종의 분배의 원칙(principle of distribution)이다. 이처럼 정의의 제2원칙은 기회균등의 원칙과 분배의 원칙이라는 두 가지 조건으로 구성되어 있다. 그러나 각각의 원칙은 다양한 해석을 낳을 수 있다. 롤즈의 정의의 제2원칙을 정확히 이해하기 위하여서는 두 가지 조건에 대한 상이한 해석을 상호 비교함으로써 더욱 그 뜻이 명확해진다.

분배의 원칙

		<효율성의 원칙>	<차등의 원칙>
기회균등의 원칙	<재능의 우선>	자연적 자유 체제	자연적 귀족 체제
	<공정한 기회균등>	자유적 평등 체제	민주적 평등 체제

[표 2] 평등한 사회 체제 유형

[표 2]에서 롤즈는 정의의 제2원칙을 구성하는 두 부분에 대한 상이한 해석을 제시하여 4종류의 사회 체제를 상호 비교하였다. 우선 기회균등의 원칙으로서 '재능이 있으면 출세할 수 있다(careers are open to talents)'는 해석과 '공정한 기회균등(equality of fair opportunity)'을 강조하는 상이한 해석이 있다. 또한 분배의 원칙으로서 파레토 최적(Pareto optimality) 조건과 같은 '효율성의 원칙'과 롤즈

가 제시한 '차등의 원칙'이라는 상이한 해석이 있다. 롤즈의 정의의 제2원칙은 이러한 상이한 해석 중에서 공정한 기회균등과 차등의 원칙을 결합하여 사회적, 경제적 불평등을 규제하였고 이러한 사회 체제를 민주적 평등 체제(system of democratic equality)라 칭하고 그 우월성을 역설하였다. 본 논문에서는 기회균등 원칙 부분에 초점을 맞추어 분석하겠다.

역사적으로 18세기의 프랑스 사회는 능력 우선의 기회균등 원칙을 선호하였다. 귀족주의 잔재가 드리워져 있던 프랑스 사회에서 능력 우선의 원칙은 귀족들에 의한 중요 직책의 독직 현상을 타파하는 목적을 수행하였다. [표 2]의 자연적 자유 체제에 해당하는 현대 사회는 인종, 성별, 종교의 차이에 근거하여 경제적, 정치적인 중요 직책을 할당하는 것을 용납하지 않는다. 사회적 신분, 성별, 인종과 무관하게 개인의 능력과 재능에 따라 출세가 보장되어야 한다. 이러한 기회균등의 원칙은 자유주의 전통의 중요한 특징인 평등사상의 발현이다. 롤즈의 주장에 의하면 현대의 사회 체제 중에서 자유방임적 자본주의(laissez-fair capitalism) 체제가 이에 해당한다(Rawls 2001, p.137). 재화와 서비스의 수요자와 공급자 사이의 자유로운 거래에 의해 합리적인 소비와 생산이 이루어지는 시장경제(market economy)에서 경제적 효율성과 경제발전의 원동력을 추구하는 체제이다. 재화시장의 논리처럼 노동시장(labor market)에서도 노동력의 수요자와 공급자 사이의 자유계약에 의하여 고용량과 임금이 결정된다. 노동시장에서 능력이 있는 자는 출세의 기회가 보장된다. 능력이 있는 자가 중요한 직책을 담당함으로써 경제적 효율성이 보장되는 것이다. [표 2]의 효율성의 원칙이 충족된 것이다.

그러나 능력(재능) 우선의 원칙은 부정적인 측면을 내포하고 있다. 상대적으로 재능과 능력이 부족하거나 이러한 재능을 함양할 여건이 부족한 환경에서 성장한 사람은 사회에서 낙오된다. 롤즈는 자연적 자유 체제가 보장하는 능력 우선의 원칙은 단지 형식적인 기회균등의 원칙이라고 비판하였다. 비록 모든 사람이 중요 직책을 얻을 수 있는 법적 권리를 누리고 있지만, 재능과 능력을 키우고 발휘하는 것은 사회적 환경이나 운과 같은 우연적인 요소에 의하여 결정된다. 직관적으로 보아서, 자연적 자유 체제의 명백한 부정의는 분배의 몫이 도덕적으로 자의적 요소들에 의하여 결정된다는 점이다(Rawls 1971, p.72). 예를 들어 프로농구가 활성화된 사회에서 장신의 농구 선수가 고액의 연봉을 받고 있다고 가정하자. 그의 장신은 농구 선수로서 유리한 신체적 조건이다. 그는 뛰어난 농구 실력을 발휘하여 프로 농구 선수의 직책을 수행함으로써 그의 능력을 정당히 평가받고 있다. 즉, 업적주의(meritocracy)가 실현되고 있다. 그러나 단신의 농구 선수 지망생에게는 이러한 기회가 주어지지 않을 것이다. 불행하게도 단신의 농구 선수 지망생이나 태생적인 신체 장애자는 그의 능력을 개발하고 발휘하는 데 불리한 여건에 놓이게 된다. 신장과 신체적 조건에 따라 농구 선수로서의 재능의 개발에 차이가 발생하고, 그에 따른 소득의 격차가 발생한다면 이는 신장이라는 자연적 우연 요소(natural contingency)에 의한 분배이다. 신장이나 신체조건은 본인이 제어할(control) 수 없는 우연적 요소일 뿐이다. 또한 장신의 농구 선수가 고액의 소득을 올릴 수 있는 것은 그 사회에서 프로농구가 활성화되어 있기 때문이다. 만약 장신으로서 농구에 재능이 뛰어난 사람이 프로농구 리그가 없는 국가에서 태어났다면 그의 장신은 소득의 원천으로서는 무용지물이었을 것이다. 그가 우연히 프로농구가 활성화된 국가에서 태어난 사실은 사회적 우연 요소(social contingency)일 뿐이다.

동등하게 재능과 능력을 키울 수 있는 환경을 저해하는 요소 중
의 하나는 가족제도이다. 부유한 부모 밑에서 자라난 학생은 재능과
능력을 키우는 데 유리한 조건에 있다. 서울의 부촌에 거주하는 학
생과 지방의 빈촌에서 성장한 학생을 비교해보자. 부유한 가정환경
속에서 성장한 서울 출신 학생은 고액의 과외교육을 받았고, 가난한
가정의 지방 출신 학생은 열악한 교육환경에 처해 있었다. 대학수능
시험에서 서울 출신 학생은 높은 점수를 얻어서 일류대학의 의대에
진학하였다. 반면 가난한 가정환경에서 교육받은 학생은 대학에 진
학하지 못하고 중소기업에 취직하였다. 그들이 사회인이 되었을 때,
서울 출신 학생은 고액의 소득을 보장하는 의사에게 필요한 재능과
능력을 소유하였지만 지방 출신 학생은 그러하지 못하다. 비록 의사
의 능력이 중소기업에 취업한 단순직 노동자의 능력보다 월등하지
만, 두 사람 사이의 차이는 가정환경이라는 우연적 요소의 결과이
다. 그들이 장년이 되었을 때, 의사는 부유한 그의 부모님으로부터
많은 유산을 상속받았다. 그러나 노동자는 그의 부모들을 경제적으
로 부양하여야 할 처지이다. 부모의 경제력 차이 때문에 두 사람 사
이의 부의 격차는 더욱 심화되었다. 설상가상으로 그 노동자는 작업
장 안전시설의 미비로 산업재해를 당하여 불구가 되어 직업을 잃었
다고 가정하자. 결국 두 사람 사이의 부의 격차는 극심한 정도에 이
르렀다. 자식들이 성장하는 가정환경은 그들이 선택하거나 제어할
수 있는 것이 아닌 우연적인 요소이다. 중소기업에 취업한 노동자가
불우한 가정환경에서 성장하여야 할 필연적(necessity) 이유는 없다.
작업장의 안전시설 미비로 산업재해를 당한 불운은 그가 선택한 것
이 아니다. 이상의 예에서 알 수 있듯이, 롤즈의 우연적 요소에는

다음의 세 종류가 포함된다. 즉 그가 출생하고 성장하는 과정에서 그가 속한 사회적 계급(social class), 그가 갖고 있는 선천적 재능(native endowments), 사고나 질병과 같은 운적 요소(fortune) 등이다(Rawls 2001, p.55). 이러한 우연적 요소들로부터 야기되는 불평등은 부당한 불평등(undeserved inequality)이다. 민주 시민의 숙고된 도덕적 판단은 이러한 불평등을 용납하지 않으므로 이는 규제되어야 한다. 이처럼 자연적 자유 체제에서 능력 우선의 원칙은 형식적인 기회균등일 뿐이다.

이러한 부정의를 시정하기 위하여 자유적 평등 체제(system of liberal equality)에서는 능력 우선의 원칙뿐 아니라 공정한 기회균등(fair equality of opportunity)의 원칙이 추가된다. 즉, 그가 속하여 성장하는 사회적 계급과 무관하게 성인이 될 때까지 동등하게 능력과 재능을 개발할 수 있고 따라서 동일한 능력과 동기(motivation)의 소유자는 동일한 정도로 성공의 기회를 가져야 한다(Rawls 2001, p.44). 이러한 실질적 기회균등을 보장하기 위하여 자유적 평등 체제에서는 사회적 기본구조에 특별한 제약을 가해야 한다. 자유시장경제의 구조는 유지되어야 하지만, 과도한 부의 축적을 방지하여 가정환경의 영향력을 제거하여야 한다. 이를 위하여 상속세를 강화하고 증여에 제한을 가해야 한다(Rawls 1971, p.277). 또한 모든 학생들에게 공정한 교육의 기회를 제공하기 위하여 공립학교에서 무상교육을 실시하거나 사립학교에 보조금을 지급하는 등의 정책을 시행하여야 한다. 그럼으로써 교육을 통한 사회적 이동성(social mobility)이 가능해진다. 즉 가난한 부모 밑에서 성장한 자식 세대들도 교육의 기회균등 덕분에 능력을 개발하여 신분상승을 할 수 있어야 한다. 또한 기업의 중요 직책을 얻을 수 있는 기회를 특정 신분 출신만이 독점하는 제한이나 장벽을 제거하여 직업 선택에서의 기회균등을 보장하여야 한다(Rawls 1971, p.73, p.275). 이처럼 교육과 고용의 기회균등을 통하여 능력과 재능을 개발할 공평한 여건이 보장된 사회 체제에서 능력이 출중한 자와 그러하지 못한 노동자 사이에 발생하는 사회적, 경제적 불평등은 정당한 것이다. [표 2]에서 표시한 것처럼 자유적 평등 체제는 효율성의 원칙을 충족시킨다.

롤즈는 초기 저술에서는 기회균등을 실현하기 위하여 교육의 기회균등을 강조하였다. 그러나 후기 저술에서는 보다 광범위한 정책을 제안하였다. 즉 기회균등을 실현하기 위하여 모든 시민들이 의료혜택(medical care)을 누려 건강한 삶을 유지할 수 있고 따라서 사회 협동원으로서 역할을 수행할 수 있어야 한다. 또한 남녀평등과 여성의 기회균등을 보장하기 위하여 자녀의 양육과 교육을 여성에게만 과도하게 부과하는 것을 금하는 가족법을 제안하였다(Rawls 2001, p.11, p.174). 이처럼 시민의 가정생활을 규율하는 법을 제정한다면 국가의 역할은 보다 증가하게 된다.

[표 2]의 자연적 귀족 체제는 형식적 기회균등인 능력 우선의 원칙은 작동하지만 우연적 요소의 부당한 영향력을 시정하기 위한 제도적 장치가 없는 사회 체제이다. 다만 우연적 요소의 혜택을 보는 사회 상류층이 최하위 계층의 복지 향상을 위하여 귀족의 의무(noblesse oblige)를 지는 사회 체제이다. 예를 들어 사회 상류층이 경영하는 사업이 번창한 결과 최하위 계층의 취업 기회가 확장되는 혜택을 본다면 자연적 귀족 체제는 정당화된다. 이러한 면에서 롤즈의 차등의 원칙은 작동한다. 그러나 롤즈는 사회적 우연성의 영향력을 제어하지 못한다는 면에서 자연적 귀족 체제는 불안정한 체제이

고 정당화될 수 없다고 주장한다(Rawls 1971, p.74).

자유적 평등 체제는 자연적 자유 체제보다는 우월하지만 아직도 결점이 있는 체제이다. 특히 가족제도가 존재하는 한 우연적 요소의 영향력을 완전히 제거할 수 없고, 따라서 공정한 기회균등을 완벽히 실현할 수 없다(Rawls 1971, p.74, p.301). 아무리 교육의 기회균등을 사회에서 보장하여도 부유한 가정환경에서 성장한 자녀들은 재능을 개발할 유리한 입장에 있다. 반면 열악한 가정환경에서 성장한 자녀들에게는 재능을 개발하고자 하는 의지와 노력하려는(effort) 마음가짐도 약하다. 불우한 가정환경은 이들의 의지에도 부정적 영향을 미친다. 노력에 상응하는 결과를 얻기 위하여 필요한 요소인 도전하려는 의지의 형성마저도 행복한 가정환경과 사회 여건에 달려 있다(Rawls 1971, p.74). 따라서 이러한 사실을 파악하여 자의적 요소의 영향력을 완화시키는 정의의 원칙이 필요하다. 이를 위해 롤즈는 차등의 원칙(difference principle)을 제시하였다. 차등의 원칙에 의하면 사회적, 경제적 불평등은 사회 최하위 계층에게 도움이 되어야 한다. 기업가의 경제활동으로 발생한 물질적 이득이 사회 전반에 퍼져서 결국에는 최하위 계층 비숙련노동자의 복지를 장기적인 면에서 향상시켜야 한다. 또한 국가의 다양한 복지정책 시행으로 최하위 계층의 삶의 전망을 향상시켜야 그 불평등은 정당화될 수 있다. [표 2]에서 표시하였듯이 정의의 제2원칙인 공정한 기회균등과 차등의 원칙이 동시에 충족된 민주적 평등 체제가 가장 정의로운 사회 체제이다. 이상의 설명에서 알 수 있듯이 부모의 경제력과 같은 가정환경의 영향력은 심대하고 이러한 우연적 요소에 대처하는 방식은 정의사회를 가름하는 중요한 요소이다.

기회균등 개념의 적절성

1) 롤즈 기회균등 개념의 현실적 설명력

이상에서 설명한 바와 같이 중요한 직위나 직책에 필요한 능력과 재능을 학습할 수 있는 실질적 기회균등이 보장되어야 롤즈가 상정한 정의사회가 구현된다. 특히 피교육자가 처한 가정환경의 영향력을 완화하여 동일한 조건에서 재능과 능력을 키울 수 있는 교육제도를 수립하여 각자의 가치관을 실현할 수 있어야 한다. 그러나 롤즈의 주장은 많은 비판을 초래하였다. 이하에서는 롤즈의 기회균등 개념의 유용성을 실증적 자료와 한국의 교육 현실에 비추어 평가하겠다. 롤즈는 기회균등 원칙을 정당화하는 과정에서 재능을 함양할 수 있는 환경을 저해하는 자연적, 사회적 우연 요소의 심각성을 지적하였다. 특히 가정환경의 영향력을 완화하여 동등하게 능력과 재능을 개발할 수 있는 교육정책을 제시하였다. 그러나 가정환경이 자녀들의 교육성과와 나아가서 직업적 성공에 미치는 영향력의 정도에 대한 실증적 측정에 있어서 논란이 있다. 일부 학자의 실증적 분석에 의하면 가정의 영향력은 3세 유아의 언어구사력과 지능에 심대한 결과를 초래할 만큼 중요하다. 반면 일부 학자들의 실증 분석에 의하면 심각한 파탄 가족을 예외로 하고 가정환경의 영향력은 미미하다(Bowles 2005; Jencks 1972; Satz and Reich 2009; Mapel 1989; 김세직 2015). 필자의 견해로는 이러한 상반된 실증연구 결과는 측정(measurement)상의 한계 때문이다. 자녀들의 교육성과와 향후 직업적 성공에 영향을 미치는 요소들은 다양하다. 물론 부모의 교육수준, 직업, 소득수준 등 가정환경의 영향력이 존재한다. 그러나 그 외에도 인종, 가장의 성별, 출생지, 자녀의 수, 자녀의 지능(예를 들어 IQ), 자녀의 성격과 협동심과 같은 비인지적 능력 등 다양한 요소가 작용한다. 오직 부모의 경제력만이 자녀의 교육성과에 심대한 영향력을 미친다는 주장은 지나친 단순화이다. 이러한 다양한 요소 중에서 부모의 소득수준과 교육수준이 자녀의 학업성취도에 어느 정도 영향을 미치는가를 정확히 측정하고 이에 근거하여 교육의 기회균등 정책을 수립하는 것은 현실적으로 불가능하다. 기회의 균등을 정확히 측정하기 위하여서는 모든 변수들을 정의하여야 한다. 그러나 이는 현실적인 자료의 한계 속에서 실행할 수 없는 것이다(Ferreora and Gignoux 2011; Balcazar 2015; Corak 2016).

롤즈는 차등의 원칙을 제시하는 근거로서 가정의 영향력을 완화시킬 수는 있지만 완전히 제거할 수 없다는 점을 지적하였다. 특히 열악한 가정환경에서 성장한 자녀들에게는 재능을 개발하고자 하는 의지와 노력(effort)하려는 마음가짐도 약하다고 주장하였다. 불우한 가정환경은 이들의 의지에도 부정적 영향을 미치며 가정환경은 자녀들이 선택하거나 제어할 수 없는 우연적 요소인데 이러한 요소가 자녀들의 의지와 노력하려는 마음가짐에도 부정적 영향을 미치기 때문에 불평등은 용납될 수 없다는 주장이다. 그러나 램지의 비판에 의하면 노력마저도 자녀들이 제어할 수 없는 가정환경에 의하여 결정된다는 롤즈의 주장은 도덕적 책임감과 개인의 자율적 선택 능력을 부정하는 것이다(Ramsay 2005). 실제 불우한 가정환경을 극복하고 불굴의 의지와 노력으로 자신의 인생계획을 추구하는 자들이 있는데 이러한 사례는 개인 책임감(responsibility)의 중요성을 보여준다. 개인 노력에 대한 롤즈의 주장은 불평등의 모든 요인을 본인이 선택하거나 제어할 수 없는 우연적 요소로 돌리고 있다. 이는 극단적인 주장이다(Mulligan 2018; Knight 2012; Cavanagh 2002). 자녀들이 기울이는 노력의 정도마저도 가정환경에 의하여 결정된다면 이 세상에는 본인이 제어할 수 있는 것이 없는 셈이다. 또한 롤즈의 주장을 실증적으로 측정하는 것도 불가능하다(Satz 2012).

롤즈와 같은 자유주의자들의 주장에 의하면 개별 학생들은 상이한 인생 기회의 차이를 이미 간직한 상태에서 학교생활을 시작한다. 따라서 국가는 열악한 가정환경 때문에 불리한 처지에 있는 학생들에게 공정한 기회균등을 제공하기 위한 정책을 마련하여야 한다. 반면 보수주의자들의 주장에 의하면 개별 학생들은 그들의 지능, 근면, 노력, 의욕의 차이가 있는데 교육의 성과 차이는 노력과 희생의 결과이다. 학교교육 체제에서는 개별 학생들이 성공할 기회가 열려 있다. 만약 학생의 교육성과가 좋지 않다면 이는 개인의 노력 부족 때문이다. 이러한 상반된 주장을 실증적 자료에 의해 평가할 수는 없다. 가정환경과 같이 개인이 선택하거나 제어할 수 없는 요인과 노력과 같이 개인이 제어할 수 있는 요인을 실증적으로 구별할 수 없다(Basu and Stiglitz 2016; Rodriguez 2011). 각각의 요인들이 개인의 학업성취도에 미치는 영향력을 정확히 측정하는 것은 불가능하다. 실증적인 연구에서는 학생이 하루에 개인학습에 투자하는 시간으로 노력을 측정한다. 그러나 동일한 시간을 개인학습에 투자하였다고 동일한 학업성취도를 얻으리라는 보장은 없다. 동일한 가정환경하의 두 명의 학생이 동일한 시간을 학습에 투자하더라도 개별 학생의 집중도나 지능에 따라 학습 결과는 다를 것이다. 따라서 이러한 인과관계를 정확히 측정하는 것은 실증적으로 불가능하다.

롤즈의 기회균등 원칙에 의하면 그가 속하여 성장하는 사회적 계급과 무관하게 성인이 될 때까지 동등하게 능력과 재능을 개발할

194

수 있고 따라서 교육을 통한 사회 이동성(social mobility)을 실현하게 된다. 즉 가난한 부모 밑에서 성장한 자식 세대들도 교육의 기회 균등 덕분에 능력을 개발하여 신분상승을 할 수 있어야 한다. 이를 위하여 상속, 증여세의 강화와 교육적 지원을 제시하였다. 이러한 주장의 근저에는 사회 이동성이 가정의 영향력 때문에 방해를 받고 있다는 현실 인식이 깔려 있다. 한국의 경우 개천에서 용이 날 수 없다는 탄식이 제기되고 있다. 이러한 현실 인식은 실질적 기회균등 원칙을 정당화한다. 이에 대한 실증적 분석 연구가 진행 중이다. 국가에 따라서 사회 이동성 연구를 수행하기 위한 세대를 걸친 자료가 부족한 경우도 있다. 그러나 이러한 장기적 자료가 축적된 국가의 실증적 연구 결과가 존재한다. 몰러의 연구는 자식 세대의 소득이 부모 세대의 소득수준과 같은 영역에 속할 확률을 실증적으로 분석하였다(Moller 2019, p.145). [표 3]에 의하면 각국의 경우 자식 세대가 부모 세대와 동일한 소득계층에 속할 확률은 극히 적은 편이다. 다만 미국은 상대적으로 높은 편이다. 따라서 실증분석 결과에 의하면 사회 이동성이 본인이 속한 사회적 계층에 의해 방해받고 있다는 주장은 그 적실성이 부족하다.

	덴마크	스웨덴	영국	미국
1분위	0.247	0.262	0.297	0.422
2분위	0.249	0.225	0.228	0.283
3분위	0.224	0.223	0.188	0.256
4분위	0.223	0.217	0.247	0.252
5분위	0.363	0.374	0.346	0.360

[표 3] 부모 세대와 동일한 소득계층에 속할 확률

2) 기회균등 개념의 정책적 효과와 문제점

롤즈는 실질적 기회균등을 실현하기 위한 정책적 대안으로 상속과 증여의 제한, 공립학교 무상교육과 보조금 지급, 의료보험 확대 등을 제시하였다. 교육의 기회균등의 실현 가능성에 반대하는 자들은 하향평준화(levelling-down)의 위험성을 제기하고 있다. 국가의 기회균등 정책을 충실히 실현하기 위하여서는 불리한 가정환경에 있는 학생들의 교육여건 개선에 투자하고 유리한 여건에 있는 학생들의 가능성을 저하시켜야 하는데 이는 전체적 교육의 하향평준화를 유발한다. 하이에크는 이러한 정책은 문명사회와 부합하지 않는다고 비판하였다(Hayek 1960). 좋은 가정환경 덕분에 형성되는 지식에 대한 관심과 애착심은 학생들의 성취 능력에 도움이 된다. 이러한 이점을 향유하는 자는 사회의 자산이다. 평등주의자들의 정책은 이를 파괴하여 사용 불가능하게 만드는 것이다. 만약 정부에서 유리한 가정환경의 영향력을 차단하는 정책을 사용하지 않고 불리한 환경의 학생들에게 교육적 투자를 하여도 — 이것이 롤즈가 의미하는 기회균등 정책일 것이다 — 완벽한 기회균등을 실현할 수는 없다. 부유한 부모들은 자식들을 사립학교(한국의 경우, 특수목적고나 자율형 사립고)에 취학시키거나 공교육 밖의 영역에서 교육적 투자를 할 것이다. 즉 가정교사를 활용하거나 사설 학원을 이용할 것이다. 비록 열악한 처지의 학생들에게는 불리하겠지만 이러한 교육적 투자는 사회 전체의 인적 자본(human capital) 형성을 증가시킬 것이다. 따라서 생산성이 향상되어 경제발전을 이룩하고 결국 저소득층 자녀들에게도 도움이 된다(Freiman 2017; Sachs 2012). 프라이만은 사적 교육에 의한 인적 자본 형성과 이들에 의한 경제발전은 저소득층이 취업할 수 있는 직장의 수를 늘려서 도움이 되거나 실질임금을 향상시키는 경제적 효과가 있다고 주장하였다. 이러한 상황이라면 엘리트 교육이 보다 효율적일 것이다. 롤즈는 열악한 교육구(school district)에 투입되는 자원의 증가를 주장하고 있다. 교육자원의 투입이 실질적 기회균등 달성을 위한 수단이다. 그러나 동일량의 교육자원을 엘리트 교육에 투자하였다면 보다 높은 교육성취도를 달성할 수도 있을 것이다. 기회균등만을 중시하고 교육성취도를 무시한 정책은 결함이 있는 것이다. 이러한 주장에 찬성하거나 반대하는 학자들은 공통적으로 엘리트 교육이 보다 효율적인지 여부는 실증적인 문제라는 점에 동의하고 있다. 기회균등의 정책을 추구하여 저소득 자녀들의 능력을 발전시켜 전체적 사회발전을 성취할 것인지, 엘리트 교육이 인적 자본 형성과 경제발전에 보다 효율적인지는 실증적 분석을 통하여 논증하여야 한다. 그러나 이를 실증적으로 논증하는 작업은 현실적으로 불가능하다. 다만 기회균등뿐 아니라 학업성취도가 교육정책의 또 다른 기준이 되어야 한다는 주장은 적절한 지적이다. 보수주의자나 신자유주의자들은 시장의 경쟁논리를 교육시장에 적용하여 다양한 형태의 학교를 설립하여 이들 사이의 경쟁을 유도하고 학부모들이 학교를 선택하게 함으로써 교육의 질적 저하를 방지할 수 있다고 주장한다.

3) 교육철학적 비판

롤즈의 기회균등 정책에 대한 베이커의 비판에 의하면, 공교육제도하에서의 고등학교와 대학의 교육은 그 사회에서 이미 특혜를 누리고 있는 직업군이나 계층과 연계된 지식, 능력, 지능의 학습을 강조하고 있다는 것이다. 학과과정, 수업 계획서, 평가방법 등은 특별한 언어 능력과 논리, 수학 능력이 있는 사람에게 유리하게 구성되어 있다. 이러한 현상은 학교교육의 자원이 중산층이나 상류층의 경험과 삶의 계획에 편향되어 있다는 점을 보여준다. 진정한 기회균등을 보장하기 위하여서는 열등하고 불필요하다고 평가받는 지식의 형태도 인정받고 체계적으로 수용되어야 한다. 노동계급과 관련된 육체적 능력과 같은 요소도 인정받아야 한다(Baker and Lynch 2009; Kershnar 2004). 피쉬킨의 주장에 의하면 전문직이 하나밖에 없고, 또 추구할 만한 가치가 있는 일도 하나뿐인 사회에서는 청소년 시절의 단 한 번의 시험 성적에 따라― 예를 들어 한국의 수능 시험 점수― 모든 가능성이 결정된다. 이러한 시험은 그 사회에서 높이 평가되는 목표를 성공적으로 추구하기 위하여서는 반드시 통과해야 할 기회구조의 좁은 관문이다. 따라서 이를 통과하기 위한 치열한 경쟁이 발생하는 병목현상(bottleneck)을 야기한다. 이러한 현상은 그 사회의 높은 지위가 적으며 이를 차지하기 위한 능력이나 재능이 똑같다는 가정 때문에 발생한다. 이러한 상황에서 기회균등 정책은 특정 시민들이 가치를 부여하는 재능만을 발전시킬 뿐이다. 이러한 문제를 해결하기 위하여서는 하나의 주도적 제도, 가치, 목적 체제를 심화시키기보다는 광범위하고 다양한 가치를 추구할 수 있는 기회의 구조를 마련하여야 한다(Fishkin 2014). 비슷한 맥락에서 브릭하우스는 기회균등 개념은 사회를 제로섬(zero-sum) 게임으로 간주하는 것이라고 비판하였다(Brighouse and Swift 2014). 고수익을 보장하는 직업을 얻기 위한 재능을 양성할 기회균등을 강조하는 것은 사회를 경쟁적 맥락에서 파악하는 것이다. 즉 부유한 가정환경에서 성장한 나의 직업적 성공은 직업적으로 성공하지 못한 타인에게는 비난의 대상이다. 일부 학생이 유리한 기회를 누리고 있다는 사실은 타인의 기회를 박탈하여 그들에게 해악을 끼치는 것이다. 나의 성공은 타인의 패배를 초래하는 제로섬 사회라는 것이다. 브릭하우스의 주장에 의하면 모든 시민이 일정하게 한정된 동일한 가치를 추구하는 사회라면 기회균등 개념이 의미가 있지만 실제 사회는 그러하지 않기 때문에 그 적실성이 떨어진다. 우리는 특정 직업을 성취하기 위한 기회에만 관심을 가질 것이 아니라 그 직업의 지위, 안정성, 흥미도, 자아성취 정도 등에도 초점을 맞추어야 한다. 인간의 행복은 다양한 요소의 결합이기 때문이다. 특히 부모님들은 자식들의 성공에 대하여 다양한 견해를 견지하고 있고 이것이 가정 내에서 자녀들에게 심대한 영향을 미친다. 예를 들어 어떤 부모는 자식들이 독실한 신앙인이 되기를 원할 수도 있고 물질적 부만을 추구하지 않고 청빈한 인간이 되도록 교육할 수도 있다. 부모의 경제력보다는 저녁 식탁에서의 대화, 가족문화, 부모들의 양육방법이 자녀들의 삶에 심대한 영향을 미친다. 이러한 부모 자식 사이의 유대관계는 중요한 가치이다. 좋은 직장과 부를 얻을 수 있는 기회균등 개념보다 부모 자식 사이의 유대관계는 보다 가치 있는 것이다.

필자의 분석에 의하면 이러한 비판은 롤즈의 기회균등 개념에도 적용된다. 롤즈는 사회적 기본재라는 개념으로 정치경제적 제도 내에서 책임 있는 직위나 직책(offices and positions of responsibility)을 제시하였다. 개인의 가치관과 인생계획의 차이에도 불구하고 그 사회에서 책임 있는 직위나 직책은 모든 시민들이 공통적으로 추구하는 수단적 가치이다. 정의사회에서는 이러한 직위나 직책을 얻을 수 있는 실질적인 기회균등이 보장되어야 한다. 그러나 롤즈가 제시한 사회적 기본재로서 사회의 책임 있는 직위나 직책은 특정 시점에서 특정 부류의 시민들이 추구하는 가치이다. 사회적으로 중요한 직위나 직책을 얻는 데 필요한 재능을 습득하기 위한 기회균등 정책은 오히려 기회구조의 병목현상을 야기할 것이다. 소위 일류대학의 인기학과를 졸업하여 사회적으로 책임 있는 직위나 직책을 얻기 위하여 학생들은 대학입시라는 병목현상을 거쳐야 한다. 이러한 상황에서 국가 정책적으로 공교육을 통한 기회균등 정책은 병목현상을 심화시키거나 각종 정책적 부작용을 야기할 가능성이 있다. 이에 대한 대안으로 교육의 다양성을 추구하여야 한다. 한국의 경우 김영삼 대통령은 1995년 5·31 교육개혁안을 발표하여 교육 공급자 중심에서 학습자 중심의 교육으로, 획일적 교육에서 다양하고 특성화된 교육으로, 규제와 통제 중심에서 자율과 책무성 중심 교육운영으로의 교육정책을 추구하였다. 실제 2010년부터 자율형 사립학교가 설립되어 운영되고 있다. 이명박 정권에서는 특성화 고등학교를 지원하였다. 직업교육을 통한 취업을 목적으로 하는 특성화 고등학교에 대한 적극적 지원이 지속되어야 한다.

국가의 교육목적이 기회균등을 보장하기보다는 모든 학생들에게 적절한 내용(adequacy)의 교육을 제공하여 그들이 공적 영역에서 타인들과 대등한 위치에 서도록 하는 것을 목표로 하여야 한다는 주장이 제기되었다. 롤즈의 주장처럼 기회균등 정책을 통하여 사회적으로 중요한 직위, 직책에 필요한 재능을 함양할 수 있는 동등한 기회를 제공하는 것은 교육의 도구적 역할만 강조하는 것으로서, 이는 미래의 시민들을 지나치게 자기이익 중심적이며 물질적인 개념만을 육성하도록 유도하여 민주주의 전제조건인 정치적 덕목(political virtue)의 함양을 저해한다는 것이다. 따라서 모든 학생들은 사회교육(civic education)에 필요한 적절한 내용의 교육을 받아야 하며, 그 이상 수준의 교육에서는 불평등적인 교육기회가 허용되어야 한다(Burroughs 2016; Gutman 1989; Satz 2007; Anderson 2007). 교육은 선량한 시민(good citizenship)의 육성이 기본요소이고 정치공동체의 평등한 일원이 되기 위한 필요조건이다. 기회균등을 주장하는 것은 교육의 민주적 목적을 등한시하여 민주주의를 지원하기에는 너무 협소한 개념이다. 따라서 민주주의를 위한 사회교육으로서 적절한 내용의 교육이 강조되어야 한다. 적절한 내용의 교육을 주장하는 학자들 사이에는 그 내용에 있어서 약간의 차이가 있다. 그러나 다음의 요소는 공통적으로 강조되는 내용이다. 우선 민주 시민이 향유하는 권리를 행사할 수 있는 일정 수준 이상의 지식과 자신감을 배양해주어야 한다. 다양한 권리 개념을 학습하고 합리적 투표를 위한 지식을 학습하여야 한다. 또한 정치 참여에 필요한 적정 수준의 기술과 지식을 함양하여야 한다. 예를 들어 시민 배심원에 참여하기에 필요한 합리적 의심, 통계치를 해독할 능력 등을 학습하여야 한다. 이러한 지식 외에 학생들은 공적 결정을 하는 데 필요한 상호 협력 정신과 타인과의 관계를 형성하는 방법을 습득하여야 한다. 상호 이해심, 관용의 정신, 공감의 성향을 키우기 위해서는 교실에서 다양한 출신 배경의 학우들과 함께 교육을 받아야 한다. 미래의 사회지도자가 되기 위하여서는 다양한 배경의 타인을 이해하는 보다 감성적인 인간이 되어야 한다. 또한 대학 입학 사정에서 성적의 중요도를 줄이고 사회 모든 계층에 봉사할 수 있는 자질의 소유자를 선발하여야 한다. 이러한 선발 방식은 편협한 지식 위주 선발 방식의 문제점을 극복할 것이다. 한국의 경우, 2014년 인성교육진흥법을 제정하여 시행하고 있다. 이 법에 따라 전국의 초·

중·고등학교에서 인성교육을 의무적으로 실시하게 되었다. 교육부 장관은 인성교육진흥위원회의 심의를 거쳐 인성교육 종합계획을 5년마다 수립하여야 한다. 인성교육의 핵심 가치 및 덕목으로 예(禮), 효(孝), 정직, 책임, 존중, 배려, 소통, 협동 등이 제시되었다. 그러나 일부 비판가들은 예나 효와 같은 덕목이 한국의 현대 다원주의 사회에서 보편적으로 수용 가능한 것인지에 의문을 제기하고 있다. 보다 충실한 인성교육의 내용을 제시하고 효율적인 학습방법을 개발하여야 한다.

4) 예상치 못한 부작용

합리적 정책 결정을 위한 선결조건으로서 예상치 못한 부작용 (unexpected result)을 최소화하여야 한다. 정책 결정자들은 선한 의도로 특별한 정책을 시도하겠지만 그 결과 예상치 못한 부작용이 발생하는 경우가 많다. 따라서 합리적 정책 결정자들은 특별한 정책이 초래할 예상치 못한 부작용을 상정하여 이를 최소화하여야 한다. 이하에서는 롤즈의 기회균등 정책을 시행하였을 때 발생할 수 있는 예상치 못한 부작용을 중심으로 논의를 전개하겠다. 개발도상국의 교육정책을 분석한 토다로(Michael Todaro)에 의하면 기회균등 개념은 지나친 고등교육시설의 투자로 자원 배분의 왜곡 현상을 초래할 수 있다. 개발도상국에서 고용주들은 업무 수행에 필요한 적정수준 이상의 교육수준을 요구하는 경향이 있다. 충분한 업무 능력이 초등교육 이상을 요구하지 않는 경우에도 고용주들은 초등교육보다는 중등교육의 지원자를 선택한다. 이러한 상황에서 사회적으로 정당화되기 어려운 속도로 높은 수준의 고등교육시설 확대의 압력이 만성적으로 존재한다. 따라서 국가의 적정 자원 배분을 왜곡시킨다 (Todaro and Stephen 2016; Jimenez 1986; Bloom and Sevilla 2004).

한국의 경우 고등교육에 대한 수요 증가는 각종 부작용을 초래하였다. 특히 고학력 실업자 문제는 심각한 사회문제이다. 대학교육에 대한 수요 증가에 대응하여 정부가 입학정원제를 졸업정원제로 바꾼 1980년부터 고등교육기관의 학생 수가 증가하였다. 이는 장기 전망을 고려한 정원정책이 아니다(송병순 2002). 한국의 대학 진학률은 2004년부터 80%를 넘어섰고, 이는 OECD 평균 대학 진학률 56%보다 높으며 독일(36%), 일본(48%), 영국(57%), 미국(64%)보다 높은 것이다. 기회균등 정책은 대학교육의 질적 저하와 심각한 고학력 실업자 문제를 야기하였다. 2014년 기준으로 한국의 청년 실업률은 OECD 국가의 평균보다 심각한 상황이다. 고학력층의 비구직 이유로는 전공, 경력, 임금수준, 근로조건 등이 맞지 않아서가 48%를 차지하고 있어 고학력층의 경우 일자리 미스매치, 양질의 일자리 선호 현상으로 인한 실업문제가 두드러지는 것으로 나타났다(유진성 2015; 배진한 2014). 대졸자들이 취업하기에 적절한 일자리 규모에 비하여 대졸자의 숫자가 많기 때문에 고학력 실업자 문제가 발생하였고 저숙련 노동자들이 필요한 분야에서는 오히려 인력난이 가중되었다. 이처럼 예상치 못한 부작용은 심각한 수준이다.

이러한 상황에서 정치권에서는 반값등록금 제도를 도입하여 국가 재정으로 대학 등록금을 지원하고 있다.1) 소득연계형 대학 등록금

---

1) 물론 롤즈는 기회균등 원칙을 실현하기 위하여 반값등록금 정책을 제시하지는 않았다. 그러나 롤즈의 기회균등 원칙이나 차등 원칙의 연장선상에서 반값등록금 정책은 가능한 수단이다.

지원을 포함한 국가장학금 예산은 2012년 1조 9,740억 원, 2013년 2조 8,590억 원, 2016년 3조 8,778억 원이다. 막대한 국가 재정을 고학력 실업자를 양성하는 반값등록금에 지원하는 것이 바람직스러운지 의문이다. 반값등록금이 경제에 미치는 영향을 실증 분석한 유진성이 주장하였듯이 반값등록금에 자원을 투입하는 것보다 빈곤아동, 보육양육비, 노인, 장애인 등 저소득층 및 사회 취약계층의 지원과 일자리 창출을 위한 재원 활용 등 지원이 더 절실한 부문도 있어 자원 배분의 우선순위를 다시 한 번 고려할 필요가 있다(유진성 2014). 또한 유진성의 실증 분석에 의하면 반값등록금 정책은 한국의 국민총생산과 고용을 감소시키는 결과를 초래할 것이다. 고등교육에 대한 기회균등 원칙을 실현하기 위한 정부 정책의 각종 부작용은 정부 실패(government failure)의 전형이다. 정부의 실패라는 개념은 정부가 국민들이 필요로 하는 서비스를 가장 이상적인 상태로 제공하지 못하는 경우를 지칭한다. 대학 입학 정원 증가와 반값등록금 정책이 고등교육에 대한 과도한 수요와 공급을 유발하여 국가의 경제발전을 저해한다면 이는 정부의 실패이다.

5) 자사고 폐지 논쟁

현재 한국의 고등학교 중에서 일반 고등학교와 비교하여 자사고와 특목고의 존치 여부에 대한 논쟁이 일고 있다. 폐지를 주장하는 측에서는 자사고와 특목고의 높은 교육비 때문에 부유한 집안의 자녀들만 입학하여 교육의 기회균등을 해치고 일반고의 황폐화를 초래하고 있다고 지적하고 있다. 자사고 입학 전형 중에는 사회적 배려 대상자 전형으로 정원의 20%를 선발하지만 사회적 배려 대상자 전형에 지원자가 미달하는 경우가 발생하여 교육 양극화를 심화시키고 있다. 자사고의 도입 취지였던 특성화된 교육과정의 실현보다는 국영수 위주의 획일화된 교육으로 입시교육의 강화만을 초래하였다고 지적하고 있다. 반면 존치를 주장하는 측은 교육의 질을 높이기 위하여 다양성을 통한 학교 사이의 선의의 경쟁을 역설하고 있다. 공교육의 부실 때문에 사교육이 번창하는 시기에 자사고와 특목고가 그 대체 역할을 할 수 있다는 주장이다. 특목고나 자사고를 없애서 일반고와 수준을 맞추는 하향평준화는 시대의 흐름에 역행하는 정책이다. 자사고 폐지보다는 일반고의 공교육 강화를 통한 상향평준화를 제시하고 있다. 일반고 진학생 내부의 성적 편차가 크기 때문에 대학 진학자와 취업 희망 학생을 분류하는 교육과정의 다양화나 수준별 수업을 통한 공교육 강화를 대안으로 제시하고 있다. 이러한 논쟁은 서구사회에서 사립학교의 폐지 논쟁과도 맥을 같이 하고 있다. 부유한 가정환경의 자녀들만이 사립학교에 입학하는 것은 교육의 기회균등을 해침으로 이를 폐지하여야 한다는 주장이다. 물론 롤즈는 사립학교의 폐지를 주장하지는 않았다. 그러나 롤즈 이후 세대로서 교육기회를 주장하는 학자들은 이의 폐지를 역설하여 논쟁을 불러일으키고 있는 상황이다(Sachs 2012; Brighouse and Swift 2008). 따라서 롤즈 이후의 기회균등 주창자들의 논지에 초점을 맞춰 한국의 자사고와 특목고 폐지 논쟁을 분석하겠다.

자사고를 폐지하여 교육의 기회균등을 보장하자는 주장은 서구의 사립학교 폐지 논리와 일치하는 점이 많다. 서구의 사립학교 교육비용이 높듯이 자사고에 입학하기 위한 교육비가 높음으로 이는 부모의 경제력에 의한 기회균등의 불균형이라는 주장이다. 따라서 자사고를 폐지함으로써 학부모의 학교선택권을 제한하여 평등교육의 기반을 마련하여야 한다는 것이다.

그러나 이러한 정책은 부모의 교육권에 대한 침해이다. 부모들이 본인 자식들의 교육에 투자하는 것은 부모의 자유(parental liberty)이다. 부모와 자식 사이의 사적 관계는 소중한 가족가치(family value)이다. 부모가 자식들의 교육을 위하여 자사고를 선택하거나, 교육여건이 좋은 지역으로 이사를 하거나, 조기유학을 선택하거나, 그 결정은 부모의 자유 영역이다. 물론 경제력이 있는 부모가 일류대학 진학을 위한 교육투자보다는 기독교적 가치관에 입각한 자녀교육을 선택할 수도 있다. 이는 가정 내의 자유이다. 이 영역에 국가가 개입하는 것은 사적 영역의 침해이다. 물론 가정 내의 폭력과 같은 범법행위에는 국가가 개입하여야 하지만 그 외의 가정 자유에 개입하는 것은 부당하다. 따라서 기회균등을 실현하기 위하여 부모의 교육권을 침해하는 것은 정당화될 수 없다. 과거 전두환 정권 시절 과외 금지를 시행한 경험이 있다. 이는 가정 자유에 대한 심각한 침해이고 그 실효성에서도 실패한 정책이었다. 보다 근본적으로 기회균등의 원칙과 부모 자유는 필연적으로 상충하는 두 종류의 가치이다. 이는 해결할 수 없는 딜레마일 것이다.

결론

본 논문은 롤즈의 기회균등 개념의 적실성을 실증적 검증과 한국의 교육 현실에 비추어 분석하고 그 문제점을 지적하였다. 결과적으로 기회균등 개념은 많은 문제점을 노출하고 있다고 평가할 수 있다. 롤즈가 기회균등 개념을 제시한 이후에 이 개념의 확대 적용이 시도되었다. 그 결과 보다 많은 정책적 문제점이 지적되었다. 이러한 분석을 통하여 국가의 기능 면에서 그 범위의 중요성이 부각되었다. 결론적으로 국가 정책 결정을 위하여 이론적 논의와 그 실증적 분석의 중요성을 지적하는 바이다.

참고문헌

Alexander, Larry A. 1986. "Fair Equality of Opportunity." *Philosophy Research Archives* 11: 197-208.

Allen, Danielle and Reich, Rob eds. 2013. *Education, Justice, and Democracy*. Chicago: Univ. of Chicago Press.

Anderson, Elizabeth. 2007. "Fair Opportunity in Education." *Ethics* 117(4): 595-622.

Arneson, Richard J. 1999. "Against Rawlsian Equality of Opportunity." *Philosophical Studies* 93(1): 77-112.

Baker, John, Lynch, Kathleen, Cantillon, Sara, and Walsh, Judy. 2009. *Equality*. 2nd ed. New York: Palgrave Macmillan.

Balcazar, Carlos Felipe. 2015. "Lower Bounds on Inequality of Opportunity and Measurement Error." *World Bank Policy Research Working Paper* (7379): 1-8.

Basu, Kaushik and Stiglitz, Joseph E. eds. 2016. *Inequality and Growth*. New York: Palgrave Macmillan.

Ben-shahar, Tammy Harel. 2016. "Equality in Education." *Ethical Theory and Moral Practice* 19(1): 83-100.

Bloom, David E. and Sevilla, Jaypee. 2004. "Should There Be a General Subsidy for Higher Education in Developing Countries?"

Journal of Higher Education in Africa 2(1): 135-148.

Bowles, Samuel, Gintis, Herbert, and Groves, Melissa Osborne eds. 2005. *Unequal Chances*. Princeton: Princeton Univ. Press.

Brighouse, Harry. 2014. "Equality, Prioritising the Disadvantaged, and the New Educational Landscape." *Oxford Review of Education* 40(6): 782-798.

Brighouse, Harry and Swift, Adam. 2009. "Educational Equality versus Educational Adequacy." *Journal of Applied Philosophy* 26(2): 117-128.

Brighouse, Harry and Swift, Adam. 2008. "Putting Educational Equality in Its Place." *Educational Finance and Policy* 3(4): 444-466.

Brighouse, Harry and Swift, Adam. 2014. *Family Values*. Princeton: Princeton Univ. Press.

Brighouse, Harry and Swift, Adam. 2006. "Equality, Priority, and Positional Goods." *Ethics* 116(3): 471-497.

Burroughs, Nathan A. 2016. "Rawls, Republicanism and the Adequacy-equity Debate." *Theory and Research in Education* 14(2): 226-240.

Callan, Eamonn. 2016. "Democracy, Equal Citizenship, and Education." *Theory and Research in Education* 14(1): 77-90.

Cavanagh, Matt. 2002. *Against Equality of Opportunity*. Oxford: Clarendon.

Corak, Miles. 2016. "Economic Theory and Practical Lessons for Measuring Equality of Opportunities." *OECD Statistics Working Papers*.

Creedy, John and Kalb, Guyonne eds. 2006. *Dynamics of In-*

equality and Poverty. Oxford: JAI Press.

Ferreira, Francisco H. G. and Gignoux, Jereme. 2012. "The Measurement of Inequality of Opportunity." *Review of Income and Wealth* 57(4): 622-657.

Fishkin, James. 1983. *Justice, Equal Opportunity, and the Family*. New Haven: Yale Univ. Press.

Fishkin, Joseph. 2014. *Bottlenecks*. Oxford: Oxford University Press.

Freiman, Christopher. 2017. "Poverty, Partiality, and the Purchase of Expensive Education." *Politics, Philosophy & Economics* 16(1): 25-46.

_____. 2014. "Priority and Position." *Philosophical Studies* 167(2): 341-369.

Green, Philip. 1998. *Equality and Democracy*. New York: New Press.

Gutmann, Amy. 1987. *Democratic Education*. Princeton: Princeton Univ. Press.

Hayek, Friedrich A. 1960. *The Constitution of Liberty*. Chicago: Univ. of Chicago Press.

Jencks, Christopher et al. 1972. *Inequality*. New York: Harper & Row.

Jimenez, Emmanuel. 1986. "The Public Subsidization of Education and Health in Developing Countries." *World Bank Research Observation* 1(1): 111-135.

Kershnar, Stephen. 2004. "Why Equal Opportunity is not a Valuable Goal." *Journal of Applied Philosophy* 21(2): 159-172.

Knight, Carl. 2012. "Distributive Luck." *South African Journal of Philosophy* 31(3): 541-559.

Laslett, Peter and Runciman, W. G. eds. 1962. *Philosophy, Politics and Society*. 2nd Series. Oxford: Basil Blackwell.

Lazenby, Hugh. 2016. "What is Equality of Opportunity in Education?" *Theory and Research in Education* 14(1): 65-76.

Mapel, David. 1989. *Social Justice Reconsidered*. Urbana: Univ. of Illinois Press.

Mayer, Susan E. 1997. *What Money Can't Buy*. Cambridge: Harvard Univ. Press.

Meyer, Kristen ed. 2014. *Education, Justice and the Human Good*. London: Routledge.

Miller, David. 2013. *Justice for Earthlings*. Cambridge: Cambridge Univ. Press.

Moller, Dan. 2019. *Governing Least*. Oxford: Oxford Univ. Press.

Mulligan, Thomas. 2018. *Justice and Meritocratic State*. New York: Routledge.

Okin, Susan. 1989. *Justice, Gender, and the Family*. New York: Basic Books.

Ramsay, Maureen. 2005. "Problems with Responsibility." *Contemporary Political Theory* 4(4): 431-450.

Rawls, John. 1971. *A Theory of Justice*. Cambridge: Harvard Univ. Press.

____. 1993. *Political Liberalism*. New York: Columbia Univ. Press.

____. 2001. *Justice as Fairness: A Restatement*. Cambridge: Harvard Univ. Press.

Reich, Rob. 2013. "Equality, Adequacy, and K-12 Education." in Danielle Allen and Rob Reich eds. *Education, Justice, and Democracy*. Chicago: Univ. of Chicago Press. pp.43-61.

Rodriguez, Juan Gabriel ed. 2011. *Inequality of Opportunity*. Bingley: Emerald Group.

Roemer, John. 1998. *Equality of Opportunity*. Cambridge: Harvard Univ. Press.

Sachs, Benjamin. 2016. "Fair Equality of Opportunity in Our Actual World." *Theory and Research in Education* 14(3): 277-294.

____. 2012. "The Limits of Fair Equality of Opportunity." *Political Studies* 160(2): 323-343.

Sadovnik, Alan R., Cookson Jr., Peter W. and Semel, Susan F. 2013. *Exploring Education*. 4th ed. London: Routledge.

Satz, Debra. 2012. "Unequal Chances." *Theory and Research in Education* 10(2): 155-170.

____. 2008. "Equality, Adequacy, and Educational Policy." *Educational Finance and Policy* 3(4): 424-443.

Satz, Debra and Reich, Rob eds. 2009. *Toward a Humanist Justice*. Oxford: Oxford Univ. Press.

Schwartz, Justin. 2001. "Rights of Inequality." *Legal Theory* 7(1): 83-117.

Taylor, Robert S. 2004. "Self-Realization and the Priority of Fair Equality of Opportunity." *Journal of Moral Philosophy* 1(3): 333-347.

Walton, Gregory M. 2013. "The Myth of Intelligence." in Danielle Allen and Rob Reich eds. *Education, Justice, and Democracy*. Chicago: Univ. of Chicago Press: 155-172.

White, Stuart. 2010. "Equality of Opportunity and John Rawls's Critique." in Mark Bevir ed. *Encyclopedia of Political Theory* Vol. 1. London: Sage: 445-452

김세직, 류근관, 손석준. 2015. 「학생 잠재력인가? 부모 경제력인가?」. 『경제논집』 54(2): 357-383.

김정근. 2020. 「사교육비 경감대책으로서 공교육 정상화 정책 논증 분석」. 『정책분석평가학회보』 30(3): 139-179.

김진영. 2016. 「학력인구 감소와 경제구조 변화에 대응한 교육의 질 제고 방향과 과제」. 『한국 교육학회 세미나: 정책 환경 변화에 따른 교육의 질 제고』: 45-85.

김희삼 외. 2015. 「고교선택제와 고등학교의 균형적 발전방안」. 『서교연 교육정책 연구과제 보고서』(2015-3).

마사 누스바움. 우석영 옮김. 2011. 『공부를 넘어 교육으로』. 서울: 궁리.

박주호. 2014. 『교육복지의 논의』. 서울: 박영story.

배진한. 2014. 「청년층 직업탐색에서의 엄친아 효과에 대한 실증연구」. 『한국개발연구』 36(3): 121-168.

송병순. 2002. 『한국교육의 현실과 이상』. 서울: 문음사.

안종범, 전승훈. 2008. 「교육 및 소득수준의 세대간 이전」. 『재정학연구』 1(1): 119-142.

유진성. 2015. 「고학력 청년층 체감실업률 추정과 노동시장개혁의 필요성」. 『한국경제연구원 정책제언』(15-42).

_____. 2014. 「반값등록금의 영향과 정치경제학」. 『한국경제연구원 정책연구』(14-04).

_____. 2014. 「교육정책의 주요 이슈 평가와 개선방향」. 『한국경제연구원 정책연구』(14-16).

이덕난, 유지연. 2019. 「자율형 사립고 정책의 쟁점 및 개선과제」. 『NARS 현안분석』 Vol. 61.

이범. 2021. 『문재인 이후의 교육』. 서울: 메디치미디어.

이상명. 2017. 「균등한 교육을 받을 권리 측면에서 본 대학입시제도의 개선방안」.『법과 정책연구』17(2): 1-27.

장승희. 2015. 「인성교육진흥법에서 추구해야 할 인성의 본질과 인성교육의 방향」.『윤리교육연구』37(0): 75-104.

장영수. 2018. 「교육의 기회균등의 헌법적 의미와 개선방안」.『고려법학』89(0): 1-41.

최필선, 민인식. 2015. 「부모의 교육과 소득수준이 세대 간 이동성과 기회불균등에 미치는 영향」. (동국대)『사회과학연구』22(3): 31-56.

채진원. 2018. 「인성교육진흥법의 개정방안 논의」.『분쟁해결연구』16(1): 139-170.

Micheal P. Todaro and Stephen C. Smith. 김중렬 옮김. 2016.『경제발전론』제12판. 서울: 시그마프레스.

M. 빅토리아 코스타. 김상범 옮김. 2020.『존 롤즈, 시민과 교육』. 서울: 어문학사.

의미 있는 일과 역량

이양수 | 인하대학교

불평등과 야만이 우리 삶을 덮치고 있다. 경제와 문화는 양극화되고, 방향을 잃은 정책으로 미래의 불확실성은 가중되고 있다. 불평등과 야만을 극복하려는 이론적, 실천적 노력이 더욱 절실한 시점에서 제도를 통한 사회 불평등의 체계적 제거 가능성은 거대 담론 없는 현대사회에서 망망대해를 비추는 외로운 등대의 불빛처럼 한가닥 희망으로 다가온다.

롤즈는 사회계약이론에 입각해 현대 정의 담론의 새로운 이정표를 세웠다. 그는 사회의 최대 효율성에 편승한 공리주의 분배 원칙을 포기하고, 그 대안으로 최소 극대화 지향의 '차등 원칙'을 제안한다. 하지만 차등 원칙을 둘러싼 논쟁은 여전히 식지 않고 있다. 비단 이론에만 국한되지 않은 이 논쟁은 오히려 전방위적으로 확대되는 양상이다. 이 논쟁 과정에서 선택 중심의 기존 틀이 의심받기 시작하고, 역량 중심의 논의로 이행되어야 한다는 목소리도 커지고 있다.

이 글은 이런 이행의 근거를 찾아보고, 롤즈 철학의 가능한 답변을 추론해보는 데 집중한다. 정치적 자유주의의 이론적 근간을 견지하면서, 이런 전환의 가능성과 조건을 검토해보려 한다. 이 논문의 목표는 크게 두 부분으로 요약된다. 첫째, 롤즈 철학에서 '의미 있는 일(meaningful work)' 개념의 의의와 역할을 되짚어보고, 이 개념이 상대적으로 주목되지 않은 까닭을 살펴본다. 둘째, 의미 있는 일의 생산적 논의를 위해 역량(capability)이 요구되는 이유를 제시한다. 이 글의 첫 번째 목표는 의미 있는 일의 생산적 논의를 시도하는 것이고, 두 번째 목표는 이 생산적 논의와 역량 문제의 연계 지점을 조명하는 것이다. 이 시도가 성공적이라면, 롤즈 철학에서 선택에서 역량으로 이행할 수밖에 없는 근본 이유가 자연스럽게 제시될 것이다.

롤즈와 정의의 요구

롤즈 철학은 사회 불평등의 제도적 해결을 모색한다. 이른바 '원초적 입장'에서 도출된 정의 원칙은 사회 생산성을 높이고, 우연과 불운이 만들어낸 사회적, 경제적 불평등을 해소하기 위한 것이다. 롤즈 철학에는 적어도 두 가지 특징이 뚜렷하다. 첫째, 정치적 자유주의의 기조(基調)가 줄곧 유지된다. 어떤 복지로도 대체될 수 없는 개인의 자유가 우선시되며, 여러 측면에서 공리주의 정의 원칙과 대척점을 이루는 자유주의 정의 원칙이 부각된다. 둘째, 사회적, 경제적 불평등을 제거하기 위해 기회의 평등이 제도의 기본 원칙으로 설정된다. 롤즈 철학은 평등주의적이다. 무엇보다 기회의 평등을 달성하려는 의도가 다분하기 때문이다. 형편이 좋지 않은 계층에게 재-기회를 부여하는 것이 공정한 기회의 평등이며, 미처 사회에서 인정받지 못한 재능과 능력 발휘를 할 여지를 마련하는 것이 정의라고 생각한다. 개인의 자유는 훼손될 수 없는 개인 존엄성의 기반이다. 공정한 기회의 평등은 사회성원 모두에게 이득이 되는 사회 체제를 운영하는 하나의 방식이고, 롤즈 사회정의의 기본 방향이다.

롤즈의 출발점은 현실의 불평등이다. 아무리 기회의 평등을 부르 짖어도 역사적 선택에서 비롯된 우연적 요소를 피할 수 없다. 우연 과 불운으로 말미암아 생기는 불평등, 미흡한 제도 운영에서 비롯된 불평등은 여전히 해결해야 할 숙제로 남는다. 롤즈 정의 이론의 큰 장점은 선택과 우연이 만들어낸 불평등을 교정하려는 데 있다. 이른 바 '차등 원칙(difference principle)'은 사회 불평등을 해소하는 분 배 원칙이고, 다음과 같이 작동된다. 먼저 낮은 사회 기본 재화 (social primary goods) 지표의 계층을 선별하고, 그다음 그들에게 재량과 자질을 펼칠 기회를 제공한다. 제도 차원에서 이 원칙의 지 속적 적용으로 현실의 불평등은 완화되고, 점진적 변화가 달성된다. 롤즈의 길은 효용의 극대화를 노리는 공리주의 분배 원칙의 지향 방향과 정반대다. 성장 위주 정책보다 사회 약자의 처지 개선에 주 력하고, 그들의 능력을 사회생산의 근간으로 삼으려 한다. 물론 차 등 원칙의 적용은 유동적이고 탄력적이다. 사회 기본 재화 지표의 측정과 평가는 문화, 역사의 특수한 상황을 고려해야 하기 때문이 다. 지표의 추상적 보편성을 담보하면서, 상황의 우연성을 고려하는 탄력적인 제도 운영이 요구된다.

차등 원칙의 지속적인 적용은 '박애' 이상을 실현한다. 자유와 평 등이 내 것, 네 것의 구분, 그 권리를 인정하는 데 머문다면, 박애는 인간 상호관계의 이상인 형제애를 발휘하는 데 맞춰져 있다. 박애는 인간 사회성의 완성 과정이다. 물론 여기서 박애는 방금 묘사한 끈끈한 형제애와 같은 감정적 결합을 뜻하지 않는다. 이런 감정의 공동체는 롤즈의 자유주의 입장과 결이 같지 않다. 왜 박애가 요구될까? 정의의 요구가 충족되려면 사욕에 갇히지 않으면서 이타적인 사람의 공동체가 필요하다. 사실 이런 의도는 정의의 요구와 맞물려 있다. 정의는 단지 경제적 이득을 위한 사회 협력 체제에 그치지 않는다. 서로 의지할 수 있는 사회 협력 체제의 기반을 세우고 유지하는 것이 정의의 목표이다. 권리의 인정은 내 것, 네 것의 차이에 입각한다. 반면 상호 의존성은 타인과의 공존 가능성에서 출발한다. 롤즈에 따르면 차등 원칙의 실현은 상호 의존성을 확인하고 각인하는 정치적 과정이다.

정의로운 사회는 안정적 성장 안에서 평등을 구현한다. 안정적 성장은 무한 성장, 엄청난 부의 축적을 요구하지 않는다. 자기 선택의 존중, 윤택한 삶만으로도 충분히 정치적 안정을 이룬다. 정의로운 사회는 정의로운 삶의 지향점과 같다. 정의로운 사회는 안정 위주의 보수적 사회다. 적어도 지향점은 보수적이다. 물론 적어도 정치적 의미로 보수(保守)의 의미를 해석한다면, 롤즈의 의도를 호도하기 쉽다. 좌우 정쟁 대립은 롤즈의 의도와 거리가 멀다. 롤즈의 기본 입장은 정치색을 떠나 어디서나 적용될 정의 원칙을 찾고자 한 것이다. 이런 관점에 비추어 보면 롤즈의 시도는 정의를 최초로 이론화한 플라톤의 관점을 이어받고 있다. 사회 협업을 통한 공동체 이익 도모가 정의의 본래 역할이다.[1] 정의는 공동체 성원 모두를

---

1) 플라톤은 『국가』에서 이상국가의 이상을 이소노미(isonomy) 전통의 자족적 생산 체제를 그리고 있다. 자세한 내용은 『국가』 2권 369b-e를 참

행복하게 하고, 정의로운 법으로 제도를 운영하고자 한다. 이 구도
는 롤즈 정의 이론의 기본 골격이다.

여기서 기존 논의에서 도외시됐던 정의의 역할이 부각된다. 정의
는 공동의 활동이고, 제도 차원에서 지속되어야 할 인간의 공동 활
동을 전제한다. 달리 말하면 정의 체제는 상황 변화에도 지속될 수
있어야 한다. 정의 구현을 위한 공권력 활용이 요구되는 지점도 여
기다. 물론 공권력 자체는 정당성을 확보해야 한다. 상호 이득을 추
구하는 정의로운 사회에서 온갖 부정과 부패, 불공정의 통제는 필수
적이고, 따라서 정의로운 사회의 지속적이고 안정적인 유지를 위해
공권력은 필연적이다.

공권력의 역할과 정당성 문제는『정의론』,『정치적 자유주의』에
서 입장 차이를 드러낸다.『정의론』에서는 본격적인 논의가 진행되
지 않은 '내부 문제'로 간주되고,『정치적 자유주의』에서는 공권력
활용의 범위와 정당성에 대한 원칙적 답변을 제시하려 했다. 이 차
이 자체는 뜨거운 논쟁의 대상이고, 그 핵심에는 정의로운 사회의
안정성 문제가 있다. 공정으로서 정의를 지향하는 정치공동체는 시
민의 적극적 지지 없이는 존재할 수 없기에 정치적 안정은 정치 체
제의 중대 문제라 할 수 있다. 따라서 어떤 정의인가라는 물음 못지
않게 어떻게 정의가 지속될 수 있는가라는 엄중한 물음도 대답되어
야 한다.2)

조하라. 유사한 관점이 아리스토텔레스의『니코마코스 윤리학』1권에서
도 나타난다.
2) 두 저작의 문제 설정에는 근본적인 차이가 있다.『정치적 자유주의』의
전제는 합당한 가치의 다원주의라는 민주주의의 사실이다. 따라서 정치
적 자유주의는 경제 협력 과정 못지않게 가치의 다원성, 다원적 가치의
화해 가능성을 모색하고 있다. 가치의 차이가 갈등의 원천으로 비화할

차등 원칙과 불평등

롤즈 정의 이론은 공정으로서 정의를 표방한다. 롤즈의 정의관은 공리주의 정의관과 비교하면 더욱 뚜렷한 특징이 보인다. 공리주의 정의관은 성장 위주의 국부(國富) 증대, 그 잉여 생산의 정의로운 분배를 목표로 삼는다. 롤즈 정의관의 목표는 공리주의 정의관을 비판하고 대안을 제시하는 것이다. 효용의 한계 체감 법칙은 성장의 임계점을 전제하기 때문에 무한 성장은 사실상 불가능하다. 성장의 최적점에 도달하려면 자원의 효율적 배분이 필수적이다. 그러나 성장-기반 분배 방식에는 근본적인 약점이 있다. 우연적 선택에서 비롯된 현실 불평등에 눈감고 있기 때문이다. 공리주의는 자원의 효율성 분배로 성장의 최적점까지 도달하려 한다. 하지만 성장의 맹목적 추종은 성장의 임계점을 망각하는 무한 성장의 유혹에 빠진다. 적어도 정치적 선택은 성장의 임계점을 임계점으로 인정하지 않는다. 우발적이고 역사적인 정치적 선택은 사회 협력의 안정 기반을 붕괴시키는 결과를 초래하곤 한다.

무한 성장의 유혹은 완전고용의 이상과 맞닿아 있다. 모든 사람이 원하는 일자리가 제공되려면 성장이 멈춰서는 안 되기 때문이다. 성장을 통해 일자리를 제공한다는 것은 완전고용의 이상에 가깝게 갈 수 있다는 환상을 심어주기에 충분하다. 공리주의 정의관은 완전고용의 신화를 드러내지 않지만, 일상 믿음의 기반으로 활용한다. 경제성장이 곧 사회발전이다. 이 일상 믿음은 경제발전 없는 정의를 부정한다. 롤즈도 성장은 사회발전임을 인정한다. 하지만 '성장을

경우, 지속적인 정치 안정은 있을 수 없기 때문이다.

위한 성장'은 거부한다. 문제를 해결하기보다 문제를 가중하기 때문이다. 롤즈에 따르면 성장을 핑계로 개인 자유를 침해하거나 희생시키려 한다면 반(反)도덕적인 발상이다. 공정으로서 정의는 개인 자유의 양도될 수 없는 권리를 인정하는 것으로, 일상의 믿음에 뿌리를 둔다.

사회성장, 사회발전의 뿌리는 구성원 욕구의 충족, 이해관계의 만족과 맞물려 있다. 인간 존중의 전통은 사회 구성원의 자발적인 선택이 성장 동력이라 가정한다. 강요당한 선택은 자유일 수 없다. 따라서 사회성장, 사회발전은 나, 너, 우리의 온전한 선택에 입각하지 않으면 무의미하다. 개인 선택의 자발성을 훼손하는 온정주의 태도도 피해야 한다. 하지만 개개인의 선택이 아무리 누구도 침범할 수 없는 권리라 해도, 개개인의 무한한 자유 보장이 곧바로 사회의 성장과 발전으로 이어질 수는 없다. 누군가의 선택을 가로막는 나의 선택은 사회의 성장과 발전에 보탬이 되지 않는다. 공동체에서 상충된 선택은 제로섬 게임이다. 한쪽이 얻으면 한쪽은 잃을 수밖에 없다. 얻은 자의 선택은 잃은 자의 선택을 억압하려 한다. 따라서 자유는 상호 용인될 수 없어야 한다. 자유의 제약 없이 사회발전은 불가능하다.

개개인의 무제약적 자유는 신화다. 공정으로서 정의도 이 점을 충분히 인지한다. 대체될 수 없는 신성불가침한 자유는 동시에 책임이 따르는 개인의 권리이다. 해악, 위해(危害)는 용인될 수 없다. 더욱이 집단 선택의 성립은 개개인의 무제한 자유 행사에서는 불가능하다. 우리 모두에게 이득이 된다면 개인의 자유는 유보될 수 있어야 한다. 사회 선택(social choice)은 상호 이득(mutual advantage)의 전제에서 그 정당성이 확보된다. 공정으로서 정의는 개개인의 기본적 자유를 보장하고, 상호 이득이 가능한 사회 선택을 지향한다. 사회 협력의 진작은 정의의 목표이고, 상호 이득에 입각한 사회 선택이 모색된다. 이 두 요소를 충족하는 원칙을 찾는 것이 문제일 뿐이다.

다시 공리주의와 대비하면 문제의 핵심이 드러난다. 공리주의 사회 선택의 핵심 원리는 사회 효용이다. 공동의 이익을 위해 사소한 개인적인 선택의 포기는 당연한 것이다. 상호 이득에 대한 정의는 통상적인 사고방식의 테두리를 긋는다. 그러나 공동 이익을 도모하기 위한 개인 선택의 제약, 사회 효용을 위한 개인 선택의 제약은 엄연히 다르다. 이미 지적한 것처럼 사회 효용의 문제는 역사적이고 우연적인 선택과 관련된다. 사회 효용의 추구는 그 시대 상황 불특정 소수의 희생이 포함돼 있다. 반면 공동 이익을 위한 개인 선택의 제약은 규범적이다. 아직 특정되지 않은 가능성을 언급할 뿐이다. 따라서 사회 효율성을 전제로 한 공리주의의 사회 선택은 가시화된 동시대인의 희생을 바탕으로 한다. 상호 이득을 말하고 있지만, 잃은 자의 슬픔과 한은 감춰져 있다. 열매의 단맛만으로 성장 과정의 아픔을 잊을 수 없다. 열매의 단맛은 오히려 이 아픔을 상쇄시킬 수 있어야 한다.

공정으로서 정의는 한층 엄격한 노선을 취한다. 개인 선택이 존중되면서 상호 이득의 가능성을 모색한다. 롤즈는 『정의론』 1절에 명시한다. "개개인의 자유는 어떤 복지로도 유린될 수 없는 불가침의 권리"이다.3) 롤즈의 해법은 자유의 딜레마를 생산적 딜레마로 만드는 것이다. 사회제도는 제삼자의 객관적 위치에서 공평무사해

---

3) John Rawls, *A Theory of Justice*(Oxford: Oxford University Press, 1999), p.3. 이하에서 TJ로 축약될 것이다.

야 한다. 제도의 제1원칙은 당연 모든 사람의 동등한 자유를 인정하는 것이다. 이 원칙은 개인의 형식적인 동등한 자유를 선언한다. 그러나 개인 선택의 내용까지 동등할 수 없다.4) 개인 선택은 선호의 차이가 있기 때문에 갈등이 초래될 수 있다. 선호의 차이는 그럼에도 조화될 수 있어야 한다. 그러므로 생산적 딜레마는 다음의 형식을 취한다. 우선 개인의 동등한 자유에서 유래하는 갈등을 해소하는 기준이나 원칙이 필요하다. 동시에 개인 선택 차이에도 불구하고, 공동의 이익을 위해 개인의 자유가 제약되고, 그 범위가 규정되어야 한다. 더 나아가 개인 선택 차이에서 생긴 불평등을 규제할 원칙 또한 제시되어야 한다. 물론 개인 선택의 질적 차이를 감안하면, 그 양립 가능성은 아주 어려운 과업이다. 하지만 이 요구는 정의의 필요조건이기에 피할 수 없는 과업으로 남는다.

제도 자체는 암묵적인 원칙을 포함한다. 정의의 파수꾼으로서 제도는 한편으로 체제의 안정을 요구한다. 이른바 역사적 구성과 조화될 수 있어야 한다. 개개인의 선택은 문화생활의 조건이지만, 생활방식, 가치관의 차이는 정치적 안정을 위태롭게 하는 요인으로 작동한다. 사회 기본 제도를 매개로 한 정의는 정치와 문화의 긴밀한 관계에서 제기되는 문제 또한 적절하게 다뤄야 한다. 정의 원칙의 적용은 역사적 선택의 일환이라는 점을 명심해야 한다. 롤즈는 정치적 안정 문제를 민주주의 체제의 내적 문제로 간주해 다룬다. 민주주의는 '포괄적 교리'의 다양성을 인정하고 교리 간 화해를 모색하는 체

---

4) '자유의 공정 가치(fair value of liberty)', '자유의 내용 가치(the worth of liberty)'의 구분이 대표적이다. 자유의 공정 가치는 법 측면에서 고려되며, 동등한 자유의 기반이다. 반면 자유의 내용 가치는 개개인의 개성, 환경, 상황에 따라 독특한 내용을 담고 있으므로, 자유의 내용 가치는 역사, 문화의 맥락에서 다르게 평가될 수 있다.

제이다. 다원주의는 민주주의 정치의 작동 요건이다. 그러나 다원주의의 인정은 해결해야 할 정치적 숙제를 남긴다. 다원주의를 전제한 통합, 통합의 안정적 유지를 이룩해야 한다. 무력과 강압, 획일화는 민주주의 체제의 유력한 통합 방법이지만, 그 정당성을 확보하기 어렵다.

생각과 표현의 자유는 대체 불가한 인간의 기본권이다. 이 기본권의 인정은 민주주의의 아노미 상태를 부채질한다. 무엇보다 갈등과 반목으로 정치적 불안을 가중한다. 사소한 갈등과 반목도 일상 신념, 포괄적 교리의 이해관계로 바뀌고, 정적(政敵) 관계로 심화되면 사회제도의 합리적 운영은 더욱 힘들어진다. 도덕적 이견(moral disagreement)은 관용될 수 있다. 하지만 분노, 혐오, 증오와 같은 일그러진 심성 상태의 행위자를 관용하기는 매우 어렵다.5) 이런 상황에서 공정으로서 정의 문제는 원칙 이상의 강한 답변을 제시해야 한다. 경제적 이해관계가 다르고 문화적 가치관이 다른 사람들이 어떻게 정의로운 사회에서 공존할 수 있는가? 롤즈의 출발점이자 시종일관 유지한 문제 설정과 관련된 물음이다. 더 넓게는 공정으로서 정의는 공생을 넘어 공존 가능한 사회 화합을 이룩할 수 있어야 한다. 『정의론』에서는 차등 원칙을 통한 경제적 해법을, 『정치적 자유주의』에서는 결이 다른 정치적 해법을 제시한다.6)

---

5) 마사 누스바움은 자유주의 사회에서 등장하는 심성 상태의 문제점을 철학적인 관점에서 다루고 있다. Martha Nussbaum, *From Disgust to Humanity: Sexual Orientation & Constitutional Laws*(Oxford: Oxford University Press, 2010). 번역본은 조계원 옮김, 『혐오와 수치심: 인간다움을 파괴하는 감정들』(민음사, 2016).

6) 정치적 정의관은 '중첩 합의(overlapping consensus)'에 그 통합 가능성을 제시한다. 정치적 정의관은 특정 포괄적 교리에 의거하지 않고 오로

제도를 통한 불평등 해소는 물론 당장 완벽한 평등사회를 구현하지는 못한다. 그러나 개혁과 변화를 한 방향으로 제시한다는 데 의의가 있다. 개혁의 종착지는 평등사회. 이 종착지에 기필코 도달할 수 있는 이론적 근거를 마련한 것이 롤즈의 업적이다. 제도 차원의 원칙 정립은 사회 불평등의 지속적 해결이라는 목표 달성을 위한 것이고, 롤즈의 차등 원칙은 현실 불평등의 지속적 해결을 모색한다. 정치인의 당략적 처방으로는 사회 불평등의 근본적인 문제를 해결할 수 없다. 롤즈 철학은 모두의 행복이 충족될 수 있는 안정적 기반에서 정의를 추구한다. 여기서 중요한 물음 하나가 생긴다. 어떻게 제도 차원에서 지속적인 현실 불평등 해결이 가능한가? 이 물음의 답변은 공정으로서 정의의 현실성과 실효성을 따져보는 중대 계기로 작동한다. 이런 맥락에서 차등 원칙의 적절성 여부는 롤즈 철학의 가장 강한 고리이자 약한 고리로 작동한다.

차등 원칙과 최소 수혜자

장기 관점에서 보면 차등 원칙의 적용은 경제적, 문화적 불평등 해소라는 일차적 목표를 넘어 사회 통합으로 가는 길목과 같다고

지 정치적 개념에 의거한 정의관이다. 민주주의 사회는 정치적 정의관을 제도 규칙으로 승인한다. 따라서 표면상의 의견, 가치관 충돌은 적절한 시간이 흐르면 민주주의 사회의 정의관으로 수렴될 수 있다고 전제된다. 바로 이런 기대에 정치적 정의관과 포괄적 교리 간 '중첩 합의'가 이뤄진다. 하지만 이런 상황은 여전히 이론적 가능성일 뿐, 어떻게 정치적 정의관이 현실에서 사회성원의 지속적인 지지를 받을 수 있는지 해명해주지는 못한다. 롤즈의 입장이 『정의론』의 내적 한계를 뛰어넘었다는 평가와 단지 새로운 문제를 제시했다는 양가적 평가를 받는 이유가 여기에 있다.

할 수 있다. 롤즈의 기본 생각은 형편이 좋지 않은 사람의 상황을 개선하는 방향으로 우선적으로 불평등을 해소하자는 것이다. 형편이 나쁘다는 것은 강요에 가까운 선택 상황에 놓여 있다는 뜻이다. 그렇다면 형편을 낫게 한다는 것은 선택의 제약을 제거하고 상황을 스스로 개선할 수 있는 선택의 기회 제공을 뜻하지 않을까? 불량 주택 개선을 위한 자금 지원은 처지를 개선할 수 있을지라도, 그곳에 사는 사람의 자율적인 선택으로 이끌지 못한다. 금전적 보상을 통한 상황의 개선, 선택의 기회 제공을 통한 선택의 향상은 엄연하게 차이가 난다. 단도직입적으로 롤즈의 차등 원칙은 후자의 입장을 지지한다. 이런 가정은 사실 특별할 게 없다. 형편이 좋지 않은 사람들의 선택 기회의 확대는 자율성을 키우고, 자기 자신을 계발하고 발전시키는 기회를 제공하기 때문이다.

한 걸음 더 내디디면 꼬리를 무는 물음들이 이어진다. 우선 열악한 처지, 형편의 좋고 나쁨을 결정할 평가 척도를 제시해야 한다. 선택 기회 제공 방식도 논란거리다. 제도의 특성을 고려하면 더욱 심각한 문제에 봉착한다. 이미 지적했듯이 공정으로서 정의는 제도의 원칙을 모색한다. 그렇다면 지속적이고 안정적인 제도의 조건 또한 고려되어야 한다. 지속적이고 안정적인 제도를 운영하려면 어떤 선택의 기회가 제공되어야 하는가? 이 중차대한 문제 해결을 위해 '원초적 입장'의 관점이 요구되는 이유가 분명해진다. 안정적인 제도 운영 원칙이 바로 정의 원칙이고, 원초적 입장은 그 원칙의 보편성을 확보하기 위한 절차적 장치이기 때문이다.

논쟁의 여지는 있지만, 적어도 지속적이고 안정적인 제도 운영을 위한 두 가지 요건이 필요하다. 첫째, 지속적이고 안정적인 사회 운영을 위해서 차등 원칙의 적용이 특정 불평등 지표를 완화해서는 안 된다. 불평등 해소가 사회 생산성을 높일 수 있는 적극적인 고리로 작용해야 한다. 둘째, 사회 생산성과 효율성 유지는 지속적인 사회 협력의 바탕 위에서 이뤄져야 한다. 그렇지 않으면 일시적이고 잠정적인 사회 협력에 머물 것이기에 지속적인 정치적 안정 장치가 따로 필요하다. 사실 이 두 요건은 롤즈 정의 이론에서 충분히 검토되지 않았다. 주로 '원초적 입장'에서 도출된 정의 원칙 자체의 정당화 여부가 논의의 집중적 대상이었다. 물론 정당화되지 못한 정의 원칙은 이론의 실패로 귀결된다. 하지만 이에 못지않게 정의 원칙의 적용 과정에서 요구되는 조건이 충족되지 않으면 이론의 실효성에 의구심이 들 수밖에 없다. 특정 제도에 이식되지 못한 정의 원칙은 결국 폐기 처분될 것이다. 따라서 변화무쌍한 역사적 상황에서도 그 방향과 실효성이 입증되는 정의 원칙이어야 한다.

차등 원칙과 관련된 문제의 핵심은 다음 물음으로 요약된다. 차등 원칙은 어떤 방식으로 사회의 최소 수혜자의 삶을 개선할 수 있으며, 사회 협력을 진작시킬 수 있는가? 롤즈의 답변은 단연 긍정적이다. 형편이 나쁜 사람에게 더 많은 기회 제공은 자기실현의 재-기회 제공과 같다고 보기 때문이다. 롤즈의 입장은 일상의 도덕감을 반영한다. 형편이 나쁜 사람에게 그저 형식적 선택 기회 제공 이상이어야 하기 때문이다. 롤즈의 가정은 기회 제공의 의미는 자기 삶의 개척, 동등한 사회성원으로 인정받음, 더 나아가 삶의 개선이라는 도약을 일정 정도 암시하고 있다. 그러므로 기회 제공은 단지 선택 폭의 확대 이상이다. 기회를 제공받는 자는 한층 넓은 의미에서 도덕적 행위자로 인정받아야 한다. 자기 삶의 주인공, 자기 책임의 주체, 사회에 이바지하는 동반자로 인정받는 선택이 가능해야 한다. 이런 주체는 정치적 자유주의가 가정하는 행위자이며, 공정의 기반이자 정의 실현의 주춧돌이다.

공교롭게도 믿음과 현실에는 엄청난 괴리가 있다. 비판의 요지는 기회 제공이 우리의 바람대로 기회를 제공받는 자의 최선의 삶으로 끌어올린다는 보장은 없다는 것이다. 비판은 아래와 같다. 차등 원칙의 목표가 사회 약자에게 자기실현의 기회를 다시 부여하는 것이라면,[7] 차등 원칙의 실행에는 수혜자의 선택 방향까지 포함되어야 한다는 것이다. 만일 선택 기회 제공만으로 만족하여 선택 내용에 개입하지 못하면 선택의 잘못은 전적으로 선택자의 몫이고, 선택의 잘못을 교정할 수 없을 것이다. 여기에는 딜레마가 작동한다. 수혜자의 선택 내용에 개입하면 적어도 온정주의에 빠지거나 강요와 다를 바 없을 것이고, 그렇다고 선택 기회의 재-제공은 공정에 위배될 것이다. 다음 선택의 사례는 자주 인용된다. 선택의 기회를 제공했지만 자기 꿈을 실현하기 위해 열심히 노력하는 사람과 향락을 좇는 사람의 선택 차이는 하늘과 땅 사이처럼 엄청난 결과의 차이를 낸다. 개인 선호 차이를 인정하고, 선택의 합리성을 용인한다면, 결국 대답은 자기 선택에 대한 책임을 지우는 것이다. 그러나 이 결과

---

7) 롤즈의 표현으로는 '사회의 최소 수혜자'이다. 사회의 최소 수혜자는 사회 기본 재화(social primary goods) 지표로 결정된다. 사회 기본 재화는 인간이면 누구나 누려야 할 최소치의 가치 내지 필요를 뜻한다. 하지만 『정치적 자유주의』 출간 이후, 기본 재화는 정치적 인격관에 의거해 규정된다. 시민으로서 누려야 할 도덕 능력의 발휘 조건이라 정의된다. 이런 이행 과정에서 롤즈는 기본 재화를 탄력적으로 적용하지 못했다는 센의 비판에 직면한다. 롤즈의 대응은 다음을 참조하라. John Rawls, *Justice as Fairness: A Restatement*, edited by Erin Kelly(Cambridge, Mass.: The Belknap Press of Harvard University Press, 2001). 최소 수혜자에 관련해서는 §17, pp.57-61, 기본 재화에 관련해서는 §51, pp.168-171을 참조하라.

는 차등 원칙의 본래 목표와 멀어진다. 그렇다면 제도 차원에서는 어떤 선호(preference)의 우열도 가릴 수 없는가? 어떤 가치도 개입하지 않은 도덕적 중립 상태로 남아 있어야 하는가? 선택의 내용은 관여하지 못하더라도 선택의 방향은 논의될 수 있는 것은 아닌가?

물론 선호 차이를 자의적으로 평가하고 조정한다면 지극히 위험한 일이다. 이런 맥락에서 사회 약자에게 적용되는 평등은 '선택의 평등'이 아닌 '자원의 평등'이어야 한다.8) 이 대목에서 롤즈의 의도를 되짚어보자. 차등 원칙은 형식적으로는 "사회 최소 수혜자들에게 이득이 될 때만" 사회 불평등을 용인할 수 있다고 명시한다. 무슨 뜻인가? 사회제도의 운영 방향이 최소 수혜자의 시각에 집중해야 하는 이유는 무엇인가? 이 대목에서 차등 원칙의 내용 측면에 주목할 필요가 있다. 롤즈의 설명에 따르면 차등 원칙은 상호성 원칙, 박애 정신과 같은 일상의 도덕과 밀접한 연관이 있다. 차등 원칙은 일상 도덕적 믿음의 방향과 일치할 수 있다는 데서 정당성을 얻는다. 왜 도덕적 믿음인가? 도덕적 믿음이 일상에서 차지하는 역할은 무엇인가? 롤즈의 의도를 제대로 파악하려면, 따라서 상호성 원칙

---

8) '자원의 평등(equality of resource)'을 주장한 사람은 드워킨(Ronald Dworkin)이다. 드워킨에 따르면 선택의 평등은 개인의 선호에 의존하기 때문에 시장을 통한 조정 작업이 불가능하다. 하지만 자원의 평등은 시장을 통해 조정 가능하므로, 차등 원칙은 제도 차원에서 그 목표를 견지할 수 있다고 주장한다. 그의 논의는 다음 논의를 참조하라. R. Dworkin, "What is Equality? Part 1: Equality of Welfare", *Philosophy and Public Affairs*, Vol. 10, No. 3(Summer, 1981), pp.185-246; "What is Equality? Part 2: Equality of Resources", *Philosophy and Public Affairs*, Vol. 10, No. 4(Fall, 1981), pp.183-345. 동시에 드워킨은 '역량의 평등'조차도 '자원의 평등'을 전제해야 한다고 주장한다. Ronald Dworkin, "Equality and Capability," in *Sovereign Virtue*(Cambridge, Mass.: Harvard University Press, 2000), pp.285-303.

과 박애 정신을 반영하는 차등 원칙의 진면목을 살펴볼 필요가 있다.

상호성의 원칙은 통상 인격의 동등 관계를 지칭한다. 그러나 인격의 동등 관계만큼 상호성 원칙에는 시혜자와 수혜자 간 불평등한 상호관계가 작동한다. 말하자면 주고받는 관계는 평등을 지향하지만, 불평등이 존재할 수 있는 관계이다. 이런 관점에서 보면 차등 원칙은 수혜자 관점의 분배를 요구한다. 시혜자 관점은 특정 이점을 주는(giving advantage) 관점이고, 수혜자 관점은 특정 이점을 받는(taking advantage of) 관점이다. 차등 원칙이 수혜자의 관점에 서야 하는 이유는 무엇인가? 수혜자의 도덕성을 회복하고, 스스로 자립할 수 있는 처지를 만들려고 하는 것은 아닌가? 박애 정신도 마찬가지다. 박애는 수혜자 관점에 머무르는 것 이상이다. 수혜자의 실질적 능력을 향상시키는 적극성이 내포돼 있다. 이런 맥락에서 차등 원칙이 박애 정신의 실현이라는 롤즈의 말이 이해된다. 핵심은 수혜자의 관점에서 수혜자의 능력을 향상시켜 사회발전에 이바지할 수 있어야 한다는 생각이다. 이렇게 본다면 롤즈의 차등 원칙은 수혜자의 관점에서 기회 제공 이상으로 작동해야 한다. 수혜자의 처지를 적극적으로 향상시키면서 인격의 동등성과 상호관계의 평등성을 회복시켜야 한다. 적어도 이런 방향으로 나아갈 수 있는 환경을 마련해야 한다.

차등 원칙의 적용은 수혜자 선호를 인정하는 것에 머물지 않고, 좀 더 사회발전에 부합하는 방향으로 수혜자의 선택 기회가 주어져야 한다고 추론할 수 있다. 만일 비판자의 주장처럼, 선택의 다양성만 존중된다면, 수혜자의 선택은 사회발전과 무관하게 진행될 가능성이 매우 높아진다. 이 경우 도출된 결론은 선택자의 책임론으로 회귀할 수밖에 없다. 이런 식의 주장은 롤즈의 본래 의도와 많이 벗어나 있는 듯하다. 무엇보다 최소 수혜자에게 제공된 기회가 사회 생산성 향상이라는 차등 원칙의 숨은 전제를 고려하면 이런 해석은 타당성을 얻는다. 이 해석을 받아들이면, 최소 수혜자에게 제공된 기회가 수혜자의 조건을 향상시킬 수 있는 방향과 어떤 식으로 연계되어야 함은 말할 필요가 없다.

최소 수혜자에게 제공된 기회가 어떻게 수혜자의 실질적 상황을 개선할 수 있을까? 이 물음의 대답은 상황 개선을 측정할 기준, 즉 사회 기본 재화(social primary goods)를 요구한다. 사회 기본 재화는 사회적 필요의 반영물이다. 따라서 차등 원칙의 적용은 사회 기본 재화 지표를 높이는 방향이어야 하고, 사회적 필요를 충족해야 한다. 차등 원칙이 선택의 평등보다 '자원의 평등'에 적용되어야 한다는 드워킨의 주장의 근거도 여기에 있다. 사회 기본 재화는 사회 불평등의 척도이자 평등한 사회의 조건으로 설정된다. 인간 욕구와 필요의 결핍은 상황의 불평등을 드러내고, 결핍의 해소는 행위자로서 사회 약자의 인정, 더 나아가 사회 생산 활동에 기여할 행위자로 인정하는 계기가 된다.

차등 원칙과 역량

다음 물음에 집중해보자. 차등 원칙을 통한 기회 제공이 실질적으로 수혜자의 능력을 향상시킨다고 할 수 있는가? 비옥한 토양에 뿌린 씨앗이 결실을 맺듯, 적절한 조건이 갖춰지면 인간 능력도 자동적으로 성숙되는가? 지극히 상식적인 가정이지만, 철학적으로는 풀어야 할 숙제가 많다. 예를 들어 인간의 잠재력을 생각해보자. 숨어 있는 잠재력을 발굴하려면 그 잠재력을 꽃피울 조건이 마련되어야 한다. 따라서 시의적절한 제도 차원의 지원은 최소 수혜자의 잠재력을 발현시킬 것이라는 추론은 아주 자연스러워 보인다. 하지만 이 상식적인 대답은 철학적인 숙제를 남긴다. 무엇보다 최소 수혜자를 향한 제도적 지원이 잠재력 향상의 조건이 될 수 있는지 의문이 남는다. 잠재력 향상의 조건은 무엇인가? 이 물음의 대답은 특정인을 지칭할 때만 가능하다. 그럼에도 추론되는 공통분모는 잠재력 향상을 위한 실질적인 동기 부여, 행위 동인이다. 무슨 뜻인가? 차등 원칙의 적용이 이 조건을 만족시키지 못하면 실패로 끝날 가능성이 높다는 뜻이다. 어떻게 최소 수혜자의 잠재력을 발휘 또는 향상시킬 수 있는가? 이 조건의 탐색은 아마티아 센(Amartya Sen)의 비판을 피할 길이 없어 보인다.9)

---

9) 센의 논법에 주목하는 이유는 간단하다. 차등 원칙의 방향에는 동의하면서도 그 실효성에 매우 회의적이기 때문이다. 센은 실질적 기능이 발휘될 수 있는 영역과 관련된 인간 역량을 강조한다. 인간 능력은 추상적일 수 없다. 차등 원칙의 적용은 특정 문화 속에서 실질적으로 발휘될 자유의 조건과 밀접하게 관련된다. 실제로 센은 개인의 행복에 기여할 수 있는 자유의 발휘 조건을 강조한다. 센의 역량 개념은 이런 점에서 자유의 문제이자, 자유 실현의 문제로 귀착된다. 센의 역량 접근법에 대해서는 다음을 참조하라. Amartya Sen, *Inequality Reexamined*(Cambridge, Mass.: Harvard University Press, 1992); *Development as Freedom*(New York: Anchor Books, 1999); "Well-Being, Agency and Freedom: The Dewey Lectures 1984," *The Journal of Philosophy*, Vol. 82, No. 4 (April 1985), pp.169-221; "Capability and Well-being," in Martha Nussbaum and Amartya Sen, *The Quality of Life*(Oxford: The Unite Nations University, 1993); "Development: Which Way Now?" *The Economic Journal*, Vol. 93, Issues 372(December 1983), pp.745-762; "The Economics of Happiness and Capability," in *Capability and Happiness*, Luigino Bruni, Flavio Comin and Maurizio Pugno, eds.

제도 차원에서 차등 원칙의 적용은 사회 재원과 자원의 활용 방식과 긴밀하게 연관돼 있다. 어떻게 사회 자원과 재원을 활용할 것인가? 두 가지 방향이 주도적이다. 하나의 방향은 이전에 누릴 수 없던 최소 수혜자의 선택 폭을 넓히는 것이고, 다른 하나는 사회 효용에 부합하는 선택을 하도록 권장하는 것이다. 앞의 것이 자유지상주의 논변에 입각한다면, 뒤의 것은 공리주의 사회 선택에 가깝다고 할 수 있다. 롤즈는 물론 양 극단을 피해 중도의 길을 택한다. 이렇게 판단하는 근거는 단순하다. 롤즈의 정의 원칙에 따르면 사회 자원과 재원은 수혜자의 사회 기본 재화 지표를 높일 수 있어야 한다는 단서 조항이 중요하다. 이 분배 방식은 차등 원칙의 제도적 적용이 무분별한 선택을 조장하는 것도, 사회 효율성에 종속돼서도 안 된다는 함의를 깔고 있다.

물음의 핵심은 사회 자원과 재원의 분배가 최소 수혜자에게 이득이 되어야 한다는 전제를 충족하는 방법이다. 이 전제는 사회 자원과 재원의 분배가 최소 수혜자 삶의 형편을 낫게 한다는 뜻으로 해석될 수 있을 것이다. 형편을 낫게 한다는 뜻은 금전적 보상으로 선택의 폭을 넓히는 것일 수 있다. 예를 들어 건강검진의 기회, 제때교육받을 기회 제공은 분명 수혜자의 형편을 낫게 해준다. 그럼에도이 경우 수혜자의 능력이 향상된다는 보장을 위해서 한층 심화된조건이 필요하다. 롤즈의 숨은 전제는 수혜자의 능력 발휘는 자발적이고 자율적이어야 한다는 것이다. 따라서 최소 수혜자의 형편을 낫게 한다는 것은 그저 물질적 상황을 개선시킨다는 의미를 넘어 한건실한 시민으로서 능력을 발휘할 수 있는 조건이라는 적극적인 의

(Oxford: Oxford University Press, 2008), pp.16-27.

미로 해석되어야 할 것이다. 그러려면 기회 제공이 최소 수혜자의 적극적인 행위 동인으로 작동해야 한다.

바로 이 대목에서 센의 비판이 주효하다. 만일 사회 자원과 재원의 제공이 행위자의 실질적 선택, 행위 동인으로 이어지려면, 그 선택 영역은 개인의 선과 사회 효용으로 환원될 수 없는 영역이고, 그 영역을 행위 동인으로 수용할 조건을 생각해봐야 한다. 지금까지 논의로 미루어보면 수혜자의 이득은 개인 능력과 무관해서도, 그렇다고 사회 효용에 맹목적으로 끌려가서도 안 될 것이다. 코언(G. Cohen)은 수혜자의 선택 조건을 '중간지대(midfare)'라는 말로 지칭한다.10) 물론 코언은 중간지대를 '선과 효용 사이'에 존재하는 선택 영역으로 정의한다. 그러나 행위자에게 이 영역을 적용하면 그 영역의 범위를 명확하게 밝히기는 쉽지 않다. 행위자에게 선이라 함은 개인의 잠재력과 관련되며, 동시에 간접적으로 사회발전에 기여할 수 있어야 하기 때문이다.

이런 추론은 경제적 요인에 따른 사회 선택 이론에 입각한다. 개인의 이익을 도모하는 개인 선택과 공동체 이익을 추구하는 사회 선택의 양자택일에서 공동체 선택을 우위를 둘 가능성이 높다. 사회 효용에 집착하면, 행위자의 선택은 공리주의 정의 원칙이 지향하는 최대 극대 원칙과 별반 차이가 없을 것이다. 이 경우 기회를 제공받은 선택의 기회는 수혜자의 처지나 형편을 개선하지 못하고, 사회

---

10) G. A. Cohen, "Equality of What? On Welfare, Goods and Capabilities," *Recherches Économiques de Louvain / Louvain Economic Review*, Vol. 56, No. 3/4, *Alternatives to Welfarism*(1990), pp.357-382; Amartya Sen, "Equality of What?" in *Choice, Welfare and Measurement*(Cambridge, Mass,: The MIT Press, 1982), pp.353-369. 이 책의 재판본은 Harvard University Press에서 1997년에 출간되었다.

효율성에 높이는 데 일조할 뿐이다. 반대로 사회 효용에 무관하게 개인 선호에 따른 선택으로 끝난다면, 개인의 잠재력을 키운다는 보장이 필요하다. 따라서 차등 원칙이 최소 수혜자의 도덕적 능력을 강화해야 한다는 롤즈의 가정을 충실히 따른다면, 수혜자의 선택이 개인의 단순한 기호를 넘어서면서도, 사회 효용에 매몰되지 않는 중간지대의 선택이어야 한다. 적어도 자원의 평등 못지않게 행위자의 동기 측면에서 차등 원칙의 적용이 수혜자에게 이득이 됨을 입증해야 한다.

'역량 평등'을 강조한 센의 결론은 이 대목에서 매우 시사적이다. 중간 영역의 선택은 결국 행위자의 역량 발휘와 연관돼 이루어질 가능성이 높다. 센의 입장은 앞서 언급된 롤즈의 요건을 충족하는 데, 행위자의 역량에 대한 관심이 자원 제공 이상의 행위 동기 부여 내지 동인을 고려하기 때문이다. 그럼에도 자원과 재원의 활용이 행위 동기로 작동하기 위한 조건을 찾기는 만만치 않다. 형식적 선택이 아닌, 실질적인 선택이 고려되어야 한다. 무엇보다 기본 재화가 수혜자의 기본 능력을 실질적으로 향상시킬 수 있는 방향성이 제시되어야 한다. 센의 관심은 인간의 기본 능력이 작동할 수 있는 기능의 실질적 영역이고, 이를 가리켜 '역량(capability)'이라 부른다. 이런 구도에서 보면 차등 원칙의 적용이 수혜자의 역량을 실현시킬 수 있어야 한다는 추론은 자연스러워 보인다. 『정의론』에 제시된 기본 재화의 설명은 수혜자의 역량을 전제하면서도 구체적으로 명시하지 못하고 있다. 롤즈도 이 점에 수긍하면서, 기본 재화의 추상성에 대한 센의 비판을 받아들이고 있다.11)

---

11) John Rawls, *Justice as Fairness: A Restatement*, p.169. 롤즈는 기본 역량에 비추어 기본 재화를 재정립하고 있다.

기본 재화의 '물신 숭배'적 요소는 널리 알려진 센의 비판이다. 추상적인 기본 재화를 실질적인 이득의 구체적인 지표로 해석하고 있다는 것이다.12) 물론 현실적 요인을 고려해 기본 재화를 측정할 경우 문화상대주의로 치우칠 위험성도 배제할 수 없다. 따라서 행위자의 역량은 사회적 필요라는 객관적 기준으로 측정되기보다 행위자의 능력이 구체화될 수 있는 사회문화적 조건과 밀접하게 연관된다. 역량 평등의 노선을 택하고 있는 센에 따르면 인간의 역량은 특정 문화, 민주주의 방식과 떼어놓고 생각될 수 없다. 징의가 만일 사회 약자인 최소 수혜자의 역량을 강화하는 방향으로 전개되려면, 사회 불평등의 평가에는 역사적, 정치적 평가가 개입될 수밖에 없다. 민주적 열망은 사회 불평등을 제거하려는 노력과 긴밀하게 연결돼 있고, 불평등의 해소는 사회제도의 신뢰를 전제로 하기 때문이다. 이렇듯 최소 수혜자 역량 강화는 제도적 해결의 중심축으로 작용한다.

개개인의 역량 강화는 분명 개인주의 문화 전통의 중요한 전제이다. 이런 맥락에서 개인주의 전통의 롤즈 이론 해석은 당연해 보인다. 원초적 입장의 설정은 정의 원칙을 도출하기 위한 것이며, 개인의 합리성에 입각한 상호 동의, 사회계약의 제약과 밀접하게 관련된다. 하지만 개인주의 문화 전통의 정치관은 중대한 편견이 작동한다. 개인의 이해관계 증진을 사회 협동의 유일한 동기 부여 또는 동인으로 간주한다는 것이다. 현대 정치의 근간이라 할 대의민주주의

---

12) Amartya Sen, "Equality of What?" *Tanner Lectures on Human Values*, Vol. 1(Salk Lake City: University of Utah Press, 1979), p.366. 센은 기본 재화의 지표는 행위자와 선의 상관관계에서의 이득관계로 바라봐야 한다고 주장한다.

체제, 정당정치에서는 이런 선입견이 더욱 뚜렷하다. 정치는 상이한 이해관계의 조정이며, 경제적 동인이 최우선적인 조정 대상으로 고려된다. 계층, 계급의 이해관계는 정치 갈등의 핵심이자 갈등의 조정이 정치의 유일한 목표로 설정된다.13)

여기서 피할 수 없는 궁금증이 생긴다. 롤즈도 과연 정치를 개인 이해의 조화 내지 갈등으로만 보고 있을까? 정의는 그저 이해관계의 조정 역할만을 수행할까? 만일 차등 원칙이 최소 수혜자의 역량을 증진시켜 사회 생산성을 향상하는 목표를 수행한다면, 어떻게 사회 협동이 가능할 수 있으며, 갈등과 반목을 뛰어넘어 안정적인 제도 기반을 마련할 수 있을까? 이 물음에 대한 긍정적인 답변은 이 글의 또 다른 주제인 '의미 있는 일(meaningful work)'에 대한 해명에 담겨 있다. 의미 있는 일은 사실 큰 주목을 받지 못했던 주제이다. 그런 점에서 다음 물음은 흥미롭다. 왜 의미 있는 일인가? 의미 있는 일의 역할은 무엇인가? 역량과 어떤 연관이 있는가? 이 물음들에 대한 답변은 자연스럽게 우리의 주제로 눈길을 돌리게 한다.

의미 있는 일과 제도

주저 『정의론』에서 롤즈는 '의미 있는 일'을 두 번 언급한다. 첫 번째는 세대 간 정의 문제를 다룬 44절에서 인간 교류의 조건으로

---

13) 마르크스 철학에서도 반복되는 전제이기도 하다. 마르크스에 따르면 근대 정치는 자본가의 계급 이해관계를 반영하고, 그 대안 정치는 자본주의 체제의 희생자인 노동자 계급적 이해의 집결로 대동단결의 가능성에서 찾고 있다. 하지만 이런 해석은 인간을 '유적 존재'로 바라보는 입장과 상충되는 듯하다. 무엇보다 이런 정의는 개인주의 문화와 다른 내용을 담고 있기 때문이다.

의미 있는 일이 거론된다. 사회 통합 문제를 거론한 79절에서 두 번째로 의미 있는 일이 다뤄지고 있다. 44절이 문제 설정의 맥락에서 제기되었다면, 79절은 이 문제에 대한 구체적인 답변 성격이 강하다. 이 문제 설정이 기존 논의와 사뭇 다른 주제를 다룬다는 점에서 의미 있는 일은 롤즈 전체 논의와 관련해 모종의 역할을 하고 있다고 평가된다. 하지만 여전히 체계적인 논의를 전개하지 않아 그 전체 윤곽을 그려내기는 쉽지 않아 보인다. 의미 있는 일에 대한 좀 더 자세한 논평을 위해서는 이 절에 대한 약간의 분석이 필요하다.

세대 문제는 기성세대와 후속세대의 관계로 주로 정치관의 대립이라는 범주에서 다뤄져왔다. 그러나 롤즈는 세대 간에 발생하는 정의 문제의 시각에서 세대 문제를 다룬다. 세대 간 정의 문제가 첨예한 논쟁거리가 된 것은 환경 문제와 관련된다. 전 세대의 환경파괴는 후속세대에 막대한 영향을 미치기 때문이다. 그렇다면 기성세대와 후속세대가 지속가능한 공존을 하려면 어떤 요건이 충족되어야 하는가? 환경 문제는 지속가능한 발전이다. 지속가능한 개발의 문제는 정의 요건의 충족에서 달성되는데, 롤즈는 정의로운 저축률에서 그 대답을 찾는다. 정의로운 저축률이 0일 때 세대 간 정의가 수립된다. 여기에 깔린 전제는 후속세대도 기성세대의 필요와 욕망에 상응하는 권리를 누릴 수 있어야 한다는 것이다. 아주 중요한 현실 문제인 세대 간 정의 문제는 그 중요성에도 불구하고, 이 글의 논점을 흐릴 수 있으므로, 자세한 논의는 다음 기회로 미루기로 하자. 여기서는 역량과 의미 있는 일의 관계에 집중해 대답해볼 것이다.

44절에서 의미 있는 일은 제도의 역사적 측면에서 거론된다. 제도는 인간사의 변화에도 정의 원칙이 장기적으로 적용되는 영역이다. 제도의 역사적 측면을 고려하면, 차등 원칙의 적용은 단기적 경제, 사회 불평등을 해소하려는 데 그치지 않는다. 오히려 차등 원칙은 후속세대에도 적용되기 때문에, 최소 수혜자의 장기 전망 관점에서 적용되어야 하는 것은 당연해 보인다(TJ, p.252). 왜 장기 전망을 고려해야 하는가? 다음 대답에는 하나의 단서가 있다. 장기 전망 차원에서 차등 원칙의 적용은 역사적 변화에도 지속되는 '협업 체제'의 가능성을 전제한다는 것이다(TJ, p.257). 지속적인 협업 체제의 평가는 어떤 방식으로 다뤄져야 하는가? 여러 대답이 가능하겠지만, 다음 대답이 결정적인 듯하다. 장기 전망은 경제적 실익의 평가 문제만이 아닌, 문화 관점까지 포함된 포괄적 문제라는 것이다. 세대를 아우르는 제도는 '역사적 가능성'이 포함돼 있다(TJ, p.254). 다른 말로 제도의 정의로움은 자연의 제약을 벗어나려는 현실적 노력, 역사 상황에서 이룬 역사적 가능성과 밀접하게 연관돼 있다. 제도의 안정적인 운영은 역사 상황을 어떻게 통제하는가에 달려 있다.

체제의 안정적 운용은 특정 문화의 숙고된 판단에 토대한다.14) 예를 들어 공정성의 판단 근거를 생각해보자. 공정성의 잣대는 과거 사건의 판단 잣대에서 비롯된다. 이런 관점에 비추어 보면 정의로움 유무 판단은 경제 효율성으로 의거해 결정될 수 없다. 무엇보다 앞서 언급한 역사적 가능성은 인간 행위의 의미와 연관된다. 롤즈의 다음 진술은 이 점을 명확히 서술한다. "정의롭고 좋은 사회가 높은 물질적 수준을 수반해야 한다는 믿음은 실수다. 인간이 원하는 것은 다른 사람과 자유로운 교류에서 얻는 의미 있는 일이다. 정의로운

---

14) 이 문제는 정의 원칙이 숙고된 판단과의 평형을 이룬다는 생각과 일치한다. 정의 원칙이 현실의 역사적 판단과 일치하지 않을 경우 평형(equilibrium)은 깨질 수밖에 없고, 따라서 제도 운영 측면에서 매우 불안정할 것임은 부인할 수 없는 사실이다.

기본 제도의 골격 안에서 이 교류는 그들 관계를 서로 규제한다. 이 지점에 이르기 위해 엄청난 부가 필요한 것은 아니다. 사실 어떤 지점을 지나면 부는 노골적인 저해 요소가 된다. 탐욕과 공허의 유혹이 아니라면, 기껏해야 의미 없는 왜곡일 가능성이 높다."(TJ, pp.257-258)

사회 효율성, 부의 정도로 의미 있는 일이 판단될 수 없다. 의미 있는 일은 역사적 축적물로, 인간관계에서 중요하다고 생각한 인간 관계망의 총체이다. 롤즈의 지적처럼 과도한 부는 인간 삶을 피폐하게 한다.15) 오로지 돈을 벌기 위한 삶으로 전락할 가능성이 높다. 돈벌이를 위한 삶은 타인을 지배하려는 욕망일 뿐이다. 반면 의미 있는 일은 인간 행위의 의미와 관련된다. 의미 있는 삶은 의미 있는 행위에서 나온다. 그렇다면 인간 행위의 의미는 어떻게 평가되고 결정되는가? 이 물음은 사소해 보이지 않는다. 만일 차등 원칙의 적용으로 최소 수혜자의 능력을 사회 협력자로 인정해야 한다면, 능력의 평가 과정에서 행위 의미를 떼어놓고 말할 수 없을 것이다. 최소 수혜자의 능력 평가는 기회 제공만큼 최소 수혜자의 동기 부여에 매우 중요하기 때문이다.

이 물음에 대한 롤즈의 대답은 다소 의아스럽다. 79절에서 의미 있는 일은 인간의 사회성(human sociality)에 호소하고 있기 때문이다. 롤즈의 논변은 홈볼트 논의에 기대고 있다. 인간 행위의 의미를 인간 사회성에서 찾고 있다. 마치 롤즈의 논의는 마르크스의 유적

---

15) 과도한 부(富)에 대한 경고는 이미 플라톤의 이상국가론에서 제기되고 있다. 플라톤에 따르면 빈곤이 특정 기능을 수행하지 못하는 상황이라면, 과도한 부는 사회 협력의 조화를 깨뜨리고, 타인에 대한 지배욕을 키우기 때문이다. 이런 생각은 정체 변화 과정에 대한 플라톤의 설명에 내포돼 있다. 플라톤, 『국가』 2권, 8권 참조.

존재(Gattungswesen) 개념을 연상케 한다. 인간 행위의 역사적 의미를 인간의 사회성에 호소하는 것은 인간 행위의 순환 구도를 보여준다. 핵심은 악순환이 아닌 선순환의 구도를 찾는 것이다. 롤즈는 이를 위해 인간 행위가 의미 있는 일과 결부되어야 하는 이유를 제시한다. 행위의 의미는 행위의 목적과 긴밀하게 연관된다. 인간 행위는 특정 목적을 위한 것이며, 인간 상호관계는 이 목적을 매개로 수립된다. 달리 말하면 인간 상호관계는 이득 수취를 위한 경제활동을 기틀로 삼으면서도, 경험에서 얻은 행위의 의미를 소통하려는 시도에서도 나타난다. 따라서 상호성에 입각한 인간의 집산생활은 일차적으로는 상호 경제적 이익을 도모하는 데 토대를 두고 있지만, 장기적으로는 경험을 통해 얻어낸 자기 행위의 정당성을 확보하려는 의도도 다분하다. 자기 정체성 확보라는 문화 활동도, 사회관계도 중요하다. 삶의 의미는 사람 간 소통에서 수립된다. 인간 세계는 바로 소통된 인간 행위의 총체적 의미로 드러난다. 더더욱 인간의 사회성은 시간의 작품이다. 과거를 전제로 미래 기대와 소망을 포함하는 현재 활동에 기반한다. 타인과의 소통은 경험을 확대하는 계기이다. 의미 있는 일은 합리성이 담보된 과거의 유의미한 활동이다. 롤즈는 다음과 같이 말한다.

"인간의 사회성을 하찮게 이해하지 말아야 한다. 인간의 사회성은 단지 사회가 인간의 삶에 필요하다든가, 인간들은 공동체에 살면서 제도가 허용하고 조장하는 특별한 방식으로 상호 이득을 위해 공동 작업을 하게 하는 필요와 이해를 획득하는 것을 뜻하지 않는다. 또 인간의 사회성은 말하고 생각하는 능력, 사회문화의 공동 활동에 참여할 능력을 개발하는 조건이라고 진부하게 표현되지 않는다. … 인간의 사회적 본성은 사적 사회와 비교될 때 가장 적절하게 나타난다. 인간은 사실상 최종 목적을 공유하고, 공동의 제도와 활동을 선 그 자체로 가치 부여한다. 우리는 서로 자신을 위해 개입하는 삶의 동반 자로 요구되며 타인의 성공과 즐거움은 우리 자신의 선에 필요하며 보완적이다."(TJ, p.458)[16]

의미 있는 일은 자기 정체성 차원에서 제기된다. 우선적으로 일은 사회 생산성을 높이는 노동의 분업 현상과 밀접하게 연관된다. 하지만 일의 의미는 기존 체제와 자기 정체성이 만나는 영역에서 드러난다. 자기 정체성은 "최종 목적의 공유, 공동 제도와 활동을 선(善) 그 자체로" 받아들일 때 가능하다면, 인간 행위의 문화적 조건으로서 의미 있는 일이 매개되지 않고는 자기 정체성이 확인될 수 없다. 의미 있는 일은 타인과의 목적 공유, 자기 행위의 인정, 공동체에서의 행복한 삶을 영위하는 조건이다. 이렇게 보면 의미 있는 일에 참여하는 것은 자긍심, 자존감의 회복 조건, 롤즈가 말한 '사회 토대로서 자존(self-respect as the social base)' 문제이다. 차등 원칙이 사회 약자의 능력을 되찾고, 자립적이고 자율적인 삶의 기회를 제공하려 한다면, 의미 있는 일은 행위자의 능력과 사회 '역량'을 결합하는 징검다리 역할을 한다. 의미 있는 일에 참여한다는 것은 단지 생존수단을 위한 노동, 경제활동을 넘어, 자기 존재이유, 정신 활동의 의미와 긴밀하게 연관되는 것이다.

---

16) 유사한 논법이 여러 곳에서 발견되는데, 특히 『정의론』, p.464에 제도의 사회적 측면이 강조된다.

사회 통합과 정치적 안정

의미 있는 일은 인간 행위의 동인이자 사회 통합의 기반이다. 사회 통합은 의미 있는 일의 유기적 통합을 요구한다. 의미 있는 일의 유기적 통합은 사회 생산성을 높이고, 사회성원의 삶에 가치를 부여한다. 인간은 역사의 우연, 운에 노출돼 있다. 하지만 인간은 자기에게 적합한 의미 있는 일에 참여함으로써 자기 삶을 주도하고, 그 안에서 자기 자신을 드러낸다. 삶의 자율성은 행위의 인정, 인간 세계의 의미 안에서 강화된다. 최소 수혜자의 잠재력의 계발, 개발도 이 조건을 충족해야 한다. 단순히 경제적으로 뒤처진 사람이 아닌, 자기 자신의 잠재능력을 발휘하지 못한 사람으로 최소 수혜자를 바라봐야 한다.

차등 원칙 적용의 핵심은 최소 수혜자가 다시 도덕적 행위자로, 삶의 주인공으로 거듭나는 데 있다고 수차례 언급했다. 지금까지 논의를 되짚어보면 차등 원칙의 적용은 개인의 사사로운 선택을 돕는 차원을 넘어서고, 사회 효용에 매몰돼서도 안 된다. 개인의 사사로움과 사회 효용의 중간지대, 준(準) 공적 영역의 확장에 성공의 성패가 달려 있다. 중간 영역은 사회 효용의 척도로 가늠될 수 없고, 개개인의 과도한 욕망의 충족 상태로 측정될 수 없다. 정확히 말하면 이 영역은 자기 자신의 역량이 의미 있는 일과 연관된 영역, 상호 인정 공간으로 추론하는 편이 적절할 것이다. 차등 원칙의 적용이 박애 정신의 실현이라 한 롤즈의 입장과 부합한다. 박애 정신은 이타적 행위를 대표한다. 수혜자의 역량이 발휘될 수 있는 실질적 기회를 주는 것은 이타적 행위의 동인으로 작동하기 때문이다.

차등 원칙의 성패는 의미 있는 일을 유기적인 총체로 묶어내는 일에 달려 있다. 어떻게 의미 있는 일을 하나의 총체로 만들어낼 수 있는가? 분명한 건 사회적 효용만으로 평가될 수 없는 제도의 역사적 특성에서 인간 행위의 의미를 찾아야 한다는 점이다. 말하자면 인간 역사의 행위들은 사회적 평가의 대상이고 공동체의 유산으로 전승된다. 사회 협력 체제는 이런 유의미한 활동의 조합에서만 가능하다. 어떻게 이런 유기적인 사회 협력 체제를 만들어낼 수 있는가? 롤즈의 대답은 아리스토텔레스식 원칙(the Aristotelian Principle)이다. 아리스토텔레스식 원칙은 '동기 부여'의 원칙이며, 동물의 본능적인 협력과 목적에 의한 인간 협력의 구분에 입각한다. 인간의 지적 활동은 단순한 것에서 복잡한 것으로 진화되며, 복잡한 것의 해결은 자기 역량의 향상 지점을 이룬다. 역량은 바로 공동체 안에서 발전되는 인간의 도덕적 능력과 무관할 수 없다.17)

이 시각에서 본다면 의미 있는 일은 매우 유동적인 문화유산의 축적 과정으로 검토되어야 한다. 그러므로 의미 있는 일은 역사 구성물이며, 그 의미는 과거를 떠나 규정될 수 없다. 동시에 의미 있는 일은 행위자의 독특한 능력과 자질을 전제로 한다. 제도의 역사적 측면은 현명한 판단, 오랜 숙련된 관행을 요구한다. 그리스 문화에서 언급한 직능의 탁월성과 도덕적 탁월성이 교차하는 지점이 제도이다. 의미 있는 일은 행위의 동인, 삶의 도전 영역이다. 인간 활동, 즐거움, 행복이 얽히고설킨 의미의 영역이다. 롤즈가 말한 의미 있는 일은 이런 범주에서 해석되어야 한다.18)

---

17) 아리스토텔레스식 원칙은 『정의론』, p.375를 참조하라. 흥미로운 점은 『정치적 자유주의』에서는 아리스토텔레스식 원칙에 대한 언급은 없다는 것이다. 대신 시민의 두 고차적인 도덕적 능력을 언급한다. 자기 자신의 가치를 발전시키고 교정하는 능력과 정의감에 의거해 행동하는 능력을 가리킨다. 이에 대한 자세한 내용은 『정치적 자유주의』를 참조하라.

요약하면 차등 원칙은 행위자의 역량 복원에 초점이 맞춰져 있다고 해석되어야 한다. 롤즈 정의관이 처음부터 공리주의, 결과주의에 대척점을 이루는 부분이다. 공리주의 행복관의 적용은 오해를 불식하기보다 키운다. 차등 원칙의 궁극적인 목표는 호혜관계의 복원이고 단지 수단적 존재로 전락한 행위자가 아닌 자기 삶의 주도자로 제자리를 찾게 해주는 것이다. 이렇게 보면 차등 원칙의 완벽한 적용은 지금까지 검토한 선택의 평등, 자원의 평등, 역량의 평등을 모두 전제할 때만 가능하다고 할 수 있다. 불운 때문에 불행한 처지에 놓인 사회 약자가 자기 삶을 주도적으로 살기 위해선 무엇보다 자기 역량을 찾고 발휘할 수 있어야 하기 때문이다.

정치제도의 안정은 자기 역량의 지속적 발전을 전제로 한다. 역량의 지속적 발전은 센의 지적대로 역량이 실질적으로 발휘될 수 있는 조건을 요구한다. 롤즈의 관점에서 역량의 지속적 발전은 의미 있는 일의 결합, 행위의 동인을 지속적으로 제공해야 한다. 물론 이 모두는 좋음을 전제로 할 때만 유의미하다. 자유주의 사회의 정당성은 자유권의 인정만으로 획득될 수 없다. 정당성은 사회 구성원의 판단과 믿음이 정치제도의 원칙과 합치되어야 하기 때문이다. 이렇게 보면 헌정 체제도 불가침의 권리 체제 이상이어야 한다. 헌정 체제는 사회의 불평등 속에서 악을 제거하고 선을 유지할 수 있는 근거를 지속적으로 제공해야 한다.

의미 있는 일은 역사적 의미 축적 과정을 배제하고는 설명할 길이 없다. 그러나 의미 있는 일은 완결된 합목적적 체제로 간주해서

---

18) 롤즈는 이런 영역이 아리스토텔레스의 『니코마코스 윤리학』 7권과 10권에서 발견된다고 주장하면서, 밀의 '효용 원리'가 주력한 부분이라고 지적한다. p.374, 주석 20 참조.

는 안 된다. 의미 있는 일은 때에 따라 이질적이고 상충적인 가치 충돌이 있을 수 있다.19) 특히 민주정체는 의미 있는 일의 유기적 조화를 전제하면서도 다원성을 지향한다. 이질성의 극복은 추상적인 이념이 아닌, 구체적인 실천과 관행을 통해서만 가능하다.20) 다시 말하면 의미의 이질성은 역사적 체험을 매개로 통합될 수 있다. 롤즈가 지향하는 정치적 자유주의의 목표도 유사하다. 헌정 질서 체계 안에서 합당하고 합리적인 다양한 가치를 통합하는 과정을 모색하기 때문이다. 정의는 울타리다. 정의의 울타리는 인간 선의 확장, 제

---

19) 의미 있는 일이 좋은 것(the good)를 목표로 하기 때문에 충돌을 상정하지 않았을 것이다. 선의 특징은 다양성을 하나로 통합하는 과정으로 해석될 수 있기 때문에 의미 있는 일과 역량의 상관관계는 이미 조화를 상정한다고 할 수 있다. 하지만 의미 있는 일은 역사적 상황에서 그 의미를 획득하므로 현실적으로 이미 잠재적 충돌을 전제한다고 해야 할 것이다. 인간 행위의 합리성을 강조하는 자유주의 사상에서 흔히 놓치지 쉬운 논점이지만, 이미 인간 실재의 변증법적 요소를 강조하는 논의에서는 자유 실현의 잠재적 충돌이 강조되고 있다. 이 주장에 따르면 본능에 따른 군집생활 동물과 다르게 인간의 집단생활은 선을 지향하고 하나의 목적 체제를 이룩해 자기 향상을 도모한다. 이 과정에서 철저히 갈등을 전제하고 극복하는 변증법적 사유와 행동이 요구된다. 이에 대해서는 Paul Ricoeur, "What is Dialectical?" *Freedom and Morality: The Lindley Lectures delivered at the University of Kansas*, edited by John Burke (Lawrence: University of Kansas, 1976), pp.173-189; Hans-Georg Gadamer, "What is Practice? The Conditions of Social Reason," in *Reason in the Age of Science*, trans. Frederick G. Lawrence(Cambridge, Mass.: The MIT Press, 1981).

20) 이 대목에서 롤즈의 재산소유 민주주의(property owning democracy) 개념이 강조되어야 한다. 특정 자산을 갖고 의미 있는 일에 참여한다는 것은 자기 의사를 표현하는 동시에 민주주의 절차를 수용하는 것이다. 더욱이 이 개념은 롤즈 철학의 가장 중요한 전제인 정의의 우선성(Primacy of Justice) 테제를 유지하면서, 선과 정의의 유기적 조화를 모색할 수 있다는 점에서 좀 더 본격적인 논의가 이뤄져야 할 부분이다.

도로 구현된 역량을 통해 확장된다. 시대 경험은 가치를 동반한다. 가치의 이질성은 한 사람의 역량으로 통합된 가치로 대체된다. 의미 있는 일의 확장은 사회 협력의 문화적 동력이다. 울타리의 일탈은 경험에 내재된 인간 삶의 의미이며, 미래의 '중첩적 합의'로 나아간다. 한 사람의 역량은 사회변화를 위한 작은 발걸음이다.

역량과 선택, 의미 있는 일

지금까지 롤즈 철학에서 의미 있는 일과 역량의 조화 가능성을 추론해보았다. 지금까지 롤즈 철학의 주도적 해석은 개인 선택에 입각한 계약주의에 치중해왔다. 원초적 입장에 집중된 해석이 대표적이다. 원초적 입장은 사회 기본구조의 정의 원칙을 결정한다. 추상적인 사회계약의 대상인 정의 원칙은 합의를 전제로 한 각 개인의 선택에 의거한다. 이런 식의 롤즈 독해는 상당히 일면적이다. 무엇보다 차등 원칙의 해석에서 사회 약자의 배려를 마치 시혜처럼 생각한다면 오독의 가능성이 높다. 이미 지적했듯이 이런 해석은 차등 원칙과 상호성, 박애 정신의 연관성을 분명하게 드러내지 못한다.

상호성 원칙은 인격 간 평등관계를 지향한다. 인격의 평등이 전제돼 있다. 이 과정에서 간과되기 쉬운 부분은 인간 상호성의 역사적, 사회적 측면이다. 상호성의 내용은 구체적 인간의 선(善) 관계에 의존한다. 그러므로 상호성의 역사적 측면은 추상적인 상호 존중 이상이다. 동시에 구체적인 상황의 판단과 결정을 요구한다.21) 현실적

---

21) 상호 이득을 뜻하는 호혜(mutuality)는 권리의 동등한 존중을 뜻하는 상호성의 원리 이상이다. 특히 상호 이득은 역사 상황에서 획득된 이야기를 통해 정당화될 수 있다. 이른바 아리스토텔레스의 비례 평등의 상황

이해를 충족하는 상호 호혜성은 개인 간 소통, 역사 유산과 같은 문화 활동이 개입한다. 자기 자신의 이해관계를 드러내고, 자기 자신을 인정받으려면 축적된 제도의 관점, 경제 활동 이상의 활동이 개입한다. 바로 이 지점에서 의미 있는 일이 매개되고, 행위 동인으로 작동한다. 자원의 제공이 반드시 행위로 이어진다는 보장은 없다. 의미 있는 일의 행위 동인이 행위로 이어진다. 이 경우 의미 있는 일은 어떤 식으로 개인의 역량과 관련되어야 한다. 의미 있는 일은 역량이 발휘되는 조건이자 행위 근거이기 때문이다.

인간관계의 역사적 측면과 사회적 측면은 정치 안정을 위태롭게 하는 불안 요소로 해석될 여지가 있다. 정의는 오랜 적폐와 불평등을 타파하는 이념이고, 현재 시점 사회 구성원의 평등을 지향한다. 역사적 판단과 사회적 상황의 고려는 이런 변화의 추세를 주관적으로 만들기 쉽다. 정의로운 사회의 이상에는 가해자의 응징을 약속하지만, 정의를 위한 실제 행동은 또 다른 피해자를 낳는 경우가 많다. 공권력의 개입은 폭력의 잠재적 피해자를 키울 수 있다. 그런 점에서 시대 변화에 따른 결정은 정의의 약속을 충족시키지 못할 수 있다. 이런 사회적, 역사적 특성에도 불구하고 정의로운 사회가 지속될 수 있는 근거는 무엇인가? 롤즈 정의 이론에서 본격적으로 논의되지 않았지만, 원칙과 현실 측면에서 대답이 제시되고 있다. 여기서 원칙 측면이란 세대 간 정의 원칙에서 정의로운 저축 원리, 제도의 역사성, 인간의 사회성을 가리킨다. 현실 측면은 사회 구성원의 이해관계, 가치 측면에서 균형의 가능성을 해명한다.

은 구체적인 역사 경험과 공동체 경험에서 정당화될 수 있다. 고귀한 것, 위대한 것, 명예롭다는 말은 이런 특수한 상황을 정당화시키는 것으로 해석될 수 있을 것이다.

『정치적 자유주의』는 새로운 논쟁을 내포한다. 가치의 다원성은 정치의 토대이고, 정치적 안정을 위한 정치는 가치 편향성을 극복해야 한다. 포괄적 교리에 입각한 논리는 독립적인 정치적 정의 원칙으로 정당화될 수 없다. 물론 정치적 정의 원칙의 정당화는 현실과 떨어져 독자적으로 입증되어야 하지만, 그 적용은 현실을 떠날 수는 없다. 정치적 안정은 정치적 정의관과 현실의 실질적 믿음의 합치 가능성에 달려 있다. 롤즈 용어로 표현하면 실질적 믿음의 토대인 포괄적 교리는 결국 정치적 정의관과 합치될 가능성이 있다. '중첩적 합의(overlapping consensus)'는 이와 다른 어떤 것일 수 없다.

이런 도식적 설명은 의미 있는 일과 역량의 관계를 충분히 고려하지 않는다. 역사적 변혁과정에서 의미 있는 일의 확장과 축소가 가능하다는 점도 주목되어야 한다. 의미 있는 일은 구성원의 자유로운 교류 하에서 행위의 동인으로 작동하기 때문에, 그 결정과정은 특정 역사적 상황을 떼 놓고 말하기 어렵다. 더욱이 도덕적 행위자의 합리적인 행위는 일종의 순응주의 사고를 조장할 수 있으므로, 비판적 사고의 부재는 의미 있는 일의 혁신을 촉발하지 못한다. 편중 현상은 행위자의 선택에 의해 좌우된다. 의미 있는 일의 유기적 조화는 행위의 일관성을 전제하기 때문에, 역설적으로 인간 행위의 자의적 사용은 조화를 깨뜨리는 결과를 낳는다. 특히 자기 진정성 없는 선택은 기계적 충동과 같다. 삶의 의미를 둘러싼 여러 형태의 의구심은 어떤 의미에서 의미 있는 일의 유기적 구성이 붕괴되고 있다는 징표로 해석될 수 있다.22)

---

22) 역으로 이 사실은 인간 행위가 가치로 통합되어야 함을 암시한다. 행위를 정당화하는 가치의 부재는 사회제도와 관행을 무너뜨릴 가능성이 높기 때문이다. 사회제도와 관행의 활력은 새로운 가치 복원을 통해 가능

세계 의미의 파편화, 개인주의의 부상은 사회 협력의 왜곡과 관련이 깊다. 정의와 사회 협력의 관계는 플라톤, 아리스토텔레스 사상에서도 발견되는 롤즈 철학의 대전제이다. 차등 원칙의 핵심은 누구를 최소 수혜자로 볼 것인지, 어떤 객관적 지표를 만들어낼 것인지에 있지 않다. 오히려 무기력하고 자포자기에 놓인 구성원에게 자존감을 찾을 실질적 기회, 역량으로 회복될 기회가 중요하다.23) 기회 평등의 공정성은 바로 이 가능성을 염두에 두고 있다. 상황의 공정성은 추상적으로는 기본 재화의 지표로 나타날 수 있다. 하지만 공정성의 의미는 현실 상황, 관행의 역사성, 미래 기대 등 여러 복합적인 요인이 확인되어야 한다. 최소 수혜자의 실질적인 역량을 개발하려는 목표를 감안하면, 경제적 요인 못지않게 사회문화적 요인을 당연히 살펴봐야 할 것이다.

공동체 문화의 깊이가 그렇다. 센의 지적처럼 저개발 국가 또는 개발도상국의 상황에서 차등 원칙의 적용은 선진국과 크게 다를 수밖에 없다. 낮은 사회 효율성도 문제이겠지만, 의미 있는 일에 대한 역사적 편견도 작동하기 때문에, 구성원의 역량 발휘는 큰 격차를 보여주고 있다. 여기에는 이른바 문화적 가치에 따른 행동 제약이 따른다. 동일한 기회가 주어져도 그 선택의 폭은 선입견과 편견에

하다. 매킨타이어는 이 가능성에 주목하고 있다. Alasdair MacIntyre, *After Virtue: A Study in Moral Theory*(Notre Dame: University of Notre Dame Press, 1981).

23) 롤즈는 『공정으로서 정의: 재진술』에서 최소 수혜자의 선별은 역사적 맥락에 대한 판단을 포함한다고 지적하지만, 계급, 인종, 계층에 따른 판단은 유보되어야 한다고 제안한다. 최소 수혜자의 지정은 소득과 기회의 상관관계를 통해 상호 비교하는 것이며, 사회 불평등 해결을 통해 행위자의 역량을 강화하려는 의도가 담겨 있다. 의미 있는 일과 역량의 관계는 차등 원칙의 실효성과 밀접하게 연관돼 있다고 할 수 있다.

따라 상당한 차이가 난다. 장기적인 무기력 상태에 있다면, 사회의 비합리성은 점점 커지고 생각지 못한 문제를 양산한다. 이 경우 차등 원칙의 적용은 형식적 수준에 머물 것이며, 상황의 공정성을 들여다볼 만큼 여유를 가질 수 없을 것이다.

경제, 문화, 정치 영역은 서로 톱니바퀴처럼 맞물려 있다. 어느 한쪽이 비대해지면, 다른 한쪽이 균형을 잡아야 한다. 하지만 영역의 확대는 왈저의 지적처럼 다른 영역을 독점하는 결과를 초래한다.24) 이런 점을 고려하면 현실의 자각이 중요하다. 과도한 경제적 욕망이 문화의 쇠퇴를 초래하고, 정치마저 제 기능을 못한다면, 정의의 요구는 더 이상 충족될 수 없다. 정의의 진정한 기반은 말하자면 현실의 벽을 인정하고, 그 벽을 훌쩍 뛰어 넘는 것이다. 롤즈의 정의 이론은 분명 합리적 주체들 전제로 협력 활동을 촉진한다. 사회 약자는 합리적 주체이다. 이런 상정은 도덕적 입장에서 대환영할 일이다. 더욱이 차등 원칙이 생산적 협력의 주체로 인정하는 계기를 마련한다면, 더 이상 말할 이유가 없을 것이다. 그러나 그 역도 성립한다. 사회의 불합리, 비합리가 무성해지면, 차등 원칙의 상호성 이념 자체가 의문시될 수 있기 때문이다. 이미 존 스튜어트 밀은 이런 비합리성이 주도하는 비자유 사회를 목격하고, '다수의 폭정'을 말한 바 있다. 상황은 점점 더 악화되고 있다. 획일화를 넘어 타인에

---

24) 왈저의 복합평등관은 영역 간 전제를 막고, 각 영역의 자율성 확보를 목표로 두고 있다. 왈저의 복합평등관은 롤즈의 보편적 정의관과 대척점을 이룬다. 이런 해석은 롤즈의 시도를 선택 기회의 보장으로 보고 있다. 그러나 역량 발휘의 기회 제공은 각 영역의 특성을 존중하는 다원주의 상태를 지향한다. Michael Walzer, *Spheres of Justice: A Defense of Pluralism and Equality*(New York: Basic Books, 1984). 번역본은 정원섭 외 옮김, 『정의와 다원적 평등: 정의의 영역들』(철학과현실사, 2017).

대한 혐오, 증오가 난무하고 있다. 개인주의, 상대주의가 만연한 상황에서 인간의 사회성, 역사성은 헌신짝 취급을 받는다. 중첩적 합의 가능성에 입각한 민주주의의 열망은 거세게 타오르지만, 현실은 생각에 미치지 못한다.

롤즈 철학은 급진적 변혁보다 제도를 통한 점진적 개혁을 지향한다. 제도의 지속성은 현실 불평등의 척결 방향과 관련된다. 하지만 제도의 우연적 측면도 무시될 수 없다. 한 사람의 그릇된 판단과 행동으로 제도의 근간이 흔들릴 수 있다. 동시에 민주주의 제도의 취약성도 한몫한다. 다원주의는 민주주의 사회를 지탱하는 이념적 뿌리이지만, 민주주의의 줄기와 잎은 획일적 사고로 신음한다. 물론 이런 제도의 우연성은 극단적인 비합리적 상황이다. 그러나 또한 롤즈의 합리적 전제와는 충돌된다. 제도의 우연적 요소를 피하는 방법은 이른바 인간 합리성의 총체로 제도의 가치를 적용하는 것이다. 인간의 가치에 뿌리를 내린 제도, 행위의 의미, 의미 있는 일은 거센 풍파에도 흔들리지 않고 제도를 뒷받침하고 있다. 세계의 단주(短柱)에 박힌 삶의 의미는 그 사람이 사라져도 누군가의 기억으로 되살아난다. 완벽한 목적론적 체계를 세울 순 없어도, 인간의 사회성, 역사성이 인간 신비의 원천임은 부인하기 힘들다. 내 역량, 네 역량으로 표출된 의미 있는 일은 굳건하게 세계의 파수꾼 역할을 한다.

근대인은 문화를 바꿀 천재(genius)를 열망했다. 척박한 상황을 단숨에 바꾸고, 내 삶, 내 일을 의미 있게 해줄 '사람'을 애타게 찾았던 것이다. 분명 롤즈 사상에서는 이런 사람에 대한 기대를 발견하기 어렵다. 제도의 합리성에 입각한 인간의 합리성, 사회의 합리성을 믿었다. 공정한 기회 평등이 이뤄지면 인간의 합리성이 만발할 것이라 믿어 의심치 않았다. 사회 약자의 역량 발휘가 사회발전의 추동력이라 믿은 이유이다. 그러나 인간 역량에 대한 기대에는 새로운 상황이 전제되어야 한다. 판단과 행동이 자기 자신의 진정한 역량으로 드러나려면 상황의 새로움을 자기 것으로 만들어야 한다. 새로운 의미를 꿈꿀 때 기존 의미를 재구성할 수 있다. 그렇다면 행위자의 역량 모두는 암묵적으로 새로움을 지향하는 것은 아닐까? 물론 단순 추측 수준에 불과하지만, 인간 가능성에 대한 무한 신뢰는 제도를 떠받드는 서구 합리성의 기반인지 모른다.

롤즈와 생명윤리학

최경석 | 이화여자대학교 법학전문대학원

20세기 서양 철학계 특히 영어권의 철학계에서 주목할 만한 학자들 중 하나는 존 롤즈(John Rawls)이다. 정의론으로 유명한 롤즈의 학문적 업적이 전통적인 윤리학의 영역이나 정치학이나 경제학과 같은 철학 이외의 학문에도 큰 영향을 미쳤다는 것은 익히 잘 알려진 내용이다. 그런데 롤즈의『정의론』과『정치적 자유주의』는 생명윤리학에도 큰 영향을 미쳤다. 롤즈의『정의론』에서 언급된 반성적 평형은 메타윤리학적 측면에서 생명윤리학이 씨름해야 하는 윤리적 추론의 문제에 큰 영향을 미쳤다. 아울러 롤즈의『정치적 자유주의』에서 언급된 이성적 불일치 개념과 관용의 필요성은 다양한 이견이 격돌하는 생명윤리적 담론에서 우리가 어떤 태도를 지녀야 하는지 알려줄 뿐만 아니라, 왜 이런 다양한 이견들이 발생하는지 잘 설명해주고 있다.

필자는 이 글에서 롤즈가 생명윤리학 연구에 어떤 영향을 미쳤고,

어떤 중요한 기여를 했는지 설명하고자 한다. 이런 기여를 하는 데 있어 롤즈가 사용한 주요 개념을 소개하고 설명할 뿐만 아니라, 필자의 해석을 덧붙임으로써 롤즈의 기여가 무엇인지 소개해보고자 한다. 아울러 롤즈의 기여를 바탕으로 한국 생명윤리학의 발전을 위해 우리는 어떤 과제를 지니고 있는지에 대해서도 언급하며 이 글을 마무리하고자 한다.

롤즈와 규범윤리학

논리적 실증주의의 영향으로 규범윤리학 이론보다는 메타윤리학의 학문적 쟁점에 윤리학자들이 집중했다. 정의주의(emotivisim), 규정주의(prescriptivism)와 같은 윤리학 이론은 메타윤리학을 논의할 때 다룰 수밖에 없는 이론들이다. 이들 이론은 윤리학이 참과 거짓의 명제들로 구성된 이론이란 것을 부정한다. 서양 윤리학사에서 이런 분위기는 1900년대 초부터 한동안 유지되었다. 가치론으로 불리는 가치와 사실의 문제에 대한 탐구 역시 메타윤리학의 영역에서 매우 중요한 이론적 담론을 전개했다. 이런 점에서 필자는 20세기 전반기는 규범윤리학 이론의 개발보다는 메타윤리학 이론에 몰두했던 시기라고 평가한다.

그러나 롤즈의 『정의론』은 윤리학의 이런 분위기를 뒤바꿔놓았다고 평가한다. 비록 정의, 그것도 분배적 정의라는 문제를 다룸으로써 윤리학의 전통적 주제들 중에서 매우 제한적인 주제에 롤즈는 집중했지만, 오랜만에 규범윤리학의 이론을 제시했다는 것은 학문사적으로 중요한 의의를 지닌다. 공리주의와 칸트의 의무론이 근대 이후 매우 오랜 시간 지배적인 대립적 윤리 이론으로 자리매김해왔다. 하지만 이 이론이 냉전 체제를 살아가는 새로운 세계 질서와 시대의 변화 속에서 발생하는 철학적 문제를 감당하기에는 부족함이 있었다.

　새로운 사회의 시대적 문제란 필자가 판단하기에는 자본주의 사회에서의 불평등 문제를 어떻게 정당화할 것인지의 문제였다고 본다. 두 차례에 걸친 세계대전이 종료된 후 공산주의 사회는 마르크스의 『자본론』과 『공산당 선언』, 이런 이념적 기치를 따르는 이론적 체계하에 그들의 사회를 구성했다. 그러나 자본주의 시장경제 체제를 유지하며 자유민주주의라는 정치적 가치를 따르는 유럽과 미국은 비록 정치적 이론에서야 자유민주주의에 대한 많은 연구가 있었지만, 자본주의 시장경제 체제가 필연적으로 발생시키는 부의 불평등한 분배라는 현상을 어떻게 해결할 수 있을지, 시장이란 경쟁 체제의 도입으로 인해 발생하는 불평등 문제를 어떻게 정당화할 수 있을지 학술적으로는 고민스러운 문제였을 것이다.

　필자는 롤즈가 위와 같은 시대적 고민, 시대의 철학적 문제에 답하고자 한 철학자라고 평가한다. 이런 점에서 롤즈는 여느 위대한 철학자들과 마찬가지로 시대의 철학적 문제를 해결하고자 했던 철학자들의 위업에 걸맞은 걸작을 세상에 내놓았다고 평가한다. 이전의 위대한 철학자들, 철학사에 자신의 이론을 소개하게 만드는 철학자들이 다양한 철학적 문제들에 대해 포괄적인 시각과 입장을 제시한 것에 비하면, 롤즈의 업적은 그만큼 포괄적인 것은 아니라고 평가할 수 있다. 하지만 시대의 문제를 고민한 위대한 철학자들의 전당에 이름을 올릴 만한 업적이라 판단된다.

철학자들의 시대적 과제

　철학자 또는 철학도들의 역할은 시대에 따라 다양할 것이다. 그러나 철학사에서 기억될 만한 위대한 철학자는 분명 시대의 문제를 해결하고자 힘쓴 학자들이다. 신화의 시대로부터 학문을 분리시켜 인간과 인간의 삶에 대한 학문의 시대를 연 소크라테스와 플라톤은 바로 이런 측면에서 위대한 철학자이다. 이들의 학문이 교과서와 같은 집필 방식이 아니라 대화편으로 집필된 것은 바로 이야기의 시대로부터 어떤 학술적 문제들이 있는지 지적하고 학술적 주제들과 쟁점들을 발굴하고 그것들에 대한 견해를 체계화하기 위한 기초 작업으로서는 대화편이 더 나은 방법이기 때문이었을 것이다.

　교회와 교회의 체계가 세상을 지배하던 시기로부터 자연과학의 발흥과 함께 인간 중심의 새로운 세계를 열었던 르네상스 시기의 철학적 고민은 어떻게 하면 이 새로운 가치를 온전하게 반영하는 철학적 이론을 제시하느냐의 문제였을 것이다. 데카르트는 물질과 정신을 이분법적으로 바라보게 함으로써 종교의 세계로부터 인간을 벗어나게 하고 자연과학적 진리 추구의 자유를 찾게 하는 역할을 했다고 평가한다. 데카르트가 위대한 철학자이고 인식론 중심의 철학을 열었던 것은 바로 이런 시대적으로 요구되는 철학적 질문에 대한 응답 때문이라고 본다. 칸트 역시 자연과학이란 경험과학적 학문 연구가 왜 이처럼 진리 추구에서 훌륭한 성과를 내고 있는지 제대로 평가하고 싶었을 것이고, 그렇기 때문에 자신의 『실천 이성 비판』에서 제기하였던 "선험적 종합판단은 가능한가?"라는 문제 역시 이와 같은 시대적인 철학적 과제를 해결하고자 했던 고민에 근거한다. 필자가 학부 시절 수강했던 '과학철학' 수업에서 이명현 교수는,

칸트는 '최초의 과학철학자'라고 평가하기도 했다. 비트겐슈타인 역시 예외는 아니다. 만학의 여왕이란 자리에서 만학의 시녀라는 자리로 내려올 수밖에 없는 철학은 이제 무엇을 탐구해야 하는 학문인지 고민했기에 그의 『논리철학논고』는 철학사에서 주목해야 할 업적이다. 이 저작과는 전혀 다른 시각에서 오히려 언어에 대한 자신의 이해가 부족했음을 깨닫고 언어를 연장통의 도구로 이해하는 비트겐슈타인의 후기 철학 역시 과학의 시대에 철학이 어떤 기여를 하는 학문인지 고민한 시대적 업적이라 평가된다.

이처럼, 여기 다 한 사람 한 사람 열거할 수 없는 수많은 위대한 철학자들은 이런저런 세상의 고민들에서 철학적 과제를 포착하고 그 문제에 대한 자신의 철학적 해답을 제시했던 사람들이다. 이런 점에서 롤즈 역시 이론의 여지없이 시대의 철학적 과제를 잘 간파했고 그 과제의 무게에 부합하는 역작을 제시한 학자임에 틀림없다. 이러한 위대한 철학자들의 고민과 과업은 철학 교육, 작게는 윤리학 교육만이라도 제대로 수행하기 버거운 평범한 철학도들에게는 철학함의 자세와 지향점이 무엇인지 늘 각성하게 하는 데 부족함이 없다.

윤리학의 영역에서 큰 업적을 남긴 롤즈, 특히 규범윤리학에 다시 관심을 갖게 했던 롤즈의 업적을 꼼꼼히 알리고 그 내용을 소개하는 것은 이 분야의 전문가들이 수행해야 할 중요한 일 중의 하나일 것이다. 필자는 생명윤리학 전공자로서 롤즈가 단지 규범윤리학의 영역만이 아니라 소위 '응용윤리학'이라고 분류되고 있는 생명윤리학에도 미친 영향이 적지 않음을 이후 절에서 소개하고자 한다.

생명윤리학의 등장

'생명윤리학'은 그 명칭을 처음으로 사용한 미국에서 시작된 학문이라 할 수 있다. 1970년대에 'bioethics'라는 용어가 처음 등장했다. 이 새로운 학문 역시 윤리학의 영역에서는 그동안의 메타윤리학적 논쟁점이 아니라 규범윤리학의 논쟁점을 다루고 있다는 점에서는 주목할 만한 변화이다. 게다가 그 논쟁점이 일반적인 전통적 윤리학에서의 규범윤리학 논쟁이라기보다 의학과 생명과학의 발달로 야기되는 새로운 윤리적 문제들에 대한 논의라는 점에서 주목할 만한 점이 있다. 결국 롤즈가 윤리학의 담론을 변화시킨 것과 같이 생명윤리학은 그동안 윤리학 연구에 변화를 가져온 역사적 일이었음은 부인하기 어렵다. 그러나 생명윤리학은 단지 윤리학이란 철학의 한 분과에서 발생한 새로운 이론 탐구나 학술적 담론이었다기보다 삶의 세계에서 접하게 된 새로운 윤리적 문제들뿐만 아니라 법적 문제, 사회적 문제까지도 포괄하는 학제적 성격의 담론으로 그 정체성을 굳혀나갔다. 따라서 전통적인 철학자들이 이런 성격의 생명윤리학을 '응용윤리학(applied ethics)'이라 명명했던 것은 이해되는 측면도 있다(Caplan 1983, p.314). 하지만 이 명명처럼 기존 윤리학 이론들을 응용해서 해결할 수 있는 문제들은 많지 않았던 것이 사실이다. 오히려 윤리적으로 고민해보아야 할 새로운 문제들에 직면하는 경우가 더 많았다고 할 수 있다. 예를 들어, 배아의 윤리적 지위는 어떤 것인지, 보조 생식술을 이용한 출산은 어느 경우 어느 범위까지 허용되는지, 의학의 도움이 한계에 다다른 상황에서 인간의 죽음을 선택할 수 있는 것인지 등등. 출생, 가족 구성, 재생산, 죽음 등의 인간 삶의 매우 기초적이고 핵심적인 개념들에 대한 이해를 재검토하게 하는 문제들과 씨름하게 했다.

이런 상황에서 여러 학문 분야의 학자들은 당면한 문제들의 성격에 따라 자신이 제시할 수 있는 의견을 제시하며 학문의 벽을 넘어 개인 차원에서뿐만 아니라 우리 사회가 어떤 입장을 견지할 수 있을지 논의해왔다. 따라서 옳고 그름의 윤리적 담론뿐만 아니라 사회 차원의 문제들과 대책들도 논의할 수밖에 없었으며, 일정 수준의 합의가 발견되면 하나의 정책으로 정착시키거나 법률에 이를 반영하기도 하며 문제를 해결해왔다. 그러나 합의가 불안정한 것들은 여전히 사회적, 법적 논쟁거리로 남아 있다. 낙태의 문제는 일정 수준에서 합의가 이루어진 것처럼 보이지만 여전히 사회적으로는 이견이 존재하는 문제이며, 따라서 특정 내용이 법률로 규정될 때, 이견을 지닌 사람들은 자신의 권리가 침해당한다고 불만을 가질 수밖에 없는 문제이기도 하다. 이와 같이 시작은 의학과 생명과학의 발달이 야기하는 윤리적 문제에서 출발하였으나, 단지 개인의 견해를 피력하거나 선호하는 입장을 제시하는 것에 그칠 수 없고, 우리 사회가 어떤 것을 하나의 정책으로 결정해야 하느냐는 문제로 이어질 수밖에 없는 것이 생명윤리학의 특징이라 하겠다.

롤즈의 반성적 평형과 생명윤리학 연구 방법론

이런 상황에서 생명윤리학에서의 윤리적 담론이란 그야말로 극과 극의 이견들이 대립하거나 다양한 이견이 제시되는 담론의 영역임에 틀림없다. 생명윤리학의 영역에서 전 세계적인 유명세를 지닌 비첨과 칠드리스의 저서 『생명의료윤리학의 원칙들』은 이런 점에서 그 제목이 기대 이상으로 사람들의 주목을 끌었다. 필자는 '원칙'이란 용어가 유발하는 기대 때문이라 평가한다. 그런데 사실 이 저서는 원칙을 제시함으로써 원칙에 따른 명쾌한 해답이 제시될 수 있다고 주장하는 내용을 담고 있지 않다. 오히려 핵심 내용은 그와 반대이다. 원칙들은 개별 사례를 다룸에 있어 세분화, 저자들의 용어로는 '상세화(specification)'되어야 하고, 원칙들과 원칙들을 구성하는 세부 규범이나 규칙들이 서로 균형을 맞추며 적용되어야 한다.

위와 같은 이론은 저자들이 명백히 밝히고 있듯이, 롤즈가 『정의론』에서 제시한 자신의 원칙들에 대한 정당화 이론, 즉 '반성적 평형'이란 이론을 따르고 있다. 생명윤리학자들, 특히 비첨과 칠드리스라는 학자들이 주목했던 것은 바로 롤즈의 정당화 이론이었다. 다시 말해 롤즈의 정의의 두 원칙에 대한 정당화 이론은 생명윤리학에서의 추론 방법 또는 연구 방법에 대한 논의에 큰 영향을 미쳤다고 평가할 수 있다.

정의론에서 많은 사람들이 주목하는 바는 주로 정의의 두 원칙에 대한 부분이다. 원초적 입장에서 무지의 베일을 쓰고 합의를 도출한다면 어떤 원칙이 나오겠느냐는 매우 극적인 상황 설정에 대한 담론이나 정의의 원칙과 차등의 원칙이 도출되는 과정과 그 설명 등에 주목한다. 그러나 정의론에서 밝힌 롤즈의 정당화 이론은 생명윤리학에서는 복잡하고 이견이 난무하는 생명윤리적 쟁점들을 해결하는 데 있어 주목해야 할 추론의 방법론으로 대두되었다.

도덕 인식론의 영역에서 윤리적 문제에 대한 추론의 결론을 정당화하는 이론으로는 토대주의적 접근과 정합주의적 접근이 대별되는 이론이다. 토대주의적 이론은 도덕 규범이나 규칙을 강조하며 이것을 해당 사안에 대한 윤리적 판단을 정당화하는 근거로 제시한다. 흔히 '규칙주의'로 불리는 입장이 그것이다. 비첨과 칠드리스는 한

때 이 방식을 '연역주의'라고도 명명하였으나, 이후에는 '하향식 방법(top-down approach)'이라 불렀다. 이 방법은 어쩌면 우리가 흔히 일반적으로 사용하는 추론의 방법이라 할 수 있다. 어떤 윤리적 사안과 관련하여 자신이 내린 윤리적 판단이 왜 옳은지 밝히는 경우, 관련된 주요한 도덕 규범이나 규칙에 호소하는 것은 우리가 흔히 목격하는 담론 방식이기 때문이다. 또 다른 토대주의적 이론은 '결의론(casuistry)'이라 알려진 사례 중심 접근 방법이다. 비첨과 칠드리스는 이것을 한때 '귀납주의'라고 명명하였으나, 이후 '상향식 방법(bottom-up approach)'이라 불렀다(Beauchamp and Childress 2012, pp.391-400). 이 방법은 법적 추론에서도 종종 언급되는 것으로 사안의 판단에 대한 정당화 근거로서 선행 판례를 제시하는 방법이다. 따라서 전형 사례와의 유사성에 근거하여 자신의 윤리적 판단을 정당화하는 방식이라고 할 수 있다. 그러나 이 두 방법은 어떤 기초적인 믿음 즉 토대적 믿음이 존재하고, 그 토대적 믿음에 호소함으로써 즉 근거로 제시함으로써 자신의 윤리적 판단을 정당화하는 방식을 취하고 있다는 점에서 공통점을 지니고 있다. 단지 차이가 있다면 하향식 방법은 그 토대적 믿음으로서 윤리적 규범이나 규칙을 제시하고, 상향식 방법은 그 토대적 믿음으로서 전형적인 사례에서 내려진 선행 판단을 제시한다는 점이다.

비첨과 칠드리스는 이 두 방법 모두 생명윤리적 쟁점을 다루는 추론 방법으로서, 나아가 생명윤리학의 방법론으로서 한계가 있다고 주장한다. 『생명의료윤리의 원칙들』에서 밝히고 있듯이, 이들이 지지하는 방법은 '반성적 평형(reflective equilibrium)'이라는 방법이다(Beauchamp and Childress 2012, p.404).

롤즈의 반성적 평형이 생명윤리학자들에게 영향을 미치는 것에는 롤즈의 제자인 노만 다니엘스의 역할이 컸다고 필자는 평가한다. 다니엘스는 스승인 롤즈의 반성적 평형을 좁은 반성적 평형과 넓은 반성적 평형으로 구분할 수 있다고 설명한다(Daniels 1979, pp.258-259, pp.267-268). 좁은 반성적 평형은 윤리적 규범이나 규칙 또는 이론들의 집합과 숙고된 도덕 판단들의 집합 사이의 평형 상태를 의미한다. 따라서 어떤 새로운 윤리적 판단이 정당화되는 것은 이 판단이 이들 두 집합의 믿음들과 평형 상태에 있을 때라는 것이다. 반면 넓은 반성적 평형이란 평형에 도달해야 하는 믿음들의 집합으로서 배경적 믿음들의 집합을 추가한 방법이다. 다시 말해, 어떤 윤리적 믿음이 정당화되려면 단지 도덕 규범과 규칙 및 이론들의 집합과 숙고된 도덕 판단들의 집합만 평형 상태에 있으면 되는 것이 아니라, 관련된 배경적 믿음들의 집합과도 평형 상태에 있어야 한다.

롤즈의 반성적 평형에서 '평형(equilibrium)'이란 용어는 정합주의적 정당화 이론에서 핵심적인 역할을 하는 정합성에 대한 또 다른 명칭으로 볼 수 있다. 정합주의적 정당화 이론은 어떤 믿음이 정당화된다는 것은 해당 믿음과 우리가 유지하고 있는 다른 믿음들 사이에 정합성이 유지되고 있을 때라고 주장한다. 물론 정당화 이론에 대한 담론에서 토대주의와 정합주의는 수많은 논쟁점들을 두고 서로 대립하고 격돌하는 경쟁적 이론이다. 진리에 대한 토대주의와 정합주의의 대립 이상으로 정당화 이론에 대한 두 가지의 대립적 이론 또는 시각으로서 토대주의와 정합주의는 주목할 필요가 있다. 롤즈는 바로 이런 대립적 이론들 가운데 정합주의적 입장을 제시한 것이다. 그리고 정합주의가 핵심적 개념으로 주목하는 '정합성'이란 용어를 '평형'이란 용어로 설명하는 기여를 했다고도 평가할 수 있겠다. 물론 정합주의자들 내에서는 정합성만이 유일한 정당화 근거는 아니며 부가적인 다른 기준들을 제시하는 시도도 있다. 정당화 이론으로서 토대주의가 옳은지 정합주의가 옳은지 논의하는 것은 별도의 논의를 필요로 한다. 여기서 필자가 강조하고 싶은 것은 윤리적 추론이란 영역에서 토대주의가 아닌 정합주의를 지지하는 롤즈의 입장이다.

흔히 숙고된 도덕 판단들이나 도덕 규범들을 도덕적 사고의 출발점으로 삼기 쉽다. 우리는 이미 어떤 윤리적 규범들을 숙지하고 있고 다른 사람들과 어울려 살아가는 동안 이런 규범들을 매우 자연스럽게 교육받고 내면화하기 때문이다. 그리고 이런 삶의 기간 동안 우리는 개별적으로 어떤 신념에 찬 도덕적 판단들을 갖게 된다. 따라서 규범이나 개별적인 판단이 사고의 출발점 역할을 하거나 최후의 보루 역할을 하는 것은 어쩌면 자연스러운 일일 수 있다. 그러나 롤즈는 이것들이 토대적 믿음이란 지위를 지니고 있지 않다고 판단한 것에 주목할 필요가 있다. 토대적 믿음이 왜 '토대적'이란 특별한 인식론적 지위를 지닐 수 있는지 설명하는 것이 토대주의자들에게는 숙제이다. 흔히 토대주의자들은 자명하다(self-evident)는 근거로 이 문제에 대해 대응한다. 쉽게 말해, 더 이상의 정당화 근거를 제시할 필요 없이 그 믿음은 그 자체로 정당화된다는 것이다. 정합주의자들은 이런 설명을 수용하지 않는다. 오히려 정합주의자들은 꼬리에 꼬리를 무는 정당화 근거 제시 자체를 부인하지 않는다. 설사 이 연쇄적 근거 제시의 행위를 통해 원래 출발했던 믿음으로 다시 돌아온다 해도 그것을 정합주의의 약점으로 여기지 않는다. 정당화의 대상이었던 믿음이, 이 긴 연쇄적 정당화 근거 제시 끝에 도로 정당화 근거가 되는 이 현상을, 한 믿음에 대해 다른 믿음들의 전체가 정당화 근거로 제시되는 것이라고 이해한다. 롤즈의 '반성적 (reflective)'이란 용어는 이렇게 믿음들이 서로서로를 비추어 보아야 한다는 점에서 믿음들 사이의 관계, 믿음들 사이의 상호 부합성을 살펴보아야 한다는 점을 부각시키는 용어라고 평가할 수 있다.

이런 점에서 롤즈는 정당화 이론에서 정합주의가 지닌 특징을 '반성적'이란 용어와 '평형'이란 용어를 통해 잘 드러내고 있다고 평가할 수 있다. 나아가 도덕적 추론이란 영역에서 작동하는 믿음들의 성격을 잘 파악하여 어떤 믿음들 사이에서 평형을 이루어야 하는지, 달리 말해 어떤 성격의 믿음들과 충돌하지 않는지 살펴볼 것을 강조했다고도 할 수 있다. 그것이 바로 좁은 반성적 평형과 넓은 반성적 평형에서 주목하고 있는 믿음들의 집합에 대한 성격 규정이다. 결국 넓은 반성적 평형은 윤리가 작동하기 위해서는 윤리가 비윤리적 지식과도 정합적이야 하기에, '도덕 규범과 규칙 및 이론들의 집합'과 우리의 '숙고된 윤리적 판단들의 집합' 그리고 관련된 '배경적 지식들의 집합', 이렇게 세 가지 다른 성격의 집합과 정합적이어야 한다는 점을 강조한 것이다.

롤즈는 도덕이라는 영역에서 사용되는 이론적 개념들이나 전통적으로 역사적으로 인류 문화에서 전수되어왔던 규범이나 규칙을 중요하게 여기면서도, 이것들이 절대적인 횡포를 발휘하지 못하도록 우리의 직관 특히 오랜 시간을 두고 숙고하고도 유지될 수 있었던 도덕적 직관들, 즉 숙고된 도덕 판단들도 존중했다. 물론 이 판단들도 그 자체가 절대적인 횡포를 발휘하지 않아야 하므로 이것들 역시 도덕 규범과 규칙에 부합되어야 유지할 만한 가치가 있는 판단이 된다. 그런데 필자는 롤즈가 자신의 제자 다니엘스를 통해 배경적 지식이란 믿음들의 집합을 포함하는 넓은 반성적 평형까지 주장해왔다는 점에 주목할 필요가 있다고 본다. 왜냐하면 윤리의 문제를 다룸에 있어 정당화되는 윤리적 믿음이란 단지 윤리적 영역에 속한 믿음들과의 정합성뿐만 아니라 인간과 인간의 삶 그리고 인간이 살아가는 사회와 환경, 나아가 세계에 대한 우리의 이해와도 정합적이어야 한다는 것을 넓은 반성적 평형은 함축하기 때문이다.

롤즈의 기여

이상의 논의는 다음과 같은 점에서 롤즈가 정당화 이론에 대한 정합주의적 이론을 발전시키는 데 어떤 기여를 했는지 알 수 있게 한다. 첫째, 롤즈는 '반성적 평형'이란 개념을 통해 정합주의자들이 주목해왔던 핵심 개념인 '정합성'을 '반성적'이란 개념과 '평형'이란 개념을 통해 더 잘 설명해주고 있다. '반성적'이란 개념을 통해 믿음 상호간의 관계가 어떤 관계인지 설명하고자 했고, '평형'이란 개념을 통해 믿음들이 정합적이란 것이 어떤 상태인지를 설명했다고 본다. 롤즈는 이 두 개념을 통해 '정합성'이란 개념을 좀 더 세밀하고 풍부하게 이해할 수 있게 했다. 둘째, 롤즈는 윤리의 영역에서 도달하고자 하는 정합성이 어떤 성격의 믿음들과 정합적이어야 하는지 주목하게 함으로써 가치의 문제가 사실의 문제와 분리된 채 독립된 영역에서 정합적이기만 하면 되는 문제가 아니라고 생각하고 있음을 지적했다.

필자는 이상의 롤즈의 기여를 적지 않은 기여라고 평가한다. 토대주의자들이 주장하는 것처럼 독단적일 수 있는 윤리적 믿음을 근거로 윤리적 믿음들의 체계를 구축하는 잘못을 피할 수 있게 했다는 점에서 적지 않은 기여를 했다고 본다. 자명한 윤리적 믿음, 더 이상의 정당화를 요구하지 않는 믿음이란 것이 존재한다는 토대주의자들의 입장은 자칫 독단적인 신념 체계를 근거로 하여 현실에서 마주하는 윤리적 이견을 잘못 대응하게 할 수 있기 때문이다. 어떤 믿음도 수정의 대상이 될 수 있다는 겸허한 태도는 변화하는 사회의 윤리적 문제를 해결하는 데 더없이 중요한 태도일 수 있다. 이런 점에서 다양한 이견을 접하게 되는 생명윤리의 영역에서 우리의 윤리적 판단이 정당화되기 위해서는 우리가 유지하고 있는 믿음들이 서로 잘 부합하는지 살펴보고 문제가 있는 믿음을 찾아 수정, 보완하는 것은 더없이 중요한 자세이며, 주목해야 할 덕목일 수 있다.

이와 같은 정합주의의 태도에 대해 물론 반론이 없는 것은 아니다. 위와 같은 정합주의의 입장이 정합주의의 가장 취약한 지점이라고 지적되기도 하기 때문이다. 현실이란 바닥에 뿌리를 내리지 않고 둥둥 떠 있는 믿음들 사이의 정합성만으로 정당화 기준이 충족된다고 믿는 것은 현실과 유리된 믿음들만의 정합성에 불과한 것이라고 비판할 수 있기 때문이다. 사실 생명윤리학의 영역에서 자신들이 지지하는 도덕 추론의 방법론이자 연구 방법론이 반성적 평형의 방법이라고 주장한 비첨과 칠드러스는 롤즈의 반성적 평형을 지지하지만 자신들은 정합주의자는 아니라고 주장하였다. 이들이 이처럼 반성적 평형을 따르면서도 정합주의자이기를 거부한 것은 소위 '해적의 신조들'이라고 불리는 윤리 강령 때문이었다. 이들은 이런 우스꽝스러운 윤리 신조들이 윤리라는 이름으로 거론될 수 있었던 것은 이 해적들이 제시한 윤리적 믿음이란 것이 그것들 사이에서는 정합적일지 몰라도 토대적인 역할을 하는 윤리적 믿음이 없었기 때문이라고 평가한다. 그래서 자신들은 공통 도덕으로부터 유래한 도덕적 판단들을 토대적 믿음으로 여기며, 자신들이 제시하는 자율성 존중의 원칙, 선행의 원칙, 해악 금지의 원칙, 정의 원칙은 이런 공통 도덕에 뿌리를 두고 있다고까지 주장한다. 여기서 이들의 이 원칙들이 정말 토대적인 믿음인지, 과연 공통 도덕을 구성하는 윤리적 믿음들이 토대적인 믿음인지 논의할 수는 없다. 정합주의적 추론 방식의 일부만을 수용하는 정합주의적 토대주의라는 혼합적 형태를 이론적으로 주장할 수는 있다. 그러나 필자가 지적하고 싶은 것은 비첨과 칠드리스는 롤즈의 반성적 평형을 예리하게 이해하지 못하고 있다는 점이다.

비첨과 칠드리스는 해적의 신조라는 윤리 규범 체계의 문제점을 잘못 파악하고 있다. 뿐만 아니라 비첨과 칠드리스는 정합주의에서 배경적 믿음이 어떤 역할을 하는지 제대로 이해하지 못했다. 우선, 해적의 신조와 같이 자신만의 세계에서 자신의 집단적 이익을 위해 유지하는 윤리 규범이 얼마나 포괄적인 윤리적 믿음들과 정합적일 수 있는지 의문이다. 그러나 비첨과 칠드리스는 이 문제를 제대로 간파하지 못했다고 판단된다. 왜냐하면 보편적으로 적용되는 윤리 규범에 대한 이해가 부족한 채 자신들 내부만의 정의와 평등을 강조하는 윤리 규범은 도적질의 피해로 고통을 받는 사람들에 대한 생각이 없었기 때문이다. 따라서 해적의 신조는 인권에 대한 믿음도 해악 금지에 대한 윤리적 믿음도 제대로 포함시키지 않은 채 윤리 규범들의 편의적 해석에 의존한 규범 체계라고 평가할 수 있기 때문이다. 둘째, 해적의 신조와 같은 편의적인 믿음들의 정합성은 관련된 배경적 지식들의 믿음들과 정합적일 수 있는지 강한 의문이 든다. 정합성이 추구되는 믿음들이 단지 특정 성격의 믿음들 사이에서만의 정합성이었다면, 정합주의에 따른 정당화 이론은 토대주의자들이 비판하는 것처럼 현실에 뿌리를 두지 않은 믿음들만의 정합성에 불과할 것이다. 그러나 이 세계에 대한 이해와도 정합적이어야 하는 넓은 반성적 평형에서는 이런 우려가 기우일 수 있다.

배경적 지식의 믿음이 하는 역할을 좀 더 세밀하게 생각해볼 필요가 있다. 왜냐하면 이 믿음들이 수면 밑의 바닥에 붙어 있지 않은 채 물 위에 둥둥 떠 있는 것과 같은 상태라는 정합주의에 대한 비판을 극복할 수 있게 할지가 핵심적인 논쟁점이기 때문이다. 필자는 배경적 지식에 대한 믿음은 적어도 정당화 이론에 대한 정합주의에 가해지는 위와 같은 비판을 극복하게 해주는 중요한 요소라고 평가한다. 자신이 정당화된다고 수용하는 믿음인지 여부를 평가하는 데 있어 그 믿음이 이 세계에 대한 우리의 이해와 정합적인지 아닌지 평가하는 것은 매우 중요한 작업이다. 왜냐하면 이 배경적 믿음들과의 정합성 여부는 세계와 연결시켜주는 역할을 하기 때문이다. 인간 본성에 대한 이해, 인간 심리에 대한 이해, 인간에 대한 의학적, 생물학적 이해, 인간의 삶과 죽음에 대한 이해, 사회에 대한 이해, 자연세계에 대한 이해 등과 같이 윤리적 믿음이 작동해야 하는 인간 사회와 세계에 대한 이해와 정합적인지 여부를 살펴보는 것은 그 믿음을 정당한 믿음으로 유지하고 살아갈지를 결정하는 데 있어 매우 중요하다.

사실 그 어떤 정당화도 필요하지 않은 자명한 도덕 믿음이 존재한다면 그리고 그것을 어느 시대 누구나 확신한다면 모르겠지만, 이런 토대적 믿음이 존재한다고 여기기보다 어떤 믿음도 수정, 보완될 수 있고, 인간과 세계에 대한 우리의 이해가 변화하고 발전함에 따라 우리의 윤리적 믿음도 변화할 수 있고, 우리의 윤리적 믿음이 변화함에 따라 인간과 세계에 대한 이해도 수정될 수 있다고 보는 것이 윤리적 담론을 이끌어가고 윤리적 문제를 해결하는 데 더 바람직한 태도라고 생각된다.

물론 역사적으로나 문화적으로 견고하게 유지되고 전수되어온 윤리적 믿음이 존재할 수 있고 우리는 그것을 공통 도덕이라 부를 수 있을 것이다. 하지만 그렇다고 해서 이런 성격의 도덕 규범이 자명하다고 평가하고, 인식론적으로 특별한 지위를 지닌다고까지 평가하는 것은 위험하다. 사실 비첨과 칠드리스가 공통 도덕으로부터 나온 원칙이라고 언급한 자율성 존중의 원칙은 필자가 평가하기로는 역사적 산물이다. 개인이 강조되고 개인의 삶이 존중되어야 하는 문화적, 정치적 변화 없이 자율성 존중이란 개념이 하나의 규범으로 정착될 수 있었을지는 의문이다.

인간의 생명이 소중하다고 여기는 숙고된 도덕 판단은 사실상 인간의 삶이 유한하다는 생물학적 사실과 부합한다. 해악을 금지하는 것도 해악이 인간에게 고통을 유발한다는 심리적, 생물학적 사실과 동떨어져 생각될 수 없다. 만약 인간의 삶이 현재와 같은 생물학적 또는 자연과학적 사실과 다른 환경에서 발생, 진화하였다면 논리적으로 인간은 다른 내용의 윤리 규범을 유지했을 수도 있다. 현실과 세계에 맞닿아 있는, 그래서 단지 현실과 세계로부터 유리된 채 부유하는 믿음들을 경계하는 것은 당연히 유의해야 할 점이다. 하지만 정합주의는 바로 이 점 때문에 관련된 배경적 지식과의 정합성을 놓치지 않고 있다. 이런 유의점은 우리가 토대적 믿음을 지니고 있다는 신념을 갖고 있다고 해서 사라지지 않는다. 앞서 언급했듯이, 토대적 믿음은 더 이상의 정당화 근거를 합리적으로 제시할 수 없고, 오로지 직관에 호소하여 자명하다는 근거 외에는 정당화 근거를 제시할 수 없다는 문제점이 있다. 그리고 이렇게 자명하다고 몇몇 개인이 확신을 하고 있다는 것이 현실과 세계에 맞닿아 있다는 것을 보장하는 것도 아니다. 결국 정합주의의 고질적인 문제점이라고 지적되는 정합주의의 취약점은 토대적 믿음이 존재한다고 주장한다고 해서 해결되는 문제가 아니며, 오히려 현실과 세계에 대한 정확한 이해와 부합하는 믿음이 무엇인지, 그래서 이 믿음들과 반성적인 평형에 있는 믿음들이 무엇인지 찾아보고 숙고함으로써 해결될 수 있다.

롤즈의 이성적 불일치 개념과 관용의 문제

롤즈의 철학적 입장이 생명윤리학에 미친 또 하나의 중요한 기여는 이성적 인간(reasonable person), 이성적 불일치(reasonable dis-agreement), 이성적 다원주의(reasonable pluralism)에 대한 논의이다. 이 논의는 롤즈의 『정치적 자유주의(*Political Liberalism*)』에서 명시적으로 다루어지고 있다. 우선 필자는 이 논의를 전개함에 있어 용어 사용의 문제부터 짚어보고자 한다.

롤즈는 우선 이성적인 사람과 합리적인 사람을 구별하고, 이성적인 사람들 사이에 발생하는 불일치를 이성적인 불일치로, 이성적인 사람들이 인정할 수밖에 없는 것으로서, 복수의 포괄적인 믿음 체계가 존재한다는 사실을 이성적인 다원주의로 명명한다(Rawls 1996, p.36, p.55). 이성적인 것이란 "협력의 공정한 조건들을 기꺼이 제안하고, 다른 사람들이 따르고자 한다면 그 조건들을 기꺼이 따르고자 하는 마음"이다(p.54). 마틴 벤자민은 양자를 다음과 같이 구별했다. "합리성(rationality)은 대부분 주의 깊게 선택된 일련의 목적에 대한 가장 효과적인 수단을 선택하고 추구하는 것과 관련된 지적인 덕목이다. … 이성적임(reasonableness)은 다른 사람들을 위하여 다른 사람들의 이성적인 목적이나 관점을 동등하게 또는 공평하게 고려하는 것을 요구한다."(Benjamin 1995, pp.251-252)

롤즈의 이성적 불일치가 단지 정치의 영역에서만 중요한 것이 아니라 생명윤리의 영역에서도 중요한 이유는 생명윤리에 대한 담론이 어떤 성격의 담론인지 파악하면 쉽게 이해할 수 있다. 생명윤리에 대한 담론은 인간의 출생부터 삶의 과정, 그리고 죽음에 이르는 인간의 삶의 전 과정에 걸쳐 진행된다. 그리고 주목해야 하는 것은 이 담론의 중심에 있는 쟁점들이 모두 인간 삶을 구성하는 핵심적인 개념들이라는 것이다. 인간의 지위, 재생산권의 범위와 한계, 가족의 구성, 건강의 유지 및 관리, 치료의 범위, 죽음의 의미, 죽음의 선택 여부 등등. 이런 쟁점들은 당연히 전통적으로 유지되어온 핵심 개념들에 대한 이해와 충돌하기도 하고, 부조화 현상을 빚어내기도 한다. 개인적으로는 새로운 개념을 형성하고 전통적인 개념과 충돌하는 측면이 있을지라도 새로운 형태의 출생이나 건강관리, 가족 구성, 나아가 새로운 방식의 죽음에 대한 이해까지도 자신의 생각대로 실현해보고자 한다. 따라서 다양한 개인들의 상이한 이해들이 상호 충돌될 뿐만 아니라 기존의 사회적 이해와도 충돌될 수 있다.

이런 문제들을 해결하는 데 있어 이러한 이견에 대한 평가가 필요하다. 롤즈는 '이성적 불일치'라는 개념을 통해 우리가 이런 이견을 어떻게 평가하고 대해야 할지를 잘 알려준다. 서구 생명윤리학의 생명윤리 담론에서 전제하는 것은 이 담론이 거론되는 사회가 이미 다원주의 사회라는 점이다. 따라서 왜 우리가 다원주의 사회에 있는지를 설명하는 롤즈의 이성적 불일치 개념은 서구의 생명윤리 담론에서 직접적인 주제가 되지는 않았다고 판단된다. 이미 생명윤리적 쟁점들에서 목격하는 갈등은 인간과 사회를 지탱하는 매우 근본적인 개념들에 대한 상이한 입장으로부터 발생하는 갈등임을 경험하고 있기 때문이다. 재생산권에 대한 상이한 이해, 초기 인간 생명의 지위에 대한 상이한 이해, 죽음에 대한 상이한 이해 등등은 이미 오랜 시간 생명윤리학에서 다루는 주요한 쟁점들 중 하나이다. 따라서 서구는 시민사회가 이러한 쟁점들에 대한 사회적 합의에 도달하기 위해 어떤 노력을 해야 하는지 경험했다고 판단된다. 그리고 이런 경험은 이미 다민족 사회라는 자신들의 사회문화적 환경에 대한 이해를 바탕으로 여러 사회적 쟁점과 생명윤리적 쟁점을 통해 형성된 것으로 보인다.

그러나 한국 사회는 오랜 기간 유교라는 하나의 가치 체계를 중심으로 유지되어온 사회였다. 서구 문물과 문화가 자의든 타의든 유입되었던 개화기를 시작으로 급격한 사회변화를 겪었지만 이것은 단일하고 동질적인 하나의 민족이 외래문화와 접하며 겪은 변화였기에 다문화 사회에서 경험하는 다양성과는 차이가 있다. 근대 시민국가의 형태를 띠는 자유민주주의 국가 형태를 유지해온 것도 서구에 비하면 대단히 짧은 역사를 지니고 있다. 이런 점에서 어떤 측면에서는 사회적 갈등을 구성하는 여러 쟁점들 중 가치 갈등과 관련된 문제를 대하는 경험이 아직도 많지 않다고 볼 수 있다. 한국 사회의 갈등은 주로 경제적 이익을 둘러싼 갈등인 경우가 많다. 정치적 체제를 둘러싼 갈등도 물론 중요한 가치 갈등 중 하나이다. 좌익과 우익의 사상적 대립은 정치적 쟁점이었기에 세력과 세력의 대립으로 치닫고 남북 분단으로 인해 적어도 하나의 정치적 체제를 표방하는 정부가 수립된 이상 더 이상 다원성이란 관점에서 논의되는 데 한계가 있었다. 시민의 자유로운 정치적 사상조차도 통제되고 검열되었던 역사가 있었던 것은 익히 우리가 경험했고 주지하고 있는 사실이다. 따라서 간단히 말해 한국 사회는 다원성이나 다양성을 인정하고 관용하며 이런 다양한 이견을 지닌 구성원들과 함께 어떻게 사회정책을 수립해나가야 하는지에 대한 경험이 일천하다.

다행히도 다양한 종교가 한국 사회에 정착되고 여러 종교가 비교적 큰 분란 없이 공존하는 것은 매우 주목할 만한 현상이라 할 수 있다. 하지만 과연 이런 종교의 유입으로 인해 한국 사회가 얼마나 다양한 다원성을 지닌 사회로 변화되었는지는 여전히 의문이다. 다문화 가정에 대한 홍보나 개방적 태도에 대한 강조가 있기도 하다. 하지만 이런 강조가 필요할 만큼 우리 사회는 폐쇄성이 사회적 문제이며, 이는 유럽이나 미국에 비해 여전히 매우 단일한 가치관이 지배하는 사회임을 방증하는 것이기도 하다. 이런 상황에서 우리 사회가 마주하는 생명윤리적 쟁점들은 인간과 사회의 근본적인 가치나 개념에 대해 한국 사회의 구성원들 역시 동질적인 사고방식을 드러내고 있는 것만은 아니라는 점을 보여주고 있다. 이러한 쟁점들과 관련된 담론에서 한국 사회에서도 점점 더 다양한 견해와 태도가 존재함을 확인하게 될 것이다.

이런 점에서 롤즈의 '이성적 불일치', '이성적 다원주의' 등에 대한 개념은 적어도 한국의 생명윤리학에서의 담론이 향후 어떤 역동적인 담론을 거치게 될 것인지를 가늠하고 이에 대응하는 데 도움을 줄 것이다. 아직도 사회적 합의를 이루지 못하고 있는 낙태 문제나 자궁 대리모 문제 등은 우리 사회가 서로의 다양한 가치관에 직면하여 강렬하게 토론하며, 최소한의 사회적 합의에 도달하려는 논의의 장이 마련될 필요가 있음을 보여준다. 최근 헌법재판소의 헌법 불합치 결정으로 다시 사회적 쟁점이 된 낙태 문제는 서구에서는 이미 겪었던 프로 라이프와 프로 초이스의 논쟁을 우리 사회 역시 본격적으로 진행해야 할 것임을 알려준다. 자궁 대리모의 문제는 아예 공론화된 논쟁조차도 활발하지 않다. 필자는 이런 쟁점들이 분명 조만간 사회적 논의와 합의를 필요로 하는 쟁점으로 등장할 수밖에 없을 것이며, 이런 쟁점들에 대한 대응에 있어 사회적 합의에 도달하는 정교하고 세련된 사회적 담론의 장과 기제가 마련되고 현명하게 운영되어야 한다고 생각한다.

생명윤리적 쟁점들은 인간과 사회의 근본적인 가치나 개념들에 대한 상이한 이견이 대립하는 문제들이라는 특징 외에도 다음과 같은 특징을 지닌다. 첫째, 생명윤리적 쟁점들은 이 쟁점에 대한 대답으로서 개인적 차원의 답변과 사회적 차원의 답변이 분리되어 요구될 수 있다는 점이다. 낙태 문제에 대해 자신이 낙태를 반대한다는 입장을 취하고 있다고 해서 우리 사회의 구성원들이 모두 낙태를 반대해야 한다거나 사회 구성원들의 낙태를 금지해야 한다는 것이 도출되지는 않는다. 자발적인 적극적 안락사의 문제도 그러하다. 사회적으로 자발적인 적극적 안락사가 허용되어야 한다는 입장을 취하고 있다고 해서 개인적으로도 자신이 자발적인 적극적 안락사를 선택하겠다는 것을 함축하지는 않는다. 이런 식의 이중적 태도가 가능한 이유는 생명윤리적 쟁점들이 주로 "어떤 행위가 우리 사회에서 윤리적으로 허용 가능한가?"라는 문제들로 이루어졌기 때문이다. 어떤 행위를 윤리적으로 허용한다는 것은 당연히 어떤 행위를 윤리적으로 강제한다는 것과 다르며, 윤리적으로 권장한다는 것과도 다르다. 특정 행위를 원하는 사람이라면 우리 사회가 허용하는 일정 요건을 충족한 경우에 사회적으로 인정하는 방식에 따라 허용한다는 의미이다. 그래서 이 방식이 법률로 정해져 있다면, 법률이 요구하는 요건에 해당하는 경우 법률이 정한 절차에 따라 해당 행위를 수행하는 경우 허용한다는 의미이다. 따라서 우리 사회가 이런 특정 행위를 개인의 가치관에 따라 지지하는 것은 아닐지라도 어느 범위까지 용인 또는 감내할 수 있는지의 문제인 경우가 많다. 이런 방식의 정책이 가능한 이유는 바로 다양성에 근거한다. 서로 다른 가치관과 인생관, 나아가 세계관을 용인하는 태도에서 발생한다. 그렇다면 왜 이런 용인하는 태도가 있어야 하고, 여기서 용인한다는 것은 어떤 의미인가?

롤즈는 정확하게 '관용(toleration)'을 언급하며 앞서 언급한 '용인'의 의미를 설명하고 있다. 그리고 이것이 덕목이라 여긴다. 그리고 이런 태도가 다원주의 사회에서 요청되는 이유는 롤즈가 자신의 『정치적 자유주의』에서 언급하고 있는 이성적 인간의 덕목에 근거한다. 이런 이성적 인간들 사이에서는 "선입견이나 편견, 자신이나 그룹의 이해관계, 맹목과 아집(willfulness)"이 극복되었다 하더라도 서로 일치된 의견에 도달할 수 없음을 경험한다(Rawls 1996, p.58). 바로 이것이 '이성적 불일치'이다. 필자가 흔히 '합당한 불일치'로 번역되는 이 용어를 굳이 '이성적 불일치'로 번역하는 이유는, 이 개념이 '이성적 인간'이란 개념으로부터 도출된 것이기 때문이다. 롤즈가 사용하는 'reasonable'은 인간의 덕목, 불일치의 성격, 사회의 성격으로 이어지는 개념이다. 따라서 'reasonable person'을 '합당한 인간'이라고 번역하는 것이 어색한 것만큼, 'reasonable disagreement'와 'reasonable pluralism'을 '합당한 불일치', '합당한 다원주의'라고 번역하는 것은 이 불일치나 다원주의의 인정이 왜 발생하는지를 주목하지 못하게 한다. 아울러 '합당한'이란 용어는 마치 어떤 납득할 만한 근거가 있어 불일치나 다원주의를 인정해야 하는 것처럼 여기게 하는 문제점이 있다.

핵심은 이성적인 사람들 사이에서 발생하는 불일치이고 이성적인 사람들이 인정할 수밖에 없는 다수의 다양한 포괄적인 믿음 체계가 존재한다는 것이 이성적 다원주의의 핵심이다. 그리고 이런 사회에서 자신의 생각과 다른 견해에 대해서는 '관용'의 태도를 지녀야 한다. 여기서 '관용'이란 수용한다는 의미가 아니다. 즉 이 견해가 옳다고 받아들인다는 의미가 아니다. 자신이 개인적으로는 여전히 해당 견해를 수용할 수 없는 입장이지만, 사회적으로는 그런 견해가 존재함을 허용할 수밖에 없는 입장이라는 의미이다. 왜냐하면 롤즈가 언급했듯이 판단의 부담(burdens of judgments)을 인정하지 않은 채 이성적 불일치가 묵살되고 어느 하나의 입장만이 존재해야 한다고 하는 것은 폭압적 사회이기 때문이다.

이런 점에서 롤즈는 이미 서구 사회에 만연해 있었던 다원주의적 사회의 특성이 무엇인지 잘 포착하고 이런 사회가 왜 존재할 수밖에 없는지를 자신의 주요 개념들, 판단의 부담, 이성적 인간, 이성적 불일치, 이성적 다원주의라는 개념으로 잘 설명해내었다.

맺음말: 우리 사회와 학계의 과제

위와 같은 다원주의 사회로 변화해가는 한국에서는 우리의 생명윤리적 담론을 통해 경험하게 될 다양한 가치 대립과 갈등을 어떻게 이해해야 하는지 롤즈는 잘 알려주고 있다고 할 수 있겠다. 물론 롤즈의 개념이 더 연구될 필요가 있고 경험적으로 확인하고 수립해야 할 기준이 존재한다. 그것은 바로 위와 같은 일련의 개념에서 중요한 역할을 하는 판단의 부담과 이성적 불일치의 문제이다. 이성적 불일치인지 아닌지 우리는 구체적으로 어떻게 구별할 수 있을까?

우선, 이런 구별은 판단의 부담이 발생하는 문제인지 아닌지부터 살펴보아야 할 것을 요구한다. 그리고 담론에 참여하는 사람들이 이성적인 사람인지도 따져보아야 할 것이다. 그런데 몇 마디 건네보고 동의를 구하지 못하거나 설득에 실패했다고 해서 이성적 불일치라고 여길 수는 없을 것이다. 롤즈의 개념을 구체적인 현실에서 적용해내는 것은 또 다른 면밀한 연구가 필요해 보인다. 필자는 이 문제에 대한 연구를 지속해야 할 의무를 갖고 있다고 여긴다. 그러나 아직은 구체적인 입장이나 주장을 내놓기는 어려운 상태이다. 하지만 적어도 증거와 합리적 근거를 통해 타인을 논박할 수 없고 나름 그 타인이 자신의 가치관과 인생관, 세계관 내에서 모순되지 않는 정합적인 견해를 피력하고 있는 것이라면 이성적 불일치에 해당한다고 보아야 될 것 같다. 이 경우라면 비록 내가 동의할 수 없는 주장이더라도 내가 객관적인 증거와 합리적인 논거를 통해 설득할 수 없다면 나는 이 사람의 주장에 대해 관용의 태도를 지닐 수밖에 없을 것이라 생각된다.

필자는 롤즈의 반성적 평형이란 개념이 개인 차원의 추론 방법에 그치지 않고 그룹 차원의 추론 방법으로서 기여하는 바가 있다고 주장한 바 있다(최경석 2016). 상이한 추론 방법에 대한 이론을 따르는 사람들이 존재하더라도 다양한 사람들이 합리적인 추론을 통해 어떤 하나의 의견에 도달했다면, 결국 합의된 의견은 반성적 평형이란 방법을 따른 것이라고 본다. 반성적 평형이란 추론 방법이 현실적인 담론에서 실질적으로 어떤 역할을 할 수 있는지, 나아가 평형에 도달했음은 과연 구체적으로 어떻게 판단할 수 있는지 등에 대한 연구도 진행될 필요가 있다.

참고문헌

Beauchamp, Tom L. and James F. Childress. 2012. *Principles of Biomedical Ethics*. 7th ed. Oxford University Press.

Benjamin, M. 1995. "The Value of Consensus." in R. E. Bulger, E. M. Bobby and H. V. Fineberg eds. *Society's Choices: Social and Ethical Decision Making in Biomedicine*. National Academy Press.

Berlin, Isaiah. 1990. "On the Pursuit of the Ideal." in Henry Hardy ed. *The Crooked Timber of Humanity*. Princeton University Press: 1-19.

Caplan, Arthur. 1983. "Can Applied Ethics Be Effective in Health Care and Should It Strive to Be?" *Ethics* Vol. 93, No. 2.

Daniels, Norman. 1979. "Wide Reflective Equilibrium and Theory Acceptance in Ethics." *The Journal of Philosophy* Vol. 76, No. 5.

Rawls, John. 1996. *Political Liberalism*. Columbia University Press.

최경석. 2020. 「반성적 평형은 토대주의와 양립가능한가?」. 『윤리학』 제9권 제1호. 한국윤리학회: 29-57.

____. 2016. 「그룹 믿음과 넓은 반성적 평형」. 『윤리학』 제5권 제1호. 한국윤리학회: 53-74.

____. 2013. 「생명윤리와 철학: 철학적 대립과 새로운 생명윤리학을 위한 철학의 과제」. 『생명윤리』 제14권 제2호. 한국생명윤리학회.

____. 2012. 「생명윤리에서 윤리적 허용가능성 담론과 법제화」. 『법철학연구』 제15권 제1호. 한국법철학회.

____. 2008. 「생명의료윤리에서의 넓은 반성적 평형과 판단력」. 『법철학연구』 제11권 제1호. 한국법철학회.

공정으로서 정의와 의료의 분배적 정의

장동익 | 공주교육대학교 윤리교육과

　　롤즈의 정의론은 자유주의 영역에서 대표적인 이론으로서 위상을 펼치고 있다. 이러한 이론의 내용을 잘 숙지하는 것은 자유주의 관점의 정의 이론과 그 대척점에 있는 평등주의 또는 사회주의 정의 이론을 동시에 이해할 수 있게 해준다. 그래서 정의 이론을 이해하는 출발점으로 롤즈의 정의론을 살펴보는 것은 좋은 방법이 될 것이다. 여기에서는 먼저 롤즈의 정의론의 핵심인 '공정' 개념과 정의 원칙의 도출 배경, 그리고 정의 원칙의 내용을 살펴볼 것이다. 그리고 이 정의 원칙이 의료의 분배적 정의에 시사하는 바를 살펴보고자 한다. 의료의 분배적 정의 문제를 롤즈의 정의의 원칙의 관점에서 살펴보는 이유는, (1) 앞에서 말했듯이, 롤즈의 정의론은 자유주의 영역에서 대표적인 이론이며, 그 대척점에 있는 평등주의와 사회주의 정의 이론을 이해할 수 있게 해주기 때문이며, (2) 의료의 분배적 정의는 현대사회에서 부각된 강력한 주제이며, 어떤 재화보다도 중요한 재화로 인식되고 있기 때문이다. 여기에서 먼저 롤즈의 정의론이 출현할 당시의 사상적 배경을 통해, 롤즈 정의론이 야기한 사상적 자각을 지적할 것이다. 그리고 롤즈가 말하는 공정 개념을 논의할 것이다. 이 논의는 공정 개념이 정의 이론에 대한 탐구에 새로운 방향을 제시하였다는 것을 알게 해줄 것이다. 다음으로 롤즈의 정의의 원칙의 내용을 설명할 것이다. 마지막으로 정의의 원칙에 대한 충실한 이해를 통해서 의료의 분배적 정의의 문제를 살펴보게 될 것이다.

롤즈 정의론이 출현한 시대적 배경

롤즈(John Rawls, 1921-2002)는 계약론을 칸트주의적 의미로 재해석하여, 사회정의에 대한 자유주의적 입장을 제시하였다. 1958년 「공정으로서의 정의」라는 논문을 발표한 이후로, 정의 문제를 다루는 여러 논문을 내놓았다. 그의 연구는 1971년 『정의론(*A Theory of Justice*)』을 발표함으로써 큰 결실을 맺었다. 1993년에 『정치적 자유주의(*Political Liberalism*)』, 2001년에 『공정으로서 정의(*Justice as a Fairness*)』를 발표하였으나, 전 생애에 걸친 연구는 모두 『정의론』에 근간을 두고 있으며 이로부터 비롯되었다고 해도 과언이 아니다.

롤즈는 자신의 대표적인 저작인 『정의론』의 기본적 사유를 담고 있는 최초의 논문인 「공정으로서의 정의」를 1958년에 발표하였는데, 이 시기의 철학적 사유를 주도한 것은 '논리실증주의'이다. 논리실증주의에 의해 고무된 경험적 특징이 철학적 분위기의 주류를 이루었다. 그리하여 경험되지 않은 대상들에 대한 해명은 그 학문적 지위를 의심받았으며 경시되었다. 경험되지 않은 것들은 학문적 대상이 아니기 때문에, 이들에 의한 철학적 문제들은 모두 사이비 문제로 간주되었다.

이러한 분위기는 윤리학의 학문적 지위에도 영향을 주었다. 윤리학의 학문적 지위 역시 의심받게 되었다. 윤리학은 '존재하는 것'이 아닌 '존재해야만 하는 것'을 탐구하는 특성을 가진 학문이기 때문이다. 물론 윤리학의 학문적 지위에 대한 의문은 이때 처음 생겨난 것은 아니다. 논리실증주의에 의해 더욱 심화된 것이기는 하지만, 흄이나 칸트와 같은 근대의 학자들도 역시 윤리학의 학문적 지위에 관해 의문을 제기하였으며, 그런 의문을 충분히 이해하고 있었다. 그리하여 이들은 윤리학의 학문적 지위를 확립하기 위해 자신의 전체적인 철학적 입장을 체계화하려고 심혈을 기울였다.

윤리학의 학문적 지위가 의심받는 상황에서 도덕이란 단지 행위자의 감정이나 주관적 견해를 주장하는 것에 불과하다는 정의주의(emotivism)가 만연하고 있었다. 정치철학에 있어서도 사회복지를 주장하는 공리주의만이 겨우 명맥을 유지할 뿐이었다. 이 당시에 규범학, 즉 윤리적 규범에 대한 불신에도 불구하고, 공리주의는 상당한 영향력을 행사하고 있었다. 그 이유는 공리주의가 어려운 정치적 문제를 해결하는 데 사용하기 용이하고 간편한 방법을 제공해주고 있었기 때문이다.

자유주의 국가에서 가장 골칫거리 문제는 사회정의에 관한 것이었다. 사회주의 출현과 더불어 사회정의는 사회적 약자에 대한 사회적 강자의 배려나 희생이 필요한 것으로 인식되었다. 말하자면, 약자의 복지를 강화하는 길은 경제적 강자의 권리를 침해함으로써 또는 경제적 강자의 권리를 제한함으로써만 가능한 것이기 때문이다.

그러나 자유주의는 그 이념상 개인의 권리 침해나 제한을 정당화할 어떤 이론적 실마리도 가지고 있지 못하다. 이러한 이론적 괴리를 해결하기 위해 임시방편으로 받아들인 것이 공리주의 원리인 최대 다수의 최대 행복의 원리이다. 공리주의 원리에 의거한 최대 다수의 행복을 위해서는 소수의 권리를 제한할 수 있다는 주장을 어느 정도 설득력 있게 제시할 수 있을 듯이 보이기 때문이다.

그러나 롤즈는 이러한 공리주의적 방식이 전체주의적인 특성을 가지고 있기 때문에 만족할 만한 것이 아니라고 생각한다. 공리주의는 침해해서는 안 되는 인간의 기본적인 권리조차도 침해할 수 있는 가능성을 내포하고 있기 때문이다. 롤즈에 의하면 공리주의는 사회정의를 실현하기 위하여 한 사회가 받아들여야 할 이론으로는 턱없이 부족하거나 결함을 지닌 이론이다. 롤즈는 공리주의를 받아들이는 것이 자유주의 사회에 오히려 부정의를 초래할 수 있다고 생각한다.

이러한 까닭으로, 롤즈는 먼저 자신의 정의 이론을 제시하면서 공리주의의 실질적 내용과 그 방법론적 함축을 비판하고 있다. 공리주의는 다수의 선을 위해 소수의 기본적 권리를 침해하고, 그 생존까지 위협하는 것을 이론적으로 정당화하는 이론이라는 것이다. 정의의 문제에 있어서 이런 치명적 약점을 갖는 공리주의보다는, 그 대안으로 롤즈는 권리 이론을 주장한다. 이 권리 이론은 롤즈가 사회계약이론을 자유주의적 관점의 합리적 의사 결정론으로 해석하여 주장하는 근거가 되고 있다. 또한 롤즈의 정의 이론은 방법론적으로 고유한 특성을 가지고 있다. 그래서 롤즈의 정의 이론을 '공정으로서의 정의'라고 한다. 그의 정의 이론은 정의가 무엇인지를 직접 답하는 것이 아니라, 순수 절차적 정의를 수용하여, 공정한 절차에 의해 합의된 것을 정의롭다고 주장한다. 그의 정의 이론은 자유주의를 훼손하지 않으면서도, 사회적 약자의 복지를 고려한 사회정의 실현의 이론적 토대의 가능성을 열어준 것으로 평가받고 있다.

정의로운 상태로서 '공정'

"정의란 무엇인가?"라는 물음에 명료한 대답을 제시할 수 있는 사람은 흔치 않다. 더욱이 모든 사람을 만족시킬 만한 대답을 할 수 있는 사람은 거의 없을 것이다. 정의에 대한 탐구가 부족하거나 빈약하기 때문에 그런 것은 아니다. "정의란 무엇인가?"라는 물음은 서양 철학의 출발 초기부터 제기되어온 아주 오래된 물음이다. 아마도 이에 대한 대답이 어려운 것은 '정의'라는 개념 그 자체에서 비롯된 것일 수 있다. 그래서 철학자들은 이러한 물음은 답하기 어려운 형이상학적 물음이라고 말한다.

롤즈는 이런 형이상학적 물음의 어려움을 피하기 위해서, "정의란 무엇인가?"라고 묻기보다는 "정의로운 상태는 어떤 상태인가?"라고 묻는 길을 제시한다. 정의로운 상태에 대한 물음은 상대적으로 비교적 쉬운 물음이다. 그래서 정의가 직접적으로 알기 어렵다면, 차선책으로 정의로운 상태가 어떤 것인지를 알아봄으로써, 즉 정의로운 상태를 매개로 정의가 무엇인지를 이해할 수 있다고 말한다. 말하자면 정의에 관한 물음을 정의로운 상태에 관한 물음으로 전환해야 한다는 것이다.

롤즈는 이러한 물음의 전환이 자신만의 독창적인 견해는 아니라고 주장하면서 자신의 방식을 정당화한다. 정의에 관해 논의한 많은 철학자들이 정의란 무엇인가를 묻기보다는, 사실상 정의로운 상태는 어떤 상태인가에 대해 관심을 가지고 다양한 방식으로 주장해왔다고 말한다. 예를 들면, 자유로운 상태가 정의라거나, 평등한 상태가 정의라거나, 형평에 맞는 상태가 정의라거나, 공정한 상태가 정의라거나, 공평한 상태가 정의라고 말해왔다는 것이다.

정의가 이렇게 여러 가지 상태로 주장될 수 있다는 것은 정의가 다양한 의미로 해석될 수 있다는 것을 의미한다. 그러나 오랫동안 정의에 관하여 힘을 얻어온 입장은 자유와 평등의 실현에서 정의가 실현될 수 있다는 입장이다. 그러나 롤즈는 정의의 실현을 자유나 평등의 실현으로 보지 않는다. 롤즈는 정의의 실현을 공정함을 지키는 것이라고 믿는다. 롤즈에서 공정이라는 개념은 우리가 게임을 할 때 게임의 룰을 지키는 것과 유사하다. 이러한 주장을 하기 앞서, 롤즈는 먼저, 기존에 제시된 정의에 관한 주장들이 실현하기에 불가능하다는 것을 적확하게 지적한다. 이러한 인식을 기초로 롤즈는 어떤 결과의 정당함을 평가할 기준이 없다고 주장한다. 말하자면, 이미 우리가 소유하고 있는 재산의 소유 상태가 정당한지 부당한지를 판가름할 길이 없다는 것이다.

물론 롤즈도 현재의 재산 소유 상태가 올바른지 그른지를 판가름할 수만 있다면, 그에 맞는 것을 정의로운 것으로 여기는 데 아무런 문제도 없다고 말한다. 그렇지만 이를 판가름할 방법이 원천적으로 봉쇄되어 있기 때문에 정의의 문제가 항상 논란이 되고 있다. 롤즈는 절차적 정의라는 자신의 정의관이 이런 논란을 해소시킬 것이라고 생각하였다. 말하자면 어떤 보편적으로 승인된 규칙에 따라 어떤 결과가 이루어졌다면, 그 결과의 상태가 어떠하든 그것은 공정하다는 것이다. 예를 들면 게임을 하기 위해서는 지켜야 할 규칙이 있고, 그 게임의 당사자들이 그 규칙을 잘 지켰다면, 그 승패와는 관계없이 그 게임의 결과는 공정하며, 이 공정한 상태가 정의로운 상태일 것이다. 분배와 관련해서 정의로운 상태를 자유의 실현으로 주장하는 견해는 그 사회 구성원의 자발적 경쟁을 통해 그 사회의 재화가 분배되어야 한다는 입장이다. 즉 재화는 시장을 통해 자유로운 경쟁으로 서로 교환함으로써 적절하게 분배되어야 한다. 따라서 시장을 통한 자유로운 경쟁이 적절한 분배를 위한 필수조건이 된다. 이런 자유로운 경쟁을 가로막는 인위적 장치는 분배적 정의에 있어서 부정적 요소로 제거되어야 한다. 자유를 강조하는 입장에서 요구하는 것은 결과의 평등이 아니라 단지 기회의 평등이다. 평등한 기회가 제공되고, 시장을 통해 자유롭게 경쟁할 수 있다면, 그것이 바로 정의로운 상태이다. 따라서 자유로운 경쟁을 통해 불평등한 소유의 결과가 발생하더라도, 재분배를 임의로 강제하는 것은 부당한 행위이다. 강제로 교정되어야 하는 것은 타인의 침해나 불법적인 일과 같은 부정한 일에 한정될 뿐이다.

자본주의 체제에서 정의는 기회의 평등이다. 이것은 결과의 평등을 요구하지 않는다. 가장 빠른 경주자가 누구인지를 결정하는 최고의 방법은 동일한 조건에서 모든 경주자를 경쟁시키는 것이다. 자본주의 체제는 업적, 진취적 기상, 활력, 지성 등 시장에 이점으로 작용하는 특징들을 가치 있는 것으로 여긴다. 이러한 자본주의 체제 내에서 어떤 사람은 이러한 특징에 있어서 운이 좋고, 어떤 사람은 운이 없을 수 있다는 것을 인정한다. 그러나 기회의 평등이 유지되고 생산적 활동에 따른 보상이 충분하게 이루어지는 한, 정의롭다고 말할 수 있다. 참가하고자 하는 모든 사람은 참가할 수 있어야 하며, 그들은 투입량에 따라 보상되어야 한다는 것이 이 체제의 기본적인 이념이다. 이런 방식으로 기회의 자유를 보장한다고 해서 정의를 실현할 수 있을까? 많은 사람들이 동의하지 않을 것이다.

이에 반해 사회주의 체제는 기회의 평등뿐만 아니라, 비례적인 차등적 보상도 허용한다. 이 체제는 모든 사람이 보상을 받지만, 그 보상의 양을 제한하려는 경향이 있다. 즉 재산과 수입에 불평등이 크다면, 이것을 줄이려는 정책을 채택해야 한다. 불평등은 정의를 훼손하는 결정적인 요인이기 때문이다. 그렇다면 모든 구성원이 동일한 재화를 분배받는 사회가 정의로운 사회일까?

사실상 분배와 관련하여 가장 오래되고 가장 일반적인 형식의 정의는 자신의 몫을 주는 것, 즉 동등한 것을 동등하게 그리고 동등하지 않은 것을 동등하지 않게 다루는 것이었다. 이것은 아리스토텔레스에서부터 시작된 생각이다. 분배에 있어서 정의는 합당한 자신의 몫을 갖는 것이다. 이런 입장이 얼핏 그럴듯하게 보일 수 있다. 그러나 이런 견해는 사실은 심각한 문제를 안고 있다. 각자의 몫이 무엇이며, 그것을 어떻게 알 수 있을까? 각자에 합당한 몫을 알거나 결정하는 것은 무척 어려운 일이다. 사실상 각자의 몫이 무엇인지의 문제가 곧바로 정의의 문제라고 할 수 있다. 각자의 몫을 결정하기 어렵다면 결국은 형평에 맞는 분배에 실천적 의미는 없다고 해야 할 것이다.

각자의 몫을 정하기 어렵고, 따라서 형평에 맞는 분배가 실천적으로 어렵다면, 가장 간단하게 생각할 수 있는 방법은 평등하게 분배하는 것이다. 즉 산술적으로 동등하게 나누어 갖는 것을 정의로운 분배로 여기는 것이다. 이러한 관점은 소유 결과의 불평등을 결코 인정하지 않으려는 의도를 함축하고 있다. 모든 구성원이 동등한 재화를 소유하기 때문이다. 그러나 평등한 분배가 통상 생각하는 것만큼 이상적인 분배 방법일까? 더구나 그들이 결코 인정하지 않으려하는 소유 결과의 불평등을 발생시키지 않는 방법일까? 예를 들어 천성적으로 많이 먹는 씨름 선수와 조금만 먹어도 포만감을 느끼는 체조 선수에게 먹을 것을 동일하게 분배한다고 해보자. 씨름 선수는 배고파할 것이고 체조 선수는 잉여 산물을 남기게 될 것이다. 어떤 사람은 분배받은 만큼의 양을 모두 소비하지 않고 적당히 소비한 뒤, 비축하거나 다른 곳에 투자할 수 있다. 시간이 지남에 따라 모두 소비한 사람과 잉여 산물을 투자한 사람의 소유 결과는 달라질 것이며, 평등의 관점에서 이런 소유 결과는 불평등이라고 말할 수 있다. 결국 배고픈 자의 불만은 커져갈 것이고, 재화를 비축하는 자는 점점 부유해질 것이다. 재화의 비축이 커질수록 배고픈 자의 불만은 더욱 증폭될 것이다.

롤즈는 재화의 불평등한 상태가 불가피하다고 생각한다. 완전한 평등한 분배를 실현한다 할지라도, 시간이 지남에 따라 결국엔 소유 결과에서 불평등한 상태에 이르기 때문이다. 그래서 롤즈는 평등의 반대 개념으로서 불평등은 인간 사회에서 필연적인 요소라고 생각한다. 실제로, 공산주의는 어떤 차별도 인정하려 하지 않는 극단적인 이론이지만, 그 사회적 현실은 불평등이 존재하기 마련이다. 공산주의의 이념인 평등한 분배를 실현한다 할지라도, 곧바로 불평등한 상태에 이를 수밖에 없기 때문이다. 배부른 체조 선수와 항상 굶주리는 씨름 선수가 존재한다는 것은 불평등의 한 증거이다. 또한 검약의 미덕을 가진 자는 잉여 산물을 비축할 것이다. 그렇다면 과연 소유 결과의 불평등을 일소하는 분배 방법은 없는 것일까? 아직까지 마땅한 방법이 제시되지 않았다는 것은 분명하다.

이러한 인식을 토대로 롤즈는 결과적 소유의 불평등의 정당성과 부당성을 평가할 방법이 없다고 주장하면서, 공정으로서 정의를 제시한다. 즉 이기적이면서 합리적인 존재가 무지의 베일 뒤에서 정의의 원리를 선택한다는 사유 실험을 통해 정의의 원리를 찾고자 한다. 무지의 베일 속에 합의하는 우리는 이기적이면서 합리적인 존재이며, 우리의 선에 가치를 부여하는 존재이다. 그러나 우리가 부자인지 가난한지, 상류계급인지 하류계급인지, 재능이 있는지 재능이 없는지, 신체적, 정신적 결함이 있는지 그렇지 않은지, 백인인지 유색 인종인지, 여자인지 남자인지는 알지 못한다. 우리가 사회에서 차지하는 지위와 직위를 알지 못한 채 도출한 원리가 정의롭고 공정한 원리라고 롤즈는 말한다.

공정으로서 정의의 원리

롤즈는 공정으로서 정의 상황, 즉 원초적 입장에서 도출된 정의의 원칙이 합당한 정의의 원칙이 될 수 있는 정당성을 지녔다고 말한다. 즉 정의의 원칙의 정당성을 원초적 입장이 보증해준다는 것이다. 이 원초적 입장은 근대의 전통적인 사회계약론에서 논의했던 자연 상태와 유사한 개념이다. 그러나 원초적 입장은 역사적 현실로 실재하는 상황이 아니라, 공정한 절차가 될 정의의 원칙을 선택하기 위해 구성된 가상적인 입장에 불과하다. 말하자면 원초적 입장은 공정한 정의의 원칙을 도출하는 근거라 할 수 있다.

공정한 정의의 원칙을 도출하는 근거인 원초적 입장은 두 가지 조건으로 구성되어 있다. 하나는 무지의 베일이다. 무지의 베일에 의해 원초적 입장의 합의 당사자는, 설령 인간 사회에 관한 일반적 지식은 알 수 있다 할지라도, 자신의 특수한 사실, 즉 자연적 재능, 사회적 지위, 인생 계획, 가치관, 자신이 속한 세대 등에 관한 어떠한 정보도 갖지 못한 상태에서 정의의 원칙을 합의하게 된다. 이 무지의 베일은 자신에 대한 특수한 사실을 알지 못한다는 의미에서 '인지적 조건'이라고 할 수 있다. 이것은 또한 객관적 조건이기도 하다. 원초적 입장에 있는 합의 당사자들의 내적 조건이 아닌 외부에 있는 조건이기 때문이다.

다른 하나는 원초적 입장에 있는 합의 당사자들은 자신의 이익을 추구하는 합리적 존재이며, 더구나 타인의 이익에는 무관심하여 타인에 대해 시기심과 동정심도 갖지 않는 존재여야 한다. 말하자면 상호 무관심한 존재다. 이러한 합의 당사자의 조건은 동기적 조건이라 할 수 있다. 그리고 이것은 주관적 조건이다. 이 조건의 특성은 합의 당사자들의 외적인 것이 아니라 내적인 것이기 때문이다.

원초적 입장의 두 가지 조건, 즉 무지의 베일과 타인에 대한 상호 무관심의 조건을 만족시키는 합의 당사자는 합리적인 선택을 할 것이다. 그리고 이들의 합리적 선택은 '최소 극대화의 원칙'에 따른 선택일 것이다. 최소 극대화의 원칙은 합의 당사자들이 선택할 수 있는 가능한 대안들의 결과 중 최악의 것 가운데 최선을 보장하는 대안을 선택한다는 원칙이다. 그리고 무지의 베일과 상호 무관심한 합리적인 행위자는 최소 극대화의 원칙에 따를 것이다. 이 원칙에 따른 결정이 그들의 입장에서 가장 합리적이기 때문이다. 최소 극대화의 원칙에 따른 선택이 그 행위 당사자를 가장 안전하게 지켜줄 수 있기 때문에 그들의 선택은 합리적이게 된다.

특정한 선의 증대를 위한 선택은 자신의 목적 실현을 위해 반드시 필요한 기본적인 자유와 최소한의 사회적, 경제적 조건을 침해할 수 있는 가능성이 있다. 롤즈는 이런 선택을 하는 모험을 감행하는 것은 어리석다고 생각한다. 보다 큰 이익을 위하여 자신을 위험에 빠뜨릴 수 있는 위험한 원리를 선택한 사람을 합리적이라고 생각할 수는 없을 것이다. 최소 극대화의 원칙에 따른다는 것은 최대의 이익은 누리지 못하지만, 최악의 경우에도 인생 계획을 위한 기본적인 조건은 확보할 수 있는 선택을 하는 것이다. 바로 이것이 합리적인 행위자가 택할 수 있는 원칙일 것이다.

롤즈는 원초적 입장에서 최소 극대화의 원칙에 따라 도출된 정의의 원칙이야말로 정의에 대한 우리의 통상적 신념과 합치할 것이고, 우리의 윤리적 판단과도 잘 부합할 것이라고 말한다. 원초적 입장에서 최소 극대화의 원칙에 따라 도출된 정의의 원칙은 도덕적 관점인 '계약 논증'에 의해 도출되었다는 점에서 도덕적 영역에서의 정당성도 확보하고 있다. 말하자면 롤즈의 정의의 원칙은 도출의 필연성뿐만 아니라, 윤리적으로도 정당한 원칙이다.

롤즈는 원초적 입장에서 합의 당사자들은 정의의 원칙으로 두 개의 원칙에 합의할 것으로 전망한다.

제1원칙: 모든 사람은 다른 사람의 유사한 자유와 양립할 수 있는 가장 광범위한 기본적 자유에 대하여 동등한 권리를 가져야 한다.

제2원칙: 사회적, 경제적 불평등은 다음의 두 조건을 만족시키도록, 즉 (1) 모든 사람의 이익이 되리라는 것이 합당하게 기대되고, (2) 모든 사람들에게 개방된 직위와 직책이 결부되게끔 편성되어야 한다.

정의의 제1원칙은 평등한 자유의 원칙이라고 불린다. 제1원칙은 자유주의가 내세우는 가장 기본적인 자유를 보장하라는 원리이다.

반드시 보장되어야 할 기본적인 자유는 언론 및 결사의 자유, 양심의 자유와 사상의 자유, 인신의 자유, 사유재산 소유의 자유, 체포와 구금으로부터 자유, 공직을 가질 자유 등이다. 제1원칙으로서 평등한 자유의 원칙은 제2원칙에 항상 우선한다. 제1원칙이 가진 제2원칙에 대한 우선성은 매우 중요한 특성이다. 따라서 많은 이익이 주어진다고 해도 기본적 자유에 대한 침해가 정당화될 수는 없다.

롤즈가 비록 자유주의를 정의론의 근간 이념으로 삼고 있기는 하지만, 이러한 기본적 자유의 목록에 생산 수단의 소유의 자유를 포함시키지는 않는다. 이러한 점에서 볼 때, 원초적 입장에서 선택된 정의의 원칙에 의해 구성된 자유로운 사회는 자유시장 체제와 사회주의 체제 모두를 부정하지 않는다. 롤즈는 정의의 원칙으로부터 형성된 국가는 자본주의 체제든 사회주의 체제든 공정한 사회가 될 것으로 파악한다. 그것이 원초적 입장에서 합의된 정의의 원칙에 따르기만 한다면 어떤 사회든 공정한 사회이다. 거꾸로 말한다면, 정의의 원칙으로부터 어떤 국가 형태든 가능하다는 것을 알 수 있다. 그리고 그렇게 형성된 사회에서 규칙을 지켜서 발생한 결과는 정당할 것이다.

정의의 제2원칙은 두 부분으로 나누어져 있다. 첫째 부분은 차등의 원칙이라고 말한다. 이 차등의 원칙은 사회적, 경제적 불평등을 정당화시켜주는 조건을 제시하고 있다. 사회적, 경제적 불평등을 정당화시켜주는 조건은 최소 수혜자에게 최대의 이익을 가져다줄 경우이다. 한 사회의 재화의 분배가 불평등하게 이루어지는 것은 가능하다. 그러나 불평등한 분배를 하기 위해서는 사회적 약자에게 제공될 수 있는 상대적으로 최대의 몫을 제공해야만 한다. 즉 불평등한 분배는 사회적 약자에게 상대적으로 최대의 몫을 제공하는 경우에 정당화될 수 있다.

둘째 부분은 공정한 기회의 균등의 원칙이라고 말한다. 사회의 직위와 직책은 무한하지 않다. 그래서 사회 구성원 모두가 차지할 수 없다. 따라서 자연스럽게 많은 사회 구성원이 선호하고 차지하고자 하는 직위와 직책들이 있기 마련이다. 모든 구성원이 원하는 모든 직위와 직책을 가질 수 없다면, 결국 그 직위와 직책은 불평등하게 분배될 수밖에 없다. 이 조건은 직책과 직위가 소수의 구성원에게 분배되기 위한 조건이다. 관련 당사자들이 그 직위와 직책을 가질 수 있는 기회가 보장되어야 하며, 그것도 단순히 기회만을 보장하는 것이 아니라, 삶의 기회도 평등하게 보장되어야만 불균형한 분배가 정당화될 수 있다. 이러한 점에서 능력이 있으면 좋은 지위를 차지할 수 있다는 자유주의 체제의 기회 보장과는 다르다.

정의의 제1원칙은 자유주의 신념의 핵심을 보여주는 원칙으로서, 시민의 기본적 자유는 모두가 평등하게 누려야 하는 것으로, 타인의 자유와 상충하지 않는 한, 어떤 선을 위해서도 희생될 수 없다는 정신을 드러내주고 있다. 제2원칙은 제1원칙에 의한 기본적 자유 실현을 현실적으로 보장하기 위한 것이다. 제2원칙은 사회적으로 불리한 처지에 있는 사람들은 기본적 자유의 권리 행사에 제약을 받을 수 있는데, 이들의 자유 행사가 유명무실하게 되지 않게 하기 위한 규정이다.

롤즈 정의론과 의료 재화의 분배 문제

롤즈는 공정한 원리를 도출하기 위하여 하나의 사유 실험을 제시한다. 그는 무지의 베일을 상정하고, 그 속에 참여한 사람들이 합의에 의해 원리를 도출할 것이라고 주장한다. 무지의 베일이 의미하는 바는 합의에 참여하는 자는 자신이 부자가 될 것인지 가난한 사람이 될 것인지, 상류계급인지 하류계급인지, 재능의 유무, 신체적, 정신적 결함, 인종, 성별 등 자신이 그 사회에서 어떤 위치를 차지할 것인지에 대해 몰라야 한다는 것이다. 이것은 우연적인 요소를 배제하고자 하는 의도를 가지고 있다. 특히 자신이 어떤 지위에 있을지를 미리 안다면, 그 지위에 보다 많은 이익이 돌아가게 하기 위한 주장을 펼 것이다. 그렇게 되면 결코 어떤 합의에도 이르지 못할 것이다. 그리고 합의를 위한 제약 조건들은 모든 계층을 불편부당하게 대우하기 위한 것이다. 이 점은 플라톤이 철인 정치가에게 요구했던 공유제의 정신이 말하고 있는 불편부당함을 연상시킨다.

그런데 무지의 베일 속에 참여한 사람들은 이기적인 사람들이다. 오직 자기 이익만을 생각하고, 타인에 대해 무관심한 이기주의자이다. 그러나 이 이기주의자는 단순한 이기주의자가 아니라 합리적 이기주의자이다. 즉 자신의 이익을 위해 상대방의 이익을 존중하는 이기주의자이다. 합리적 이기주의자는 타인의 이익 옹호가 자신에게 이익이 된다는 것을 잘 알고 있다. 합리적 이기주의자는 자신의 이익을 단견적으로 편협하게 추구하는 것이 아니라 장기적 안목에서 넓은 식견을 가지고 추구한다. 자신이 타인의 이익을 인정하지 않는다면, 타인도 자신의 이익을 인정하지 않을 것이다. 그렇게 되면 결국 자신의 이익을 추구하기 매우 어렵거나 심지어 불가능해지게 된다. 합리적 이기주의자라면 타인의 이익을 인정해주고 자신의 이익도 보장받는 길을 택할 것이다. 따라서 합리적 이기주의자는 이타적 행위를 인정하고 행하기도 한다. 장기적으로는 이러한 행위가 자기에게 이익이 되기 때문이다.

이러한 이기주의자는 무지의 베일 속에서 그 사회의 최고 수혜자에게 최고의 이익을 주려 하지 않고, 최소 수혜자에게 가능한 한 최고의 이익을 주는 원리를 도출할 것이다. 이런 최소 수혜자는 일반적으로 극빈층, 극빈자를 지칭하는 것으로 이해해도 무방하다. 그러나 롤즈의 도식은 단지 기초적인 통찰을 제공하기 위해 고안된 것이기 때문에, 의료 자원의 분배에 관해 함축하는 바가 무엇인지를 구분하기는 매우 어렵다. 그렇지만 의료 자원의 분배가 사회의 기초적인 문제라는 점에서 롤즈의 정의 원리에 따른 의료 자원의 분배에 관한 고찰이 필요할 것이다.

롤즈의 정의 이론에 따르면, 어떤 불평등이 최고의 이득을 산출한다고 해서 정당한 것은 아니다. 따라서 롤즈의 정의 원리에 따른 의료 재화의 분배는 사회 전체의 총체적인 의료 자원의 총량이 극대화되는 방식으로 분배하기보다는 최소 수혜자에게 의료 재화를 최고로 분배하고자 할 것이다. 이것은 무지의 베일 속에 있는 합리적 이기주의자가 택할 수 있는 최선의 방법일 수 있다. 왜냐하면 무지의 베일 속에 있는 합리적 이기주의자는 자신이 어떤 위치에 있을 것인지 알 수 없기 때문에 자신이 최소 수혜자에 속할 것에 대비하여 최소 수혜자에게 최대 의료 재화를 제공할 수 있는 원리를 택할 것이다. 이것은 합리적 이기주의자가 택할 수 있는 보험의 일종이다. 그렇다면 이것은 공리주의에 따른 견해보다도 더 평등주의적이다.

그러나 의료 재화와 관련해서 최소 수혜자란 무엇을 의미하는가? 최소 수혜자는 통상 사회의 극빈층이라는 의미로 이해해도 크게 문제 될 것 같지는 않다. 그러나 의료 재화에서 최소 수혜자는, 즉 의료 재화의 극빈층은 약간 복잡한 문제가 있다. 다른 재화의 부족으로 의료 재화를 구매하지 못하는 사람들을 의미할 수도 있고, 단지 의료 시설이 부족한 지역의 주민을 의미할 수도 있다. 또는 의학의 현실적 한계와 관련된 최소 수혜자가 있을 수 있다. 말하자면 의학이 정복하지 못한 희귀 질병에 걸려 의료 서비스를 받지 못하는 경우이다. 희귀 질병에 걸린 환자가 의료 재화의 최소 수혜자라면, 그래서 이들에게 최대의 이익이 보장되어야 할 것인가? 과연 합리적 이기주의자가 자신이 희귀 질병에 걸릴 확률이 희박함에도 이들의 최대 이익을 보장해야 한다고 이구동성으로 주장할 것인가? 합리적 이기주의자가 희박한 확률에도 불구하고 값비싼 보험을 구매할 것이라는 주장은 설득력이 없어 보인다. 더구나 다른 한편으로 희귀 질병에 걸린 환자가 다른 재화는 누구보다도 많이 가진 부자라면 어떠한가?

롤즈의 정의 이론이 평등주의적인 입장을 강력하게 실현하려는 것임에도 불구하고, 최소 수혜자에게 최고의 혜택을 주려는 그의 정의 이론은 여전히 불평등을 인정할 수 있을 것이다. 그리고 이런 불평들을 오히려 정의로운 것이라고 말할 수도 있다. 의료와 관련한 롤즈의 정의 이론에서도 의학 기술과 서비스를 가장 잘 계발하고 발전시킬 수 있는 천부적 재능을 가진 엘리트를 체계적으로 선발할 의료제도와 이런 엘리트에게 고액의 임금을 허용하는 의료제도가 가능할 것이다. 물론 이것은 최소 수혜자에게 최고의 이익을 준다는 조건을 만족시켜야 한다.

의학 발전에 기여할 수 있는 엘리트에게 고액의 임금을 허용함으로써 의료의 최소 수혜자에게 이익이 된다는 것은 최소 수혜자에게 이익이 되는 조건으로 해서만 불평등한 보수를 허용하기 때문이다. 이것은 엘리트와 최소 수혜자의 임금의 격차는 벌어질 수 있지만

(1) 최소 수혜자의 이익은 전체적으로 점점 증가할 것이다. 이런 관점 이외에도 (2) 고액의 임금에 누진세가 적용되는 경우에도 최소 수혜자의 이익을 증진하는 방향으로 나아갈 수 있다.

의료와 관련해서는, 고액 임금을 허용하는 영역으로 재능 있는 인재가 몰릴 것은 당연한 일이기 때문에, 양질의 의사가 배출될 것이고 양질의 의사는 위의 두 경향과 합해져서, 즉 재능 있는 인재에 의한 수준 높은 의료 서비스를 무상 또는 저렴한 가격에 제공함으로써, 최소 수혜자에게 양질의 의료 혜택이 주어질 것이며, 최소 수혜자에게 최고의 이익이 될 것이다. 무상의 양질의 의료 혜택은 최고의 이익으로 간주될 수 있다.

이런 제도의 결과는 합리적인 이기주의자가 선호할 만한 것이라고 생각할 수 있다. 왜냐하면 합의에 참여한 자들은 합리적 이기주의자로 엘리트에게 많은 이득을 주는 것이 자신들에게 이익이라고 생각할 수 있기 때문이다. 합리적 이기주의자들은 엘리트 이외의 사람들에게 엘리트의 기회를 증가시킬 수 있는 조건에서만 엘리트에게 고액의 임금을 허용할 것이다. 이익은 의료 소비자에게 점점 흘러가서 최소 수혜자가 획득하게 된다. 그렇게 해서 모든 사람 또는 최소 수혜자에게 이득이 될 수 있다. 엘리트와 일반인의 재화의 차이가 더 커질 수는 있지만 적어도 모든 사람이 절대적으로는 더 나아질 것이다.

그러나 롤즈의 정의 이론을 의료 재화의 문제에 적용할 때, 어떤 결론이 도출될지 분명하게 말할 수는 없다. 아마도 사회주의적인 평등주의 입장도 가능할 것이다. 상황에 따라서는 거의 모든 입장이 가능할 것으로 보인다. 왜냐하면 롤즈의 원초적 입장은 단지 사유실험이며, 그 사유 실험에 의해 도출된 정의 이론은 하나의 통찰을 제공하기 위해 제공된 것이기 때문에 그 구체적인 내용은 상이할 수 있기 때문이다. 이러한 입장에서 구체적인 사례를 결정하는 것은 간단한 문제가 아니다. 브라이언 배리와 같은 사람은 합리적인 선택자는 최소 수혜자의 복지를 선택하지 않고 평균적 복지나 복지의 총합을 목표할 것이라고 주장한다. 어떤 상황에서는 평균적 수입을 극대화하는 원리를 선택할 것이라고 말하기도 한다. 그러나 최소 수혜자에게 이익을 주기 위해서 엘리트에게 고액의 임금을 주고 사회적 특혜를 주는 것은 신중하고 사려 있는 타협의 산물이다.

참고문헌

존 롤즈. 황경식 옮김. 2004. 『정의론』. 이학사.
존 롤즈. 장동진 옮김. 2003. 『정치적 자유주의』. 동명사.
조나산 울프. 장동익 옮김. 2006. 『로버트 노직: 자유주의 정치철학』. 철학과현실사.
황경식. 1996. 『사회정의의 철학적 기초』. 문학과지성사.
염수균. 2002. 『롤즈의 민주적 자유주의』. 천지.

롤즈의 정의론이 우리에게 남긴 문제들[*]

김현섭 | 서울대학교 철학과

자유주의자 롤즈: 기본적 자유의 범위

올해 미국의 정치철학자 존 롤즈가 태어난 때로부터 100년이 되었고, 그의 저서 『정의론』이 출간된 지도 50년이 되어, 기념하는 학술행사가 열리고 이 책과 같이 그의 이론에 대한 글도 다수 발표되었다. 롤즈는 이러한 관심을 받을 만한, 그럴 자격이 있는 영향력 있는 정치철학자라 하겠다. 거시적 관점에서 다소 단순화한다면, 롤즈 이론의 의의는 다음과 같이 볼 수 있다.1)

* 이 글은 2021년 5월 플라톤 아카데미에서 롤즈의 『만민법』을 중심으로 '국제정의'에 대해 영상 강연한 대본을 수정 보완한 것이다. 흥미로운 질의를 통해 생각을 전개할 기회를 제공해준 플라톤 아카데미 PAN+ 장학생들과 강연을 도운 김영아 연구원에게 감사를 표한다.

1) 20세기 후반 자유주의적 정치철학에 미친 롤즈의 영향에 대한 연구로는 Katrina Forrester, *In the Shadow of Justice*(Princeton University Press,

가치와 규범에 대한 철학인 윤리학을 분류하면 크게 규범윤리학과 메타윤리학으로 나눠볼 수 있다. 넓은 의미의 규범윤리학은 정치철학을 포함하는데, 무엇이 옳은 행위인지, 어떤 제도가 바람직하고 정당한지, 더 일반적으로는 우리는 어떻게 살아야 하는지의 문제를 다룬다. 반면 메타윤리학은 우리가 이러한 가치 및 규범적 판단을 내릴 때 무엇을 하는 것인지 — 사실을 진술하는 것인지, 아니면 단지 감정을 표출하는 것인지 — 가치와 규범은 객관적으로 존재하는지, 그렇다면 우리는 그것을 어떻게 알 수 있는지와 같은 문제를 다룬다.

롤즈의 『정의론』이 발표되기 전인 20세기 전반 영어권 철학계에서는 규범윤리학보다 메타윤리학에 대한 관심이 컸다고 할 수 있다. 자연과학의 발달로 과학적 세계관이 널리 받아들여지면서, 가치와 규범이 과학적 세계관과 양립할 수 있는지, 객관적으로 존재하긴 하는지, 그것을 어떻게 알 수 있는지에 대한 회의적 입장의 도전이 제기되었고 그에 대해 답하려는 시도들이 있어 메타윤리학이 활발했다. 반면 규범윤리학은 공리주의(utilitarianism)의 우세와 이론 간 경쟁의 부족으로 인해 상대적으로 침체되었다고 할 수 있다. 공리주의는 "최대 다수의 최대 행복"이라는 슬로건으로 잘 알려져 있는데, 가장 좋은 결과를 낳는 행위나 제도가 옳다는 결과주의(consequentialism)에, 모든 사람의 복리(welfare) — 더 구체적으로는 쾌락에서 고통을 뺀 값 — 의 총합이 크면 좋은 결과라는 가치론(axiology)이 결합된 이론이다.[2]

2019) 참조.

2) 고전적 공리주의를 체계적으로 전개한 저서로는 Henry Sidgwick, *The Methods of Ethics*(Macmillan, 7th edition, 1907). 번역본은 헨리 시지윅,

이러한 이론적 상황에서 롤즈는 공리주의와 대비되는 자유주의적 이론을 제창하여 규범윤리학, 정치철학의 부흥을 가져왔다고 평가할 수 있다. 롤즈의 정치철학은 개인의 자유가 많은 사람들의 사회경제적 이익이라는 명목하에 희생될 수 없음을 이론적으로 주창했는데, 그것이 잘 드러나는 부분이 자유에 대한 정의의 제1원칙이다: "각 사람은 모든 사람의 동등한 자유와 양립할 수 있는 한, 가장 폭넓은 평등한 기본적 자유(equal basic liberties)에 대해 침해될 수 없는 권리를 갖는다."[3] 자유주의 정치철학은 오랜 역사를 통해 여러 형태로 전개되었지만, '다른 사람들의 동등한 자유와 양립 가능한 한 최대의 자유 보장'이 공유되는 핵심 아이디어라 할 수 있고, 이 원칙은 이미 칸트의 법철학에서도 발견할 수 있다: "자유(즉 타인의 강요하는 의사로부터의 독립성)는, 모든 타인의 자유와 보편적 법칙에 따라서 공존할 수 있는 한에서, 모든 인간에게 그의 인간성의 힘으로 귀속하는 유일하고 근원적인 권리이다."(6:237)[4] 그의 정의론

강준호 옮김, 『윤리학의 방법』(아카넷, 2018) 참조. 롤즈는 이 책의 Hackett판 서문을 썼는데, 시지윅이 도덕이론을 정당화하는 방법으로 철학사의 전통에서 중요한 다른 이론들과 체계적으로 비교하고 상대적으로 우월함을 논변한 것을 높이 평가했다. 시지윅은 이기적 쾌락주의, 직관주의, 보편적 쾌락주의 즉 공리주의를 비교했는데, 롤즈도 이러한 방법으로 자신의 '공정으로서의 정의'론이 공리주의, 직관주의보다 우월하다고 논변했다고 볼 수 있다. 롤즈의 『정의론』 1장의 구조를 보라.

3) John Rawls, *A Theory of Justice*(Harvard University Press, revised edition, 1971/1999), p.220. 기본적 자유에 대한 재검토를 거쳐 『정치적 자유의』에서는 '가장 폭넓은(the most extensive)' 대신 '완전히 적합한(a fully adequate)'이라는 표현을 썼다. John Rawls, *Political Liberalism*(Columbia University Press, expanded edition, 1993/2005), p.291.

4) 임마누엘 칸트, 백종현 옮김, 『윤리형이상학: 법이론의 형이상학적 기초원리』(아카넷, 2012), p.162.

이 이러한 자유주의 원칙을 포함하고 있을 뿐만 아니라, 이 원칙이 다른 정의 원칙들보다 우선한다는 점에서 롤즈가 자유주의자라는 데에는 의심의 여지가 없다.5)

　롤즈는, 충분한 이유 없이 법이나 다른 방법으로 행동을 제약하는 것은 그르다고 일반적으로 추정되며, 따라서 행동을 제약하려는 측이 그것이 정당함을 입증할 부담을 진다고 본다.6) 그런데 제약받지 않을 수많은 자유 중 무엇이 '기본적' 자유에 해당하는가? 롤즈는 자유롭고 평등한 시민이 가진 두 도덕적 능력(the two moral powers)을 적합하게 개발하고 완전히 행사하기 위해 필요한 자유 및 이 자유들을 적절히 보장하기 위해 필요한 자유를 기본적 자유라고 본다. 구체적으로는, 공정한 사회적 협력의 조건을 이해하고 따르는 첫째 도덕적 능력(the capacity for a sense of justice)을 위

---

5) 개인의 자유가 사회 전체의 복리를 위해서도 희생될 수 없다는 롤즈의 반(反)공리주의적 입장은 여러 차례 강조되었다. 예를 들어, 『정의론』 본문 첫 페이지에서 롤즈는 다음과 같이 말한다. "각 사람은 정의에 기초한 불가침성(inviolability)을 갖는데, 사회 전체의 복지조차도 이에 우선할 수 없다."(p.3)

6) John Rawls, *Political Liberalism*, p.292; *Justice as Fairness: A Restatement*, edited by Erin Kelly(Harvard University Press, 2001), p.44, p.112. 이 역시 롤즈가 자유주의자라는 징표이다. 존 스튜어트 밀, 조엘 파인버그를 비롯한 여러 자유주의자가 이러한 자유를 위한 추정(the presumption in favor of liberty) 원칙을 받아들였으며, 다양한 자유주의의 공통분모라 할 수 있다. J. S. Mill, *On Liberty, Utilitarianism and Other Essays*(Oxford University Press, 2015), p.410; Joel Feinberg, *Harm to Others*(Oxford University Press, 1984), p.9; Gerald Gaus, *The Order of Public Reason*(Cambridge University Press, 2010), pp.341-346; Gerald Gaus, Shane Courtland and David Schmidtz, "Liberalism," Edward Zalta, ed., *The Stanford Encyclopedia of Philosophy*. at https://plato.stanford.edu/archives/fall 2020/entries/liberalism.

한 자유로 정치적 자유와 사상의 자유를, 자신에게 좋은 삶을 설계하고 이를 합리적으로 추구하는 둘째 도덕적 능력(the capacity for a conception of the good)을 위해 필요한 자유로 양심의 자유와 결사의 자유를, 이 자유들을 지지하는 자유로 이동 및 직업 등에 관한 자유, 법치주의(the rule of law)적 자유를 든다.7) 그러면 왜 이러한 자유들이 두 도덕적 능력을 개발, 행사하기 위해 필요하고 기본적 자유로 우선 보장되어야 하는가?

롤즈에 의하면, 각 시민이 추구하는 삶의 계획은 사회나 주변 사람들의 영향하에 무비판적으로 수용되는 것이 아니라, 그 목표가 왜 가치 있는지와 본인이 원하는 바에 부합하는지에 대한 합리적 반성을 통해 승인될 수 있어야 그의 성격에 맞는 진정한 그의 계획이고 좋은 삶의 방식이라 할 수 있다. 이러한 성찰 가능성을 실질적으로 확보하려면 양심, 결사의 자유가 보장되어야 한다.8) 또한 시민들의 기본적 자유를 보호하고 정의를 구현하기 위해 정부의 권력 행사는 불가피하다. 그런데 공권력의 행사는 정부가 독점하는 물리적 강제력에 의해 뒷받침되는 강압(coercion)이다. 이러한 강제력에 구속되는 시민들이 어떻게 여전히 자유롭고 자신에게만 복종하여 자율적일 수 있는가?9) 우선 각 시민이 자신의 이성에 따라 합리적으로 수긍하고 받아들일 수 있는 원리와 이상에 따라 정치권력이 행사되어야 한다.10) 또한 자신을 기속하는 정부의 권력 행사 방식을 이해하

---

7) John Rawls, *Political Liberalism*, Lecture VIII, 특히 p.335.

8) John Rawls, *Political Liberalism*, pp.312-314.

9) 이는 루소가 『사회계약론』에서 제기하는 정치철학의 근본 문제이기도 하다. 『사회계약론』, 1권, 6장. 물론 이 문제에 대한 루소 이론의 대응책은 롤즈의 그것과는 다르다.

10) 롤즈는 이를 정당성의 자유주의적 원리(the liberal principle of legiti-

고 그 정당성 여부를 비판적으로 평가하며, 그 판단에 따라 정치권력을 제한하는 활동에 참여할 수 있어야 한다. 이러한 비판, 견제 가능성을 보장하려면 사상과 표현의 자유, 정치적 자유가 확보되어야 한다.11)

그런데 위와 같이 롤즈가 열거한 자유 이외에 다른 자유들도 기본적 자유에 포함되는지, 그렇다면 어떤 자유들이 어느 정도 포함되어야 하는지는 논의의 여지가 있다. 특히 재산을 소유하고 사용할 권리, 자유롭게 정한 조건에 따라 자신의 노동과 소유물을 매매하는 등 계약을 체결할 권리와 같은 경제적 자유가 기본적 자유에 해당하는지에 대해 논쟁이 있다. 롤즈 자신은 인격적 독립과 자존감의 물적 토대로 필요한 재산을 넘은 천연자원 및 생산 수단에 대한 사적 소유권을 기본적 자유에 포함시키지 않는다.12) 그런데 토마지는 롤즈 정의론의 체계상 폭넓은 경제적 자유가 기본적 자유에 포함되어야 한다고 논변한다.13) 어떤 조건에서 몇 시간 일할지, 무엇을 소비하고 평생 얼마나 저축할지, 이를 어떻게 투자하여 어떤 생산 수단을 소유하고 운영할지 등은 많은 사람들에게 삶의 계획과 자아 정체성의 중요한 요소이다. 생산적 일은 단지 소비하기 위한 소득을 얻기 위해 감수하는 고역이 아니라 삶의 의미를 주는 자아실현의

---

macy)라 부른다. John Rawls, *Political Liberalism*, p.137.

11) 첫째 도덕적 능력과 정치적 표현의 자유 및 사상의 자유의 관계에 대한 이러한 해석은 John Tomasi, *Free Market Fairness*(Princeton University Press, 2012), pp.74-75를 참조하였다.

12) John Rawls, *Justice as Fairness: A Restatement*, pp.112-114.

13) John Tomasi, *Free Market Fairness*, pp.76-84. 롤즈의 주장이 롤즈 정의론의 근본 이념, 원리에 반한다는 내재적 비판의 또 다른 사례로는 G. A. Cohen, *Rescuing Justice and Equality*(Harvard University Press, 2009), ch.1.

장(場)일 수 있기 때문이다. 따라서 이러한 경제적 자유를 제약하는 제도는, 양심이나 결사의 자유를 제약하는 것과 마찬가지로, 개인의 자립뿐만 아니라 자신에게 좋은 삶을 설계하고 합리적으로 추구하는 능력의 개발과 행사를 저해하는 사회적 조건에 해당하여 정당화하기 어렵다. 어느 정도의 경제적 자유가 정의의 제1원칙상 기본적 자유에 해당하는지는 여전히 논쟁 중인 이슈이다.14) 자유 원칙의 우선성으로 인해 기본적 자유의 범위는 롤즈 정의론의 실천적 함축에 심대한 차이를 낳을 것이다.

차등 원칙에 대한 오해: 어떤 제도로 구현될 수 있을까?

롤즈의 정의론은, 자유 원칙이 최우선이긴 하지만, 다음과 같은 정의의 제2원칙을 포함한다: "사회경제적 불평등은 [허용되지만] 두 조건을 만족해야 한다: 첫째, [사회경제적 불평등을 수반하는] 공직과 지위는 공정한 기회균등의 조건 아래 모든 사람에게 개방되어야 한다. 둘째, 사회의 최소 수혜자에게 최대의 이득이 되어야 한다."15) 이 정의의 제2원칙 중 두 번째 조건이 차등 원칙(the difference principle)이다.

차등 원칙이 롤즈의 이론 중 가장 잘 알려져 있을지는 몰라도, 그의 가장 중요한 원칙은 아니다. 차등 원칙은 자유에 대한 제1원칙, 공정한 기회균등의 원칙보다 후순위이므로, 예를 들어 최소 수혜자

---

14) Jeppe von Platz, "Rawls's Underestimation of the Importance of Economic Agency and Economic Rights," in Jon Mandle and Sarah Roberts-Cady(eds.), *John Rawls: Debating the Major Questions*(Oxford University Press, 2020), pp.95-108 참조.

15) John Rawls, *Justice as Fairness: A Restatement*, pp.42-43.

의 이득을 위해 개인의 기본적 자유를 침해할 수 없다. 또한 롤즈는 후기 저작 『정치적 자유주의』에서, 합리적인 자유주의 입장이 여럿 있는데 그중에는 차등 원칙을 포함하지 않는 것도 있다고 인정하였다.[16]

롤즈의 차등 원칙은 그 중요성뿐만 아니라 내용도 종종 부정확하게 이해되는 것 같다. 이러한 오해를 보여주는 흥미로운 최근의 사례가, 배달의 민족을 창업한 김봉진 대표의 기부 서약서이다. 김봉진 대표 부부는 재산의 절반 이상을 사회에 환원한다고 약속하면서 다음과 같은 표현을 썼다: "존 롤즈의 말처럼 '최소 수혜자 최우선 배려의 원칙'에 따라 그 부를 나눌 때 그 가치는 더욱 빛난다고 생각합니다."[17] 김 대표의 기부를 폄하하려는 것은 아니지만 — 그의 기부는 롤즈의 차등 원칙에 따른 것이 아니더라도 빛난다고 생각한다 — 그의 결정이 롤즈의 차등 원칙에 따른 것이라 보기는 어렵다. 롤즈의 차등 원칙이 김 대표의 기부 결정과 거리가 있는 이유는 다음과 같다.

우선, 정의의 두 원칙은 사회의 기본구조(the basic structure of society)만 규율하고 그 안에서 생활하는 개인의 행위에는 적용되지 않기 때문이다.[18] 사회의 기본구조란 근본적 권리와 의무를 부여하

---

16) "내가 만약 자유주의의 정의를 만족하는 다른 합리적인 자유주의 개념들 — 예를 들어, 차등 원칙을, 모든 사람에게 충분한 수준의 적정 소득을 보장한다는 조건하에 사회의 복리를 증진하는 원칙으로 대체하는 개념 — 이 있다는 것을 부인한다면 이는 불합리할 것이다." John Rawls, *Political Liberalism*, p.xlvii.

17) https://givingpledge.org/Pledger.aspx?id=420 (2021. 9. 18.)

18) "사회의 기본구조에 적절한 원칙들이 모든 경우에 적용될 것이라 미리 전제할 이유가 없다. 이 [정의의] 원칙들은 아마 사적 결사나 덜 포괄적인 사회 집단의 규칙과 관행에 적용되지 않을 것이다. 일상생활의 다양

고, 사회적 협력으로부터 발생한 이익을 나누는 방식에 대한 주요 사회제도를 말한다. 구체적으로는 아마 기본적 자유를 보장하는 기본권 조항을 포함한 헌법 및 시장 구조와 재산권을 규율하는 민법, 회사법, 세법의 주요 조항들이 이에 포함될 것이다. 사회제도를 정의 이론의 일차적 대상으로 삼고, 이에 적용되는 규범적 원리가 개인의 행위를 규율하는 원리와 다르다고 본 것이 롤즈 이론의 중요한 특징이다.19)

또한 롤즈의 정의 원칙이 구현된 사회의 기본구조는 재분배(re-distribution)가 아니라 사전분배(pre-distribution)에 초점을 맞춘다. 즉 호혜적 협력과 그 이익의 배분이 일어난 결과 발생한 소유권에 개입하여 누가 얼마나 소비할지 다시 정하려는 것이 아니라, 애초에 사회 구성원들이 서로에게 이익이 되는 능력과 기술을 가지고 있어, 경쟁 시장에서 자유롭게 협력하더라도 최소 수혜자의 이익이 극대화되는 정의로운 배경 조건(just background conditions)의 확보를 목표로 한다. 따라서 롤즈는 사고와 불운으로 인해 곤경에 처한 사람들의 구제를 주된 목표로 하는 복지국가가 아니라, 시민들이 생산자산과 인적 자본(교육된 능력과 훈련된 기술)을 넓고 고르게 보유한 재산소유 민주주의(property-owning democracy)를 자신의 정의원칙을 잘 구현하는 제도로 본다.20) 따라서 만약 기부한 자원이 시

한 비공식적 관례 및 풍습과도 무관할 것이다. [이 원칙들은] 계약의 체결과 같은 자발적 협력의 방식과 절차가 정의롭거나 공정한지 해명하지 않는다." John Rawls, *A Theory of Justice*, p.7.

19) 이 점에서 사회제도와 개인의 행동에 동일한 공리 원리를 일반적으로 적용하는 공리주의, 개인의 재산권 취득과 이전에 대한 원리 이외에 사회의 기본구조에 대한 원리를 별도로 상정하지 않는 자유지상주의(liber-tarianism)와 구별된다. John Rawls, *Political Liberalism*, pp.259-265.

민들의 공정한 협력을 위한 배경 조건의 마련과 거리가 있는 목표에 쓰인다면 — 예를 들어, 단지 소비를 위한 구매력의 평준화나 고급문화와 예술 지원 — 이 역시 차등 원칙의 적용이라 보기 어려울 것이다.

그러면 어떤 제도를 통해 시민들의 기본적 자유를 침해하지 않으면서도, 개인들이 지속적으로 자유롭고 대등하게 협력하도록 그 생산 능력을 고루 향상시킬 수 있을까? 이를 밝히는 일은 실천적으로 매우 중요하지만, 롤즈 정의론의 제도적 함축을 파악하는 것은 쉽지 않은 과제이다. 롤즈의 정의 원리들은 그 내용이 매우 추상적이고 하나의 체계를 이루고 있으며, 롤즈 자신이 언급한 바와 같이 어떤 제도로 이를 잘 구현할 수 있을지는 각국의 역사적 상황, 정치사상의 전통 등에 따라 사회마다 다를 수 있다.[21] 롤즈는 재산소유 민주주의뿐만 아니라 자유민주적 사회주의(liberal democratic socialism)가 적합할 가능성도 열어두는데, 어느 체제가 바람직한지, 재산소유 민주주의가 구체적으로 어떤 형태의 제도와 정책으로 실현될 수 있는지 등은 명확하지 않고 이에 대한 학술적 논의는 진행 중이다.[22]

롤즈의 차등 원칙을 "최소 수혜자의 이익을 극대화하라"는 슬로건으로 단순화할 수 없는 또 하나의 이유는, 그것이 국가 간 협력을

---

20) John Rawls, *A Theory of Justice*, pp.xiv-xv.

21) John Rawls, *A Theory of Justice*, p.242.

22) Martin O'Neill and Thad Williamson(eds.), *Property-owning Democracy: Rawls and Beyond*(Wiley Blackwell, 2012); Alan Thomas, *Republic of Equals: Predistribution and Property-owning Democracy* (Oxford University Press, 2016); William Edmundson, *John Rawls: Reticent Socialist*(Cambridge University Press, 2017); Nick Cowen, *Neoliberal Social Justice: Rawls Unveiled*(Edward Elgar Publishing, 2021).

규율하는 데 적용되지 않기 때문이다. 즉, 롤즈의 차등 원칙으로부터 부유한 국가나 그 국민들이 빈국 또는 그 국민들에게 자신의 천연자원이나 재산을 기부하여 원조해야 한다는 의무가 도출되는 것이 아닐 뿐만 아니라,[23] 국가 간 협력으로부터 발생한 이익을 나누는 방식, 예를 들어 국제 무역 제도도 최소 수혜국의 이익을 극대화하도록 설계될 필요가 없다. 그 이유를 이해하기 위해 『만민법(The Law of Peoples)』에서 개진된 롤즈 국제정의론의 내용을 간략히 살펴보자.

롤즈의 자유주의적 국제질서와 대한민국의 바람직한 대외 정책

롤즈의 『만민법』은 국제정치학, 국제관계론의 관점에서 보면 현실주의(realism)와 대비되는 자유주의, 일종의 자유주의적 국제주의(liberal internationalism)를 옹호하는 것으로 이해할 수 있다. 자유주의적 국제주의의 장기적 목표 내지 기대는 세계의 모든 국가가 자유주의적 사회가 되어 연합함으로써 안정적인 평화와 번영의 기초를 마련하는 것이다. 이러한 아이디어는 평화동맹(foedus pacificum)을 제안한 칸트의 『영구평화론』에서 이미 그 원형을 발견할 수 있고, 그 후로 여러 이론적, 경험적 연구를 통해 발전되어왔다.

롤즈의 『만민법』에서 국제관계의 분석 수준, 국제정치의 주요 행

---

23) 롤즈의 국제정의론에 대해 (피터 싱어의 공리주의적 입장과 대비하여) 출제된 2018년 대학수학능력시험 '생활과 윤리' 18번 문제의 정답에 대해 이의 신청이 많았는데, 차등 원칙이 국가 간 자원 재분배의 근거가 될 수 없다는 점(4번 선지)에 대해서는 이론이 없었다.

위자는 개인이나 국제기구라기보다는 국가라 할 수 있다. 『만민법』은 국가 중에서도 자유주의 국가의 국제적 행위, 대외 정책의 원칙을 다루는데, 롤즈는 자유주의 국가의 특성을 강조하여 이를 'state'가 아니라 'people'이라 부른다. 자유주의 국가들의 복수형은 'peoples'인데 '만민'이라 번역되고, 이러한 국가들로 구성된 국제사회는 'the Society of Peoples', '만민 사회'가 된다. 『만민법』의 주요 내용은 자유주의 국가의 외교정책 원칙을 해명하고 정당화하는 것이다.

자유주의 국가에는 다양한 형태가 있지만, 헌정 민주적 정부를 통해 국가의 근본 이익을 추구한다는 점은 공통된다. 자유주의 국가의 근본 이익은 정치적 독립, 영토 보전, 국민의 안전 보장, 정의로운 사회의 기본구조 등이고 영토 확장, 국가의 종교나 이데올로기의 전파, 경제적 우위 확대는 포함되지 않는다. 특히 자유주의 국가는 그 사회의 시민들과 마찬가지로 다른 나라에 대해 상호성(reciprocity)의 기준을 준수한다. 즉 다른 나라들이 공정한 협력의 조건을 준수하고 자국을 존중하여 국가의 자존감을 지켜주면, 스스로도 마찬가지로 다른 나라들을 존중하고 더 큰 이득을 위해 공정한 협력의 조건을 어기지 않는다.

다양한 자유주의 국가들이 상호적으로 준수할 것을 합리적으로 기대할 수 있는 공정한 국가 간 협력의 조건이 만민법의 원칙들이다. 그 내용은 전통적인 국제법의 원칙들과 유사하게, 다른 자유주의 국가들에 대한 자주독립 존중, 불간섭, 대등한 조약의 체결 및 준수, 침략적 전쟁의 부인 등을 포함한다. 자유주의 국가는 그 성격상 만민법 원칙들을 자발적으로 준수하며, 모든 자유주의 국가들이 그 원칙들을 준수하는 관행이 공인되고 상당 기간 지속되면 다른 자유주의 국가들에 대한 신뢰가 높아지고 상호성으로 인해 만민법 원칙의 수용이 내면화되어 만민 사회가 안정적으로 유지된다.

롤즈는 이처럼 만민법 원칙이 자발적, 상호적으로 준수되고 내면화되어 평화로운 국제사회가 안정적으로 유지되는 것을 올바른 이유로 인한 안정(stability for the right reasons)이라고 부르고 힘의 균형에 의한 안정과 구별한다. 올바른 이유로 인한 안정은 힘의 균형에 의한 안정과 달리 다양한 원인으로 각국의 상대적 힘이 변하더라도 흔들리지 않는다. 롤즈는 국제 평화가 올바른 이유에서 안정적으로 정착된 만민 사회를 실현 가능한 유토피아(realistic utopia)라고 부르는데, 그 실현 가능성을 설명하기 위해 국제정치학의 민주평화이론(democratic peace theory)을 인용한다.24)

롤즈의 민주평화론에 의하면, 민주적 정체를 가진 자유 헌정 민주국가는 다음과 같은 이유에서 호전적이지 않고 그들 간에 평화를 안정적으로 유지한다. 우선 자유민주국가들은 근본 이익, 목표가 정치적 독립, 영토 보전, 자유롭고 공정한 국내 사회제도의 유지이지 영토 확장이나 국가 이데올로기의 대외 전파가 아니므로, 그들의 근본 이익이 양립 가능하여 타국을 침략할 동기가 기본적으로 적다. 또한 언론의 자유가 보장되며, 실질적인 선거와 권력 분립에 의해 정부의 권력이 제한되고 그 활동이 비교적 투명하므로, 정치지도자의 야심이나 정권과 유착한 일부 기업의 이익을 위해 전쟁을 일으키거나 외정에 개입하고 그 부담을 국민에게 전가하기 어렵다. 그리고 자유민주국가들은 평화로운 무역을 통해 원하는 물자를 얻을 수

---

24) 롤즈가 『만민법』에서 인용하고 있는 논문을 포함한, 민주 평화 이론에 대한 대표적 저서로는 Michael Doyle, *Liberal Peace: Selected Essays* (Routledge, 2011)을 참조.

있으므로 경제적 이득을 위해 전쟁을 일으킬 필요가 없다. 리카도가 비교우위론을 통해 밝힌 바와 같이, 국제분업과 자유무역은 원리상 참여하는 모든 국가에게 고립된 폐쇄 경제(autarky)보다 이롭다. 몽테스키외가『법의 정신』에서 언급한 것처럼, 상업은 참여자들이 정직, 약속 준수, 근면과 같은 부드럽고 온화한 성품을 갖게 만들고, 이는 호전적이고 공격적인 성품을 구축하여 평화에 도움이 된다.25)

칸트의『영구평화론』에서와 마찬가지로 롤즈의 만민 사회에도 세계 정부는 존재하지 않는다. 세계 정부는 지구적 전제정이 되지

---

25) 잘 알려진 바와 같이 몽테스키외는『법의 정신(De l'esprit des lois)』, 20권 1장에서 "상업은 가장 파괴적인 적대감에 대한 해결책이다. 왜냐하면 우리가 상냥한 태도(moeurs douces)를 발견할 수 있는 곳에서 상업이 번성한다는 것은 거의 일반적인 규칙이기 때문이다. 또한 상업이 있는 곳이면 어디에서나 우리는 상냥한 태도를 발견하게 된다"라고 말했다. 경제학자 허시먼도 "물질적 이득에 대한 온화한 이해관계(interests)가 폭력적이고 호전적인 정념(passions)을 길들인다"고 주장하였다. 앨버트 허시먼, 노정태 옮김,『정념과 이해관계』(후마니타스, 2020). 이러한 생각은 초보적이긴 하지만 여러 경험적 연구 결과와 일치하는 것으로 보인다. 예를 들어, 설문조사 결과 시장이 덜 발달한 사회의 사람들이 폭력에 대해 더 관용적인 것으로 나타났다. Virgil Henry Storr and Ginny Seung Choi, *Do Markets Corrupt Our Morals?*(Springer, 2019), p.176. 또한 시장이 발달하여 구매하여 섭취하는 칼로리의 비율이 클수록, 행동경제학의 독재자 게임에서 상대방에게 더 큰 금액을 주어 공정하게 분배하는 것으로 나타났다. Joseph Henrich et al., "Markets, Religion, Community Size, and the Evolution of Fairness and Punishment," *Science* 327 (5972) (2010), pp.1480-1484. 관련 연구를 해온 행동경제학자 허버트 긴티스는 다음과 같이 말했다. "우리는 각 사회에서 시장을 경험하고 생산을 위해 협력하는 정도를 측정했는데, 정기적으로 더 많은 주변 사람들과 시장에서 교환 관계를 맺는 사람들이 더 현저히 공정한 동기를 가지고 있음을 발견했다. 시장경제가 사람들을 탐욕스럽고 이기적이며 부도덕하게 만든다는 생각은 명백한 오류이다."(https://bostonreview.net/gintis-giving-economists-their-due, 2021. 9. 18.)

않으면 여러 지역의 독립 요구로 고질적인 갈등을 겪을 것이라 본다. 따라서 안정적 국제 평화의 동력이 각국의 내적 성격, 민주적 정체이므로, 일부 국가들만 자유민주적인 것으로는 충분하지 않고, 만민법을 준수하지 않는 국가들이 생기지 않도록 억제해야 한다. 이처럼 안정적 국제 평화를 『만민법』의 중심 목표로 보면 여러 만민법 원칙들을 통일적으로 이해하는 데 도움이 된다.26)

롤즈는 『만민법』에서 비자유주의적이지만 괜찮은 국가들(decent people)에 대해서 존중과 관용을 주문한다. 개인의 자유를 충분히 보장하지 않는 국가를 정당하다고 인정하고 관용하는 것이 적합한지 의문을 가질 수도 있지만, 괜찮은 국가들은 그 성격상 다른 나라를 침략하여 영향력을 확대하려는 목표를 갖지 않고, 자국민의 인권을 보장하며, 만민법의 원칙을 준수한다. 따라서 그들을 국제사회의 일원으로 존중, 관용하면 평화로운 만민 사회를 불안정하게 하지 않으며, 장기적으로 자연스럽게 자유민주사회로 전이할 것을 기대할 수 있다. 비자유주의적이라는 이유로 제재하고 비난하면, 괜찮은 국가의 자존감을 해쳐 오히려 만민 사회의 평화와 안정을 저해할 우려가 있다.

세계의 모든 나라가 자유주의 국가이거나 괜찮은 국가라면 질서정연한 국제사회, 『만민법』의 관점에서 이상적인 만민 사회일 것이다. 롤즈는 『정의론』과 『정치적 자유주의』에서 한 국가 내의 정의를 논하면서, 사회의 기본구조가 정의의 원칙에 따라 운영되고, 사회 구성원 대부분이 정의의 원칙들을 준수하고 내면화하며, 이러한

---

26) 이하 다섯 단락의 『만민법』 해석은 Hyunseop Kim, "A Stability Interpretation of Rawls's *The Law of Peoples*," *Political Theory* 43(4) (2015), pp.473-499의 내용에 기초하였다.

수용이 서로에게 공인된, 질서정연한 사회(well-ordered society)의 모습을 제시하고, 일단 질서정연한 사회가 설립되면 어떻게 그 정의로운 질서, 사회의 기본구조가 안정적으로 유지되는지 설명하는 데 주력했다. 롤즈가 국내 정의에 대해 이와 같은 이상론(ideal theory)을 주로 하고, 어떻게 사회질서가 정의롭지 않은 상황에서 질서정연한 사회로 나아갈지, 정의로운 사회의 기본구조를 설립할지에 대한 논의, 즉 비이상론(non-ideal theory)이 거의 없어 롤즈 이론의 실천적 가치에 대한 의문도 제기된 바 있다.27) 그런데 롤즈는 국제정의론을 다루는『만민법』에서, 만민법 원칙을 수용, 준수하지 않는 질서정연하지 않은 국가들에 어떻게 대처하여 이들이 만민법 원칙을 받아들이는 국제사회의 구성원이 되도록 할지에 대한 비이상론에 상당한 비중을 두어 논하고 있다. 그 내용은 도덕적으로 정당하고 점진적이면서도 효과적으로, 평화로운 국제질서를 형성하는 현실적 정책에 대한 롤즈의 실천적 고민을 반영하고 있다.

만민법 원칙을 수용하지 않는 질서정연하지 않은 국가들은 자국민의 인권을 침해하고 호전적인 불법국가들(outlaw states)과, 역사적, 사회경제적 조건이 불우하여 질서정연한 사회를 설립하기 어려운 곤경에 처한 사회들(burdened societies)로 나뉜다. 자유주의적 국가들은 불법국가에 대해서 관용하지 않고, 비난하고 제재하거나, 불가피한 경우 강제력을 동반한 개입도 할 수 있다. 불법국가를 이처럼 적극적으로 견제하는 주된 이유는, 그들이 호전적이라 다른 나라를 공격할 수 있고, 다른 권위주의 국가나 불법국가들과 힘을 합쳐 평화로운 국제질서 전체를 위협할 우려가 있기 때문이다.

---

27) 이와 같은 비판으로 대표적인 것은 아마르티아 센, 이규원 옮김, 『정의의 아이디어』(지식의 날개, 2021) 참조.

자국민의 인권을 침해하는 불법국가들이 호전적이고 확장주의적인 이유는 무엇일까? 우선 불법국가는 자유민주국가와 달리 영토 확장, 자신들의 국교나 국가 이데올로기의 대외 전파를 국가의 목표로 삼을 수 있어, 다른 나라의 자주독립을 존중하는 평화로운 만민 사회의 질서를 위협하기 쉽다. 또한 자유 헌정 민주국가와 달리 정부의 권력에 제한이 없고 그 활동이 국민의 통제하에 있지 않기 때문에, 정치지도자의 야심에 따라 전쟁을 일으키거나 다른 불법국가의 침략적 전쟁에 참전하고 그 부담을 국민에게 전가할 우려가 있다. 그리고 자유민주국가들이 무역을 통해 필요한 물자를 얻고 경제적 풍요를 누릴 수 있는 것과 달리, 인권을 침해하는 불법국가는 국제무역질서에 편입될 수 없다. '인권(human rights)'은 다양한 맥락에서 여러 의미로 사용되지만, 롤즈의 『만민법』에서 인권은 헌법상 자유권 중 특정한 일부를 가리킨다. 보다 구체적으로는 생명권, 신체의 자유, 직업의 자유, 양심의 자유, 사적 재산권, 법의 지배 등이 포함되는데, 이러한 인권이 유린되면 그 사회의 경제는 진정한 협력이 아니라 강압적 명령에 의한 강제노동, 심하면 노예제에 가까워진다. 이러한 인권침해국과 무역하는 것은 강제노역, 노예노동을 방조하는 것과 마찬가지이므로 도덕적으로 허용되기 어렵고, 따라서 자유민주국가들은 원칙적으로 인권을 침해하는 불법국가와 무역하지 않는다. 상업과 무역을 통해 원하는 물자를 얻고 온화한 품성을 개발할 기회가 없기 때문에, 불법국가는 호전적이고 공격적이기 쉽다. 이러한 이유로 인해, 자국민의 인권을 침해하는 불법국가는 설령 노골적으로 호전적이지 않더라도, 언제라도 자국의 이익을 위해 다른 나라를 침략하거나 만민법 질서를 교란할 가능성을 배제할 수 없다. 따라서 자유주의 국가들은 국제 평화의 안정적 유지를 위해 이들을 관용할 수 없고 적극적으로 억제한다.

이에 반해, 곤경에 처한 사회들은 호전적이거나 팽창주의적이지는 않지만, 역사적, 사회경제적 환경이 좋지 않아 질서정연한 사회를 설립하는 데 필요한 인적, 물적 자원을 갖추지 못한 나라들이다. 불리한 여건에 놓인 곤경에 처한 사회들에 대해서는 불법국가들에 대해서와 달리 억제하는 것이 아니라 질서정연한 사회를 설립, 유지하도록 돕는다. 곤경에 처한 사회에 대한 부조의 목표는, 그 국가가 자유주의적이거나 적어도 괜찮은, 질서정연한 사회를 설립하여 만민법 원칙을 준수하고 평화로운 만민 사회의 성실한 일원이 되는 것이다. 따라서 그 이상의 분배를 요구하는 것, 예를 들어 국가 간 협력으로부터 발생한 이익을 나눌 때 최소 수혜국의 이익을 극대화할 것을 요구하는 국제적 차등 원칙은, 만민법의 원칙이 아니다. 곤경에 처한 사회에 대한 부조는 단지 금전이나 물자를 주는 것이 아니라 그 나라의 정치문화와 사회제도의 개선에 주력한다.

결국 『만민법』상 자유주의 국가의 외교정책 원칙은 다음과 같이 요약될 수 있다:

1. 자유주의 국가들(liberal peoples)과는 무역 등 상호 협력
2. 비자유주의적이지만 괜찮은 국가들(decent peoples)에 대해서는 존중과 관용
3. 자국민의 인권을 침해하고 호전적인 불법국가들(outlaw states)에 대해서는 비난, 제재, 불가피한 경우 강제 개입하여 적극 억제
4. 곤경에 처한 사회들(burdened societies)은 질서정연한 사회를 설립하도록 부조

롤즈는 정치구조와 사회제도의 중요성을 강조하며, 천연자원이 부족해서 질서정연한 사회를 설립하지 못하는 경우는 거의 없을 것이라 말한다. 이와 관련하여 롤즈는 기근에 대한 아마르티아 센의 연구를 언급하고 일본의 사례를 드는데, 우리에게는 정치경제제도의 중요성을 보여주는 더 비근한 사례가 있다. 대한민국은 천연자원이 풍족하다고 하긴 어렵지만, 자유민주주의와 시장경제질서를 수용하여 반세기만에 최빈국에서 세계 10대 경제를 건설한 국가로 발전한 반면, 북한은 대한민국보다 천연자원이 적다고 하기 어렵고 적어도 분단 전까지는 문화적으로도 큰 차이가 없었음에도 불구하고 수많은 국민들이 기근에 시달릴 정도로 심한 경제난을 겪고 있어,28) 정치경제제도의 중요성을 여실히 보여준다.

그렇다고 북한이 만민법상 곤경에 처한 사회에 해당한다는 뜻은 아니다. 만민법상 국가 분류가 추상적이라 구체적인 실례에 어떻게 적용될지는 간단한 문제가 아니지만, 북한은 아무래도 불법국가에 해당하지 않는다고 보기 어려울 것이다. 그 주된 이유는 유엔 인권이사회의 북한인권조사위원회 보고서 등에서 드러난 바와 같이, 조선노동당을 비롯한 국가기관에 의해 조직적으로 사상과 표현의 자유 등 기본적 인권이 심각하게 침해되고 있기 때문이다.29) 또한 핵

---

28) 1995년부터 2000년까지 북한에서 기근으로 인해 사망한 사람의 수가 적어도 수십만 명으로 추산된다는 연구가 있다. Daniel Goodkind and Loraine West, "The North Korean Famine and Its Demographic Impact," *Population and Development Review* 27(2) (2001), pp.219-238.

29) 유엔 인권이사회의 북한인권조사위원회 보고서
A/HRC/25/63, A/HRC/25/CRP.1
https://www.ohchr.org/EN/HRBodies/HRC/CoIDPRK/Pages/Reportofthe CommissionofInquiryDPRK.aspx.
번역본은 https://unikorea.go.kr/unikorea/business/NKHRCenter/archive/?

무기를 만들고 대륙간 탄도미사일을 발사하는 등 호전성을 대외에 과시하고 있다.

최근 출범한 미국 바이든 행정부는 이전 트럼프 행정부에 비해 롤즈의 『만민법』 원칙에 가까운 자유주의적 국제주의 외교정책을 취하는 것으로 보인다. 예를 들어, 2021년 5월 방한한 블링컨 미국 국무장관은 한국 외교장관과의 회담에서 중국과 북한의 자국민 인권침해 문제가 심각함을 강조하고, 한미동맹의 확고함을 재확인하며, 민주주의라는 가치를 공유하는 한국, 미국, 일본이 북한의 비핵화를 위해 협력할 것을 제안했다.30) 『만민법』은 자유주의적 국제주의의 이상으로부터 멀어지는 듯한 작금의 국제 정세에서도, 자유민주국가들이 상호 이익과 평화를 위해 협력하는 자유주의적 국제질서의 비전과 가치를 재확인하고 이를 지향하는 유효한 정책을 탐색하는 데 여전히 이론적 자산이 된다. 이는 자유민주주의 국가인 대한민국이 안정적 세계 평화와 인류 공영을 위해 해야 할 역할이 무엇인지 질문을 던진다.31) 대한민국은 북한과 국가 간 관계에 있지 않기 때문에 바람직한 대북 정책이 무엇인지는 더 복잡하고 절박한

---

boardId=bbs_000000000000011&mode=view&cntId=53925 참조.
이 보고서에 의하면 지금도 북한의 정치범수용소('관리소')에는 적어도 수만 명이 적정 절차를 거치지 않고 장기간 구금되어 잔혹한 폭행, 강제노동, 굶주림, 고문 등에 시달리고 있는 것으로 보인다. 『북한 정치범수용소 실태조사(요약문)』(북한인권정보센터, 국가인권위원회, 2009); 이금순 외, 『북한 정치범수용소』(통일연구원, 2013) 참조.

30) https://www.youtube.com/watch?v=ZjO7i9j1NsE (2021. 9. 18.)
31) 미국의 헤게모니 약화에도 불구하고 자유주의적 국제주의의 비전은 유효하며, 이를 위해 자유민주국가들이 포용적 경제성장을 통해 내적 안정을 이루고, 부상하는 비서구 민주국가들도 폭넓게 참여하는 다국적 국가연합을 형성해야 한다는 주장으로 John Ikenberry, "The End of Liberal International Order?" *International Affairs* 94(1) (2018), pp.7-23 참조.

난제이다.

정리하자면, 롤즈의 정의론은 우리에게 (1) 정의의 제1원칙에 포함되는 기본적 자유가 무엇인지, (2) 그 기본적 자유를 침해하지 않으면서도 정의의 제2원칙을 구현하여 자유롭고 평등한 시민들이 공정하게 협력하는 배경 조건을 마련하는 사회의 기본구조, 제도가 무엇인지, (3) 평화롭게 공존 공영하는 자유주의적 국제질서에 기여하는 대한민국의 대외정책이 무엇인지에 대한 질문을 남긴다.

한국윤리학회는 윤리학과 관련된 철학적 논의를 목적으로 설립된 학회로서 다양한 학술 발표와 회원 간 상호 교류를 통해 우리 윤리학계의 전반적인 학술적 수준 향상과 더불어 한국 사회가 윤리적인 사회로 나아가는 데 기여하는 것을 목적으로 하고 있다.

롤즈 정의론의 이론과 현실

1판 1쇄 인쇄	2021년 12월 5일
1판 1쇄 발행	2021년 12월 10일
엮은이	한국윤리학회
발행인	전춘호
발행처	철학과현실사
출판등록	1987년 12월 15일 제300-1987-36호
	서울시 종로구 대학로 12길 31
	전화번호 579-5908
	팩시밀리 572-2830

ISBN 978-89-7775-856-8 93190
값 16,000원